通关疑难解惑720例

“关务通·监管通关系列”编委会◎编著

中国海关出版社

图书在版编目（CIP）数据

通关疑难解惑720例/“关务通·监管通关系列”编委会编著. —北京：中国海关出版社，2012.9

（“关务通·监管通关系列”丛书）

ISBN 978-7-80165-903-3

Ⅰ.①通…　Ⅱ.①关…　Ⅲ.①海关手续-中国-问题解答　Ⅳ.①F752.52-44

中国版本图书馆CIP数据核字（2012）第221523号

通关疑难解惑720例

TONGGUAN YINANJIEHUO 720 LI

作　　者：“关务通·监管通关系列”编委会
总 策 划：谭　宁
策划团队：刘　倩　马　超　钟　刘
责任编辑：马　超　刘　倩
责任监制：王岫岩
出版发行：中国海关出版社
社　　址：北京市朝阳区东四环南路甲1号　　邮政编码：100023
网　　址：www.hgcbs.com.cn；www.hgbookvip.com
编 辑 部：01065194259（电话）　　01065194234（传真）
发 行 部：01065194221/4238/4246（电话）　　01065194233（传真）
社办书店：01065195616/5127（电话/传真）　　01065194262/63（邮购电话）
　　　　　北京市建国门内大街6号海关总署东配楼一层
印　　刷：北京京都六环印刷厂　　经　　销：新华书店
开　　本：710mm×1000mm　1/16
印　　张：21.5　　字　　数：323千字
版　　次：2012年10月第1版
印　　次：2013年10月第5次印刷
书　　号：ISBN 978-7-80165-903-3
定　　价：48.00元

前 言

海关是国家进出境监督管理机关。近年来，海关不断顺应贸易实际，以风险式管理为基础，创新管理方式，优化监管服务，调整变革通关模式与管理方式。企业如何适应国家对进出口贸易活动监督管理的要求，选择适合自己的海关通关模式和管理方式，在海关“管得住”的诉求下，保证进出口货物和进出境运输工具、个人物品“通得快”，是企业在进出口实践中面临的具体问题。

本书由海关通关监管业务领域一线专家亲自撰写，他们总结自己多年来的实际工作经验，从企业的角度入手，根据企业在实际通关过程中的疑点和难点，将涉及海关通关监管的工作流程、业务要求进行系统化梳理，以问答的形式，精准解读，给进出口企业提供了一个全面、深入了解海关通关监管业务体系的窗口和渠道。因此，本书内容权威、针对性强。

本书易用、实用。全书紧扣贸易实际，在深入讲解企业疑问的同时，增设重点难点问题的“小贴士”、“海关提醒”，帮助读者深入理解问题精髓，以简单明了、按图索骥地处理通关业务。

此外，本书通过对重难点问题的梳理与解读，从另一视角审视寻找监管措施，清晰定位服务重点，以便关员业务能力得到有效提升，从而做好海关通关监管工作，从而使企业与海关在行政事务中取得“双赢”。

本书作为“关务通·监管通关系列”丛书中的一本，不仅可以解答常见通关难题，满足读者的工作需求，而且可供海关关员及高校相关专业学生参考，满足读者的学习需求。阅读本书时，建议与该系列丛书中的《监管通关政策实用指导手册》、《通关实务操作与技巧——

货物、运输工具篇》、《通关实务操作与技巧——进出境物品篇》配套使用，可使读者在掌握通关流程及相关业务知识的同时，把握新政策的改革方向。

由于时间仓促和水平有限，书中难免有不妥和错漏之处，恳请读者在使用中批评指正，以便再版时修订完善，联系邮箱：guanwutong@mail. customs. gov. cn。

编　者

目　录

货物篇

行邮篇

货物篇

第一章　申报

第一节　报关单填制要求

1. 报关单填制的依据是什么？

答： 为统一规范进出口货物报关单填报要求，保证报关单数据质量，根据《中华人民共和国海关法》（主席令第35号）（以下简称《海关法》）及有关法规，海关总署制定了《中华人民共和国海关进出口货物报关单填制规范》。

最新的海关进出口货物报关单填制规范，请参考《中华人民共和国海关进出口货物报关单填制规范》（海关总署2008年第52号公告）（以下简称《报关单填制规范》）及海关总署2009年第6号公告的修订。

2. 报关单可分成几类？

答： 按介质分类，报关单分为“电子数据报关单”、“纸质报关单”两类。

除了《报关单填制规范》所规定的报关单格式以外，还有专用于特定区域、特定货物以及特定运输方式的进出境报关单。它们的性质、效能及填制方式与进出口货物报关单基本一致，包括“保税区进出境货物备案清单”、“出口加工区进出境货物备案清单”、“过境货物报关单”等。

3. 一份报关单最多可填报几项商品？

答： 一份报关单最多可填报20项商品。若一份报关单填报商品超过20项，则应分成多份报关单填报。

4. 报关单的“海关编号”是如何构成的?

答: 一份报关单对应一个海关编号，报关单海关编号为18位，其中第1~4位为接受申报海关的编号（海关规定的《关区代码表》中相应海关代码），第5~8位为海关接受申报的公历年份，第9位为进出口标志（“1”为进口，“0”为出口；集中申报清单“I”为进口，“E”为出口），后9位为顺序编号。

5. 如何确定报关单的“申报日期”?

答: 申报日期是指海关接受进出口货物收发货人、受委托的报关企业申报数据的日期。以电子数据报关单方式申报的，申报日期为海关计算机系统接受申报数据时记录的日期。以纸质报关单方式申报的，申报日期为海关接受纸质报关单并对报关单进行登记处理的日期。

申报日期为8位数字，顺序为年（4位）、月（2位）、日（2位）。

6. 如何填报报关单“进口口岸/出口口岸”栏?

答:“进口口岸/出口口岸”是指货物实际进出我国关境口岸海关的名称。在报关单填报时应按《关区代码表》中相应的口岸海关名称及代码填写。

海关提醒 特殊情况的填报要求如下：

（1）进口转关运输货物应填报货物进境地海关名称及代码，出口转关运输货物应填报货物出境地海关名称及代码。按转关运输方式监管的跨关区深加工结转货物，出口报关单填报转出地海关名称及代码，进口报关单填报转入地海关名称及代码。

（2）在不同海关特殊监管区域或保税监管场所之间调拨、转让的货物，填报对方特殊监管区域或保税监管场所所在的海关名称及代码。

（3）其他无实际进出境的货物，填报接受申报的海关名称及代码。

7. 如何填报报关单“进口日期/出口日期”栏?

答: 进口日期是指填报运载进口货物的运输工具申报进境的日期，出口日期是指运载出口货物的运输工具办结出境手续的日期。本栏目供海关签发打印报关单证明联用，在申报时免于填报。

无实际进出境的报关单填写海关接受申报的日期。

本栏目为8位数字，顺序为年（4位）、月（2位）、日（2位）。

8. 如何填报报关单“备案号”栏？

答：本栏目填报进出口货物收发货人在海关办理加工贸易合同备案或征、减、免税备案审批等手续时，海关核发的“加工贸易手册”、进出口货物征免税证明（以下简称征免税证明）或其他备案审批文件的编号。

海关提醒 一份报关单只允许填报一个备案号。

9. 填报出口报关单时，若不能确定货物的最终消费、使用或进一步加工制造的国家和地区时，报关单的“最终目的国”栏应如何填报？

答：出口报关单填报时，若不能确定货物的最终目的国，则应以尽可能预知的最后运往国作为最终目的国填报。填报时可参照以下原则确定：

（1）运往国与售予国一致，而且转运的可能性很小，一般即以运往国为最终目的国。

（2）经甲国运往乙国的，以乙国为最终目的国。如果运往国为中途转运国，以最后运往国为最终目的国。成交条款定为选择港的，以第一选择港所在地为最终目的国。

（3）援助物资应以受援国为最终目的国。

10. 如何填报报关单“合同协议号”栏？

答：本栏目填报进出口货物合同（包括协议或订单）编号。

11. 如何填报报关单“经营单位”栏？

答：本栏目填报在海关注册登记的对外签订并执行进出口贸易合同的

中国境内法人、其他组织或个人的名称及海关注册编码。

海关提醒 特殊情况下填制要求如下：

（1）进出口货物合同的签订者和执行者非同一企业的，填报执行合同的企业名称。

（2）外商投资企业委托进出口企业进口的，填报外商投资企业，并在标记唛码及备注栏注明“委托某进出口企业进口”。

（3）有代理报关资格的报关企业代理其他进出口企业办理进出口报关手续时，填报委托的进出口企业的名称及海关注册编码。

12. 如何填报报关单“收货单位/发货单位”栏？

答：（1）收货单位填报已知的进口货物在境内的最终消费、使用单位的名称，包括：

①自行进口货物单位的名称；

②委托进出口企业进口货物单位的名称。

（2）发货单位填报出口货物在境内的生产或销售单位的名称，包括：

①自行出口货物单位的名称；

②委托进出口企业出口货物单位的名称。

海关提醒 有海关注册编码或加工企业编码的收、发货单位，本栏目应填报其中文名称及编码；没有编码的应填报其中文名称。使用加工贸易手册管理的货物，报关单的收、发货单位应与加工贸易手册的“经营企业”或“加工企业”一致；减免税货物报关单的收、发货单位应与征免税证明的“申请单位”一致。

13. 如何填报报关单“申报单位”栏？

答：自理报关的，本栏目填报进出口企业的名称及海关注册编码；委托代理报关的，本栏目填报经海关批准的报关企业名称及海关注册编码。

海关提醒 本栏目还包括报关单左下方用于填报申报单位有关情况的相关栏目，包括报关员、报关单位地址、邮政编码和电话号码等栏目。

14. 如何填报报关单“运输方式”栏？

答： 运输方式包括实际运输方式和海关规定的特殊运输方式，前者指货物实际进出境的运输方式，按进出境所使用的运输工具分类；后者指货物无实际进出境的运输方式，按货物在境内的流向分类。

本栏目应根据货物实际进出境的运输方式或货物在境内流向的类别，按照海关规定的《运输方式代码表》选择填报相应的运输方式。

15. 如何填报报关单“运输工具名称”栏？

答： 本栏目填报载运货物进出境的运输工具名称或编号。填报内容应与运输部门向海关申报的舱单（载货清单）所列相应内容一致。

16. 如何填报报关单“航次号”栏？

答： 本栏目填报载运货物进出境的运输工具的航次编号。

17. 如何填报报关单“提运单号”栏？

答： 本栏目填报进出口货物提单或运单的编号。

海关提醒 一份报关单只允许填报一个提单或运单号，一票货物对应多个提单或运单时，应分单填报。

18. 如何填报报关单“贸易方式（监管方式）”栏？

答： 本栏目应根据实际对外贸易情况按海关规定的《监管方式代码表》选择填报相应监管方式的简称及代码。

海关提醒 一份报关单只允许填报一种监管方式。

19. 如何填报报关单"征免性质"栏?

答: 本栏目应根据实际情况按海关规定的《征免性质代码表》选择填报相应的征免性质简称及代码，持有海关核发的征免税证明的，应按照征免税证明中批注的征免性质填报。

一份报关单只允许填报一种征免性质。

海关提醒 加工贸易货物报关单应按照海关核发的"加工贸易手册"中批注的征免性质简称及代码填报。特殊情况填报要求如下：

（1）保税工厂经营的加工贸易货物，根据"加工贸易手册"填报"进料加工"或"来料加工"。

（2）外商投资企业为加工内销产品而进口的料件，属非保税加工的，填报"一般征税"或其他相应征免性质。

（3）加工贸易转内销货物，按实际情况填报（如"一般征税"、"科教用品"、"其他法定"等）。

（4）料件退运出口、成品退运进口货物填报"其他法定"（代码299）。

（5）加工贸易结转货物，本栏目免于填报。

20. 如何填报报关单"征税比例/结汇方式"栏?

答: 进口报关单中本栏目免于填报。出口报关单中填报结汇方式，按海关规定的《结汇方式代码表》选择填报相应的结汇方式名称或代码。

21. 如何填报报关单"起运国（地区）/运抵国（地区）"栏?

答: "起运国（地区）"填报进口货物起始发出直接运抵我国的国家（地区）或者在运输中转国（地区）未发生任何商业性交易的情况下运抵我国的国家（地区）。"运抵国（地区）"填报出口货物离开我国关境直接运抵的国家（地区）或者在运输中转国（地区）未发生任何商业性交易的情况下最后运抵的国家（地区）。

本栏目应按海关规定的《国别（地区）代码表》选择填报相应的起运国（地区）或运抵国（地区）中文名称及代码。

海关提醒 （1）不经过第三国（地区）转运的直接运输进出口货物，以进口货物的装货港所在国（地区）为起运国（地区），以出口货物的指运港所在国（地区）为运抵国（地区）。经过第三国（地区）转运的进出口货物，如在中转国（地区）发生商业性交易，则以中转国（地区）作为起运/运抵国（地区）。

（2）无实际进出境的，填报“中国”（代码142）。

22. 如何填报报关单“装货港/指运港”栏?

答：“装货港”填报进口货物在运抵我国关境前的最后一个境外装运港。“指运港”填报出口货物运往境外的最终目的港，最终目的港不可预知的，按尽可能预知的目的港填报。

海关提醒 1. 本栏目应根据实际情况按海关规定的《港口航线代码表》选择填报相应的港口中文名称及代码。装货港/指运港在《港口航线代码表》中无港口中文名称及代码的，可选择填报相应的国家中文名称或代码。

2. 无实际进出境的，本栏目填报“中国”（代码142）。

23. 如何填报报关单“境内目的地/境内货源地”栏?

答：“境内目的地”填报已知的进口货物在国内的消费、使用地或最终运抵地，其中最终运抵地为最终使用单位所在的地区。最终使用单位难以确定的，填报货物进口时预知的最终收货单位所在地。“境内货源地”填报出口货物在我国关境内的产地或原始发货地。出口货物产地难以确定的，填报最早发运该出口货物的单位所在地。

本栏目按海关规定的《国内地区代码表》选择填报相应的国内地区名称及代码。

24. 如何填报报关单“成交方式”栏?

答:本栏目应根据进出口货物实际成交价格条款，按海关规定的《成交方式代码表》选择填报相应的成交方式代码。

海关提醒 无实际进出境的报关单，进口填报CIF，出口填报FOB。

25. 如何填报报关单“运费”栏?

答:本栏目填报进口货物运抵我国境内输入地点起卸前的运输费用，出口货物运至我国境内输出地点装载后的运输费用。

海关提醒 (1) 进口货物成交价格包含前述运输费用，或者出口货物成交价格不包含前述运输费用的，本栏目免于填报。

(2) 运费可按运费单价、总价或运费率三种方式之一填报，注明运费标记(运费标记“1”表示运费率，“2”表示每吨货物的运费单价，“3”表示运费总价)，并按海关规定的《货币代码表》选择填报相应的币种代码。

(3) 运保费合并计算的，填报在本栏目中。

26. 如何填报报关单“保费”栏?

答:本栏目填报进口货物运抵我国境内输入地点起卸前的保险费用，出口货物运至我国境内输出地点装载后的保险费用。

海关提醒 (1) 进口货物成交价格包含前述保险费用，或者出口货物成交价格不包含前述保险费用的，本栏目免于填报。

(2) 保费可按保险费总价或保险费率两种方式之一填报，注明保险费标记(保险费标记:“1”表示保险费率，“3”表示保险费总价)，并按海关规定的《货币代码表》选择填报相应的币种代码。

（3）运保费合并计算的，本栏目免于填报中。

27. 如何填报报关单“杂费”栏？

答：本栏目填报成交价格以外的，按照《中华人民共和国进出口关税条例》（以下简称《关税条例》）相关规定应计入完税价格或应从完税价格中扣除的费用。

海关提醒 （1）杂费可按杂费总价或杂费率两种方式之一填报，注明杂费标记（杂费标记“1”表示杂费率，“3”表示杂费总价），并按海关规定的《货币代码表》选择填报相应的币种代码。

（2）应计入完税价格的杂费填报为正值或正率，应从完税价格中扣除的杂费填报为负值或负率。

28. 如何填报报关单“件数”栏？

答：本栏目填报有外包装进出口货物的实际件数。

海关提醒 特殊情况填报要求如下：

（1）舱单件数为集装箱的，填报集装箱个数。

（2）舱单件数为托盘的，填报托盘数。

（3）本栏目不得填报为零，裸装货物填报为“1”。

29. 如何填报报关单“包装种类”栏？

答：本栏目应根据进出口货物的实际外包装种类，按海关规定的《包装种类代码表》选择填报相应的包装种类代码。

30. 如何填报报关单“毛重（千克）”栏？

答：本栏目填报进出口货物及其包装材料的重量之和，计量单位为千克。

海关提醒 毛重不足1千克的填报为“1”。

31. 如何填报报关单“净重（千克)”栏?

答: 本栏目填报进出口货物的毛重减去外包装材料后的重量，即货物本身的实际重量，计量单位为千克。

海关提醒 不足1千克的填报为“1”。

32. 如何填报报关单“集装箱号”栏?

答: 本栏目填报装载进出口货物（包括拼箱货物）集装箱的箱体信息。一个集装箱填1条记录，分别填报集装箱号（在集装箱箱体上标注的全球唯一编号)、集装箱的规格和集装箱的自重。

海关提醒 非集装箱货物填报“0”。

33. 如何填报报关单“随附单证”栏?

答: 本栏目根据海关规定的《监管证件代码表》选择填报指定的进出口监管证件代码及编号。

海关提醒 以下单证的编号应在许可证号栏目填报：进（出）口许可证、两用物项和技术进（出）口许可证、两用物项和技术出口许可证(定向)、纺织品临时出口许可证、出口许可证（加工贸易)、出口许可证(边境小额贸易)。

34. 如何填报报关单“用途/生产厂家”栏?

答: 对进口货物而言，本栏目填报用途，应根据进口货物的实际用途，按海关规定的《用途代码表》选择填报相应的用途名称和代码。

对出口货物而言，本栏目填报货物的境内生产企业。

35. 如何填报报关单“标记唛码及备注”栏?

答: 本栏目填报要求如下:

(1) 标记唛码中除图形以外的文字、数字,填报在“标记唛码”项。

(2) 受外商投资企业委托代理其进口投资设备、物品的进出口企业名称,填报在“备注”项。

(3) 与本报关单有关联的,同时在业务管理规范方面又要求填报备案号的,填报在电子数据报关单中的“关联备案”项。

加工贸易结转货物及凭征免税证明转内销货物,其对应的备案号应填报在“关联备案”项。

减免税货物结转进口(转入),报关单“关联备案”栏应填写本次减免税货物结转所申请的“减免税进口货物结转联系函”的编号。

减免税货物结转出口(转出),报关单“关联备案”栏应填写与其相对应的进口(转入)报关单“备案号”栏中征免税证明的编号。

(4) 与本报关单有关联的,同时在业务管理规范方面又要求填报报关单号的,填报在电子数据报关单中“关联报关单”栏。

加工贸易结转类的报关单,应先办理进口报关,并将进口报关单号填入出口报关单的“关联报关单”栏。

办理进口货物直接退运手续的,除另有规定外,应当先填写出口报关单,再填写进口报关单,并将出口报关单号填入进口报关单的“关联报关单”栏。

减免税货物结转出口(转出),应先办理进口报关,并将进口(转入)报关单号填入出口(转出)报关单的“关联报关单”栏。

(5) 办理进口货物直接退运手续的,本栏目填报“准予直接退运决定书”或者“责令直接退运通知书”编号。

(6) 申报时其他必须说明的事项填报在本栏目。

海关提醒 已进行商品预归类的备案号也在本栏目录入。

36. 如何填报报关单“项号”栏?

答: 本栏目分两行填报及打印。第一行填报报关单中的商品顺序编号;第二行专用于加工贸易、减免税等已备案、审批的货物,填报和打印该项货物在“加工贸易手册”或征免税证明等备案、审批单证中的商品项号。

优惠贸易协定项下实行原产地证书联网管理的报关单,第一行填报报关单中的商品顺序编号,第二行填报该项商品对应的原产地证书上的商品项号。

37. 如何填报报关单“商品编号”栏?

答: 本栏目应填报由《中华人民共和国进出口税则》(以下简称《税则》)确定的进出口货物的税则号列和《中华人民共和国海关统计商品目录》(以下简称《统计商品目录》)确定的商品编码,以及符合海关监管要求的附加编号组成的10位商品编号。

38. 如何填报报关单“商品名称、规格型号”栏?

答: 本栏目分两行填报及打印。第一行填报进出口货物规范的中文名称,第二行填报规格型号。

39. 如何填报报关单“数量及单位”栏?

答: 本栏目分三行填报及打印。

(1)第一行应按进出口货物的法定第一计量单位填报数量及单位,法定计量单位以《统计商品目录》中的计量单位为准。

(2)凡列明有法定第二计量单位的,应在第二行按照法定第二计量单位填报数量及单位。无法定第二计量单位的,本栏目第二行为空。

(3)成交计量单位及数量应填报并打印在第三行。

(4)以法定计量单位为“千克”的数量填报。

40. 如何填报报关单的“原产国(地区)/最终目的国(地区)”栏?

答: (1)“原产国(地区)”应依据《中华人民共和国进出口货物原

产地条例》(以下简称《进出口货物原产地条例》)、《海关关于执行〈非优惠原产地规则中实质性改变标准〉的规定》以及海关总署关于各项优惠贸易协定原产地管理规章规定的原产地确定标准填报。

同一批进口货物的原产地不同的，应分别填报原产国（地区）。进口货物原产国（地区）无法确定的，填报“国别不详”（代码701）。

（2）“最终目的国（地区）”填报已知的出口货物的最终实际消费、使用或进一步加工制造的国家（地区）。不经过第三国（地区）转运的直接运输货物，以运抵国（地区）为最终目的国（地区）；经过第三国（地区）转运的货物，以最后运往国（地区）为最终目的国（地区）。

同一批出口货物的最终目的国（地区）不同的，应分别填报最终目的国（地区）。出口货物不能确定最终目的国（地区）时，以尽可能预知的最后运往国（地区）为最终目的国（地区）。

41. 如何填报报关单的“币制”栏？

答：本栏目应按海关规定的《货币代码表》选择相应的货币名称及代码填报，若《货币代码表》中无实际成交币种，需将实际成交货币按申报日外汇折算率折算成《货币代码表》中列明的货币填报。

42. 如何填报报关单的“征免”栏？

答：本栏目应按照海关核发的征免税证明或有关政策规定，对报关单所列每项商品选择海关规定的《征减免税方式代码表》中相应的征减免税方式填报。

海关提醒 加工贸易货物报关单应根据“加工贸易手册”中备案的征免规定填报；“加工贸易手册”中备案的征免规定为“保金”或“保函”的，应填报“全免”。

43. 进口租赁期在一年及一年以上的货物应如何填报报关单？

答：对于进口租赁期在一年及一年以上的租赁货物，填报时应填制两份报关单：一份用于申报进口和编制海关统计，其贸易方式为“租赁贸易”（代码：1523），其进口总价应为租赁货物的全部货值；另一份用于向海关缴纳关税和进口环节税，其贸易方式为“租赁征税”，进口总价应为租赁货物的租金金额。

44. **申报计量单位、第一计量单位、第二计量单位的含义是什么？如何在报关单上填报？**

答：申报计量单位是指实际成交的计量单位。第一计量单位、第二计量单位是指海关商品统计目录对于进出口商品所要求填报的计量单位。

对于每一种进出口商品均应填报第一计量单位。对于某些海关商品统计目录列明需填报第二计量单位的，在报关单填报时还必须填报该商品第二计量单位及数量。若申报计量单位与海关商品统计目录所要求的计量单位不一致时，应按相应的比例进行转换。

海关提醒 在进行报关单填报时，第一计量单位及数量填报在报关单的数量及单位栏的第一行；第二计量单位填报在第二行，无第二计量单位的，第二行为空；申报计量单位填报在第三行。

45. **对于何种监管方式在报关单对应项中需要填写关联报关单号及关联备案号？**

答：对于加工贸易结转类、暂时进出口、修理物品、无代价抵偿等监管方式，海关会要求在关联报关单或关联备案栏中填写数据，以确保相关联的数据一致。

46. **在何种情况下，报关单应分单填报？**

答：根据报关单填制规范，进出口报关单以下栏目不同应分别填制报关单：备案号、贸易方式、运输工具名称、提运单号、征免性质、许可证号。

47. 以特殊币种成交的进出口货物报关时应如何填报报关单?

答: 外汇管理部门提供的日外汇牌价只包括常用币种，如以特殊币种成交，应采用以下方式解决:

(1) 应向外汇管理部门查询外汇牌价。

(2) 可将成交价格依据海关总署统计司提供的统计外汇牌价(由外汇管理部门提供的40个币制对美元的平均折算率)换算成美元价格进行报关单申报，同时在备注栏中注明实际成交币制和成交价格。

48. 报关单某些数据项(如数量、单价、总价等)数值超过报关单存储位数时应如何填报?

答: 应分情况加以处理:

(1) 若数量超过报关单存储位数，则可改变申报计量单位进行申报。

(2) 若总价超过报关单存储位数，则可改变币制进行申报，或分两张报关单进行填报。由此产生的提运单问题，可根据海关采用的舱单管理模式加以处理，或将提运单分单，或由两份报关单对应一票提运单。

(3) 若单价超过存储位数，则可改变币制或数量进行申报。

49. 一票货物对应多个提运单，报关单怎样填报?

答: 根据《报关单填制规范》，一份报关单只允许填报一个提运单号，因此在一票货物对应多个提运单的情况下，应分成多份报关单进行申报。

50. 一个提运单下对应多份报关单应怎样填报?

答: 根据不同舱单管理模式分别加以处理:若规定一个提运单只能对应一份报关单，则应将提运单分单处理，使一个提运单对应一份报关单;若规定一个提运单可对应多份报关单，则多份报关单填报同一个提运单号。

51. 需从完税价格中扣除的费用在进口报关单中应如何填报?

答: 需从完税价格中扣除的费用，应填报在进口报关单“杂费”栏中，并且将数值或费率填报为负值或负率。如交易过程中有1%的回扣率，则应在杂费一栏填报“-1”。

52. 报关单中涉及国别（地区）的栏目填报时应注意哪些问题?

答: 报关单中涉及国别（地区）的栏目填报时应注意以下问题:

（1）国别（地区）名称应填写具体的国别（地区）名称，不能笼统地填报区域性的名称或国际组织等概念，例如:“中东”、“中美洲”、“西印度群岛”、“阿拉伯国家”、“西非”、“欧洲共同体”等；也不能填写城市或港口名称，如“伦敦”、“汉堡”、“纽约”等。

（2）要防止把名称近似或地理位置邻近的国名报错。例如:尼日尔和尼日利亚、摩洛哥和摩纳哥、利比亚和利比里亚等。

（3）殖民地、属地要作为一个单独的地区来填报，而不能填报它的宗主国的名称。例如:法属喀里多尼亚不能填报成法国，西属的休达、梅里利亚、加那利群岛不能填报成西班牙。

53. 对发生运输中转的货物，报关单“起运国（地区）/运抵国（地区）”栏应如何填报?

答: 进口报关单在本栏目应填报进口货物起始发出的国家（地区），出口报关单应填报出口货物直接运抵的国家（地区）。对发生运输中转的货物，应区别情况加以处理:如中转地未发生任何商业性交易，则起运国（地区）/运抵国（地区）不变；如中转地发生商业性交易，则以中转地作为起运国（地区）/运抵国（地区）填报。

54. 在特殊情况下，如何填报报关单“经营单位”栏?

答: 在某些特殊情况下，报关单“经营单位”栏应按如下规则填报:

（1）签订和执行合同的如为两个不同单位，经营单位应填报执行合同的单位。

（2）援助、赠送、捐赠的货物，经营单位应填报境内直接接受货物的单位。

（3）进出口企业之间相互代理进出口，或没有进出口经营权的企业委托有进出口经营权的企业代理进出口的，以代理方为经营单位。

（4）外商投资企业委托外贸企业进口投资设备、物品的，外商投资企业为经营单位，并需在报关单备注栏内注明“委托××公司进口”。

（5）对委托我国驻港澳机构成交的货物，经营单位为国内委托人。

（6）我国在境外兴办的合资企业，我方以实物投资部分带出的设备、器材和原料，我方为经营单位。境外合资企业与我国境内有进出口经营权的企业进行贸易，经营单位仍为我国境内企业，境外公司不能成为经营单位。

（7）来料加工或补偿贸易企业进口货物，经营单位为对外签订合同的外贸进出口公司或有进（出）口经营权的企业。

（8）中外双方仅执行技术合作项目，而未成立合作经营企业的，其经营单位为参加合作项目的我境内单位。

（9）进口溢卸货物，由接受货物并办理报关纳税手续的单位为经营单位。

55. 报关单既“有加工贸易手册”又有征免税证明，“备案号”栏只能填一个号码怎么办?

答：由于系统设置“备案号”栏只能填报一个号码，当报关单既有“加工贸易手册”又有征免税证明时，可按下列步骤进行处理：填制报关单时将“加工贸易手册”号填入“备案号”栏，将征免税证明号填入“备注”栏，电子审单时将自动核扣“加工贸易手册”中的相关数据。

第二节　报关单的申报

56. 报关单申报的商品编码与所附许可证商品编码不一致时如何处理?

答：当报关单申报的商品编码与所附许可证商品编码不一致时，在电子审单环节判断出商品编号与许可证不符，转入人工审单环节，关员对报关单作退单处理，并要求货主去相应许可证发证机关换领许可证，再行申报。若有特殊情况，需向海关说明情况。

57. 报关单因为舱单的原因被电子退单时，如何查找原因？

答：报关单被电子退单后，系统提示为舱单原因的，应认真核对舱单数据与录入的报关单数据中的“关区代码”、“进出境日期”、“提运单号”、“运输工具编号”、“航次号”、“运输方式”、“到货件数”、“到货重量”等数据，同时，还应确认该份舱单为“正常到货”的已确认舱单。

58. 进口报关时，系统提示无舱单记录如何处理？

答：首先在H2000舱单系统中进行查询，确认舱单已录入H2000库。如无数据，则要进行录入操作，存入数据后进行重发处理。

59. 为什么申报时系统总是退单并提示“舱单未经确认”？

答：舱单确认需要企业在现场海关舱单管理部门进行，必须先由预录入人员将舱单录入后才可以进行舱单确认。若先进行舱单确认而未录入舱单，则会出现“舱单未经确认”提示。

60. 同一提运单的进口货物，因业务需要分成两份或两份以上的报关单进行报关，系统提示“申报件数大于舱单件数”怎么办？

答：根据《报关单填制规范》的要求，报关单“件数”栏不能为零，因此，当同一提运单的进口货物，因业务需要分成两份或两份以上报关单进行申报时，可能会出现两份或两份以上报关单件数累加值大于舱单件数值的情况。电子审单对申报件数大于舱单件数的情况不作自动退单处理，只通过状态字作出提示，并通过通道决策将报关单派至人工审单岗位，由人工审单确定是否作退单处理。

61. 为什么电脑退单提示“不具备征税条件”？

答：当发送报关单电子数据的时间过早时，由于当时海关尚未维护当日汇率及缴款期限，所以无法正常进行税费计征，才导致电脑自动退单。

62. 已申报监管证件，为何专业化审单岗位仍退单并提示“未输入监

管证件”?

答：引起退单的原因是监管证件的填写不规范。系统逻辑判断时检查“随附单据”栏是否有证件名称及号码，若将证件相关信息填入其他位置或录入不正确，系统则因无法找到证件信息而退单。

63. 在何种情况下报关单会因为许可证原因而在电子审单环节被退单?

答：当申报的报关单所附的许可证无法使用，或进出口应证商品的报关单上未申报许可证号时，电子审单环节会将报关单作自动退单处理。具体来讲，主要有以下四种情况：

（1）进出口应证商品的报关单上未填报许可证号；

（2）许可证在海关接受报关单申报时已超期；

（3）许可证在海关接受报关单申报时已结案；

（4）许可证在海关接受报关单申报时已作废。

64. 若报关单商品项的申报计量单位与许可证不相符时该如何处理?

答：若报关单商品项的申报计量单位与许可证不相符时，在电子审单环节不对许可证进行处理，系统自动判断出申报计量单位与许可证不符，转入人工审单环节。在人工审单环节对许可证进行核扣时，因报关单商品项的申报计量单位与许可证不相符，核扣数量栏目为空，需审单关员手工输入核扣数量。系统根据输入的数量对许可证进行核扣。若此处没有输入数量而直接回车，系统提示该商品项核扣数量没有输入。

65. 以报关单商品数量核扣许可证数量发生超量时应如何处理?

答：报关单商品数量核扣许可证数量发生超量时，系统作出如下处理：在报关单电子审单环节将已核扣的许可证数量与报关单商品数量进行累加，若累加和第一次超过许可证电子数据数量，则转入人工审单环节，给出许可证超量的提示信息，关员在核实无误后可继续对许可证进行核扣，完成对报关单的处理；若电子审单环节判断出累加和第二次超过许可证电子数据数量，则自动将报关单作退单处理，此时可要求企业出具新的许可证。

66. 报关单申报时许可证在有效期内，审单或放行时超出许可证有效期时应如何处理？

答：发生这种现象有两种可能：

（1）报关单通过电子审单后，许可证已到有效期，这时只要在有效期之后 7 天内许可证尚未自动结案时办理人工审单或放行手续，系统会显示“许可证超期”，但此信息仅为提示性信息，关员可在核实许可证有效期后继续对报关单进行处理；

（2）报关单通过电子审单 7 天后办理人工审单和放行手续时，许可证已超期，此时许可证已自动结案。在这种情况下，系统会显示“许可证已结案”，关员应在核实许可证无误后运行许可证系统日常管理，取消结案功能，之后再进行报关单操作。

67. 许可证错误核销该如何处理？

答：许可证错误核销是指在人工审单环节核扣许可证时，错将一项非证商品的数量进行了核扣，造成许可证数量被错误核扣。解决时应区分以下两种情况：

（1）在许可证未结案时，重新审核报关单并重新核扣许可证；

（2）在许可证已结案时，运行许可证系统日常管理，取消结案功能，再重新审核报关单并核扣许可证。

68. 企业出口应证商品的样品但无许可证应如何处理？

答：出现这种现象可分两种情况加以解决：

（1）出口样品的价值在人民币 3 万元以下。按照规定，出口 3 万元以下的样品免验许可证，因此在通关系统电子审单环节，系统会判断出应证货样广告品未输入许可证号，转入人工审单环节，关员在核实数据无误后，继续对报关单进行处理，系统自动记录一条许可证异常核销日志。

（2）出口的样品价值在人民币 3 万元以上。此时通关系统电子审单环节判断出状态字 316，转入人工审单环节，由关员输入退单原因后，将报关单作退单处理，企业向商务部门领取许可证后再报关出口。

69. 怎样在人工审单环节对报关单所附许可证进行核扣？

答：若报关单申报数据与许可证电子数据不相符，则转入人工审单环节。关员在审核报关单时重点审核报关数据与许可证数据不相符的栏目，主要为“关区号”、“经营单位”、“商品编码”、“商品名称”、“计量单位”几项，其中“商品编码”、“商品名称”不符的需应要求进出口商换领许可证，“计量单位”不符的需人工输入核扣数量，其他项目不符的在人工审核无误后对许可证进行手工核扣，并继续对报关单进行处理。

70. 报关单的哪些填报内容与征免税证明不符将会被计算机自动退单？退单后如何重新办理报关手续？

答：报关单的填报内容与征免税证明不符被计算机自动退单主要由以下原因造成：

（1）申报价值超出减免税审批额度或征免性质、商品项数、项号、品名、商品编码、申报计量单位、申报数量、规格、币制与征免税证明不符；

（2）征免税证明超过有效期或已核销；

（3）报关口岸无征免税证明电子数据。

退单原因如为“1”或“2”的，企业需到主管地海关重新办理征免税证明后申报；属第“3”种原因的，需检查数据传输或存储方面的问题，补救后重新申报。

71. 企业持主管地海关出具的征免税证明到进境地海关办理报关手续时，发现无电子数据，如何解决？

答：问题一般应发生在征免税证明的打印操作和电子数据传输上。正常情况下，主管地海关在开具了征免税证明并确认打印成功后，相应数据即自动通过关区和全国海关计算机网络由主管地海关传送至口岸海关。因此，解决上述问题，首先，需检查口岸代码是否填写正确；其次，检查打印征免税证明后是否选择了确认；再次，检查计算机网络是否通畅；最后，如果上述三个可能均被排除，则进口地海关应检查本地数据接受和存储是否正常。

72. 异地报关使用的征免税证明变更或作废后，如何变更或作废已发送的电子数据?

答：异地报关使用的征免税证明变更或作废后，计算机自动删除已发送的电子数据，而对修改后的征免税证明则发送新的数据。

73. 征免税证明核销后，可否再进行“修改”或“作废”操作?

答：征免税证明核销后，不能再进行修改或删除，但可以执行“查询”操作。只有在报关单删除后，才能进行修改或作废操作。

74. 申报计量单位与法定计量单位不一致时，由于主管地海关审批的征免税证明的千克重量大于实际报关的千克重量造成无法录入，如何处理?

答：征免税证明的计量单位是申报计量单位。主管地海关在出具征免税证明时，如申报计量单位与法定计量单位不一致，将由人工进行转换，而转换时大多由于无实际提运单参照，造成转换的千克重量可能与实际报关的千克重量不符。企业持征免税证明报关时，由于计算机系统自动调阅备案数据，而转换的千克重量如大于实际报关的千克重量，将会造成退单。对此，可由预录入企业修改报关单商品项的千克重量解决，无须修改征免税证明。

75. 为什么报关行已将预录入“进出口征免税证明申请表”的资料发送给海关，海关却接收不到?

答：如果预录入“进出口征免税证明申请表”的有关内容与备案资料的相应内容不相符，系统会判断为逻辑错误而导致海关接收不到。所以建议检查“进出口征免税证明申请表”的有关内容，例如：项目性质、企业性质、产业政策审批条目等，与备案资料的相应内容是否相符。

76. H2000 系统“加工贸易手册”备案异地关区，是否仍需进行异地传输?

答：不需异地传输。“加工贸易手册”通过备案审核后，相关资料会自动传送到异地口岸海关。因此，在手册备案时要注意审核手册“异地进出口口岸”项目，确定企业是否需到异地口岸申报进出口。

77. **在进行合同备案时出现“加工企业年审超期”提示时应如何处理？**

答：H2000 系统增加了对加工企业是否已年审进行检控的功能，但由于现行规定加工企业不需年审，因此，如审核企业备案合同时出现上述情况，可以由企业到主管地海关企管部门重置年审标志。

78. **属于进口许可证管理的加工贸易进口料件内销补税时，对无法提交许可证、经海关处罚的，如何操作？**

答：此类报关单因无法填报许可证号，申报时会被自动退单。经海关处罚后准予免证放行的可采用“特殊通道申报”功能接受申报，企业应将处罚通知书号填入“备注”栏。

79. **企业若将税单丢失无法缴纳税款怎么办？**

答：若企业由于丢失税单而无法及时缴纳税款，企业可以向现场海关或委托其进出口代理人向现场海关申请补打税单。

80. **税单丢失重新打印后，会不会以新的日期进行计税？**

答：税单丢失进行重新打印后，不会以新的日期进行计税，税单打印日期和缴款期限与原税单一致。

81. **报关单上的“备注”栏目应填报哪些内容？**

答：报关单上“备注”一栏分为两部分：一部分用于填报随附单据栏中监管证件的编号（下部），另一部分用于填报以下内容（上部）。

（1）标记唛码中除图形以外的文字、数字。

（2）一票货物多个集装箱的，在本栏目填报其余的集装箱号。

（3）加工贸易结转货物及凭征免税证明转内销的货物，其对应的备案号应填报在本栏目，即“转至（自）×××手册”。

（4）受外商投资企业委托代理其进口投资设备、物品的外贸企业名称。

（5）其他申报时必须说明的事项。

第三节　涉及通关单的申报

82. 通关单联网核查的基本流程是什么？

答：通关单联网核查的基本流程是：出入境检验检疫机构根据相关法律法规的规定对法检商品签发通关单，实时将通关单电子数据传输至海关，海关凭此验放法检商品，办结海关手续后将通关单使用情况反馈给国家质量监督检验检疫总局（以下简称“质检总局”）。

83. 通关单与报关单的内容如何对应？

答：出入境检验检疫机构签发的通关单纸质单证信息与通关单电子数据必须一致。

企业在报检、报关时，必须如实申报，并保证通关单与报关单相关申报内容一致，具体要求如下：

（1）报关单的经营单位与通关单的收/发货人一致；

（2）报关单的起运国（地区）与通关单的输出国家或地区一致，报关单的运抵国（地区）与通关单的输往国家或地区一致；

（3）报关单上法检商品的项数和次序与通关单上货物的项数和次序一致；

（4）报关单上法检商品编号与通关单上对应商品的 HS 编码一致；

（5）报关单上每项法检商品的法定第一数量不允许超过通关单上对应商品的数量/重量；

（6）报关单上法检商品的第一计量单位与通关单上的货物数量/重量计量单位相一致；

（7）出口货物报关单上的“申报日期”必须在出境货物通关单的有效期内。

84. 与报关单对应的通关单申领时还有什么要求?

答: 通关单申领还有如下要求:

(1) 通关单只能在有效报关的前提下使用一次，企业应确保已申领通关单项下的进出口货物可一次性报关进出口。如通关单签发后需要分成多票报关单报关的，企业应向出入境检验检疫机构申请拆分通关单。

(2) 每份通关单所列的货物项数不能超过20项(含20项)。

(3) 企业报检时提供的“报关地海关”应为报关地海关隶属的直属海关。特殊情况下，可为指定的报关地海关。

(4) 临时进出口企业应向出入境检验检疫机构提供海关制发的临时注册编码。

85. 与报关单对应的通关单数据如何查询?

答: 企业取得通关单后，进出口货物的经营单位或报检企业可通过中国电子检验检疫业务网(www. eciq. cn)查询通关单的状态信息，状态信息分为“已发送电子口岸”、“电子口岸已收到”、“海关已入库”、“海关已核注”、“海关已核销”、“海关未能正常核销”、“通关单已过期”。

具体通关单状态信息注释如下:

“已发送电子口岸”是指质检总局已将通关单电子数据发送给电子口岸。

“电子口岸已收到”是指电子口岸已收到质检总局发送的通关单电子数据。

“海关已入库”是指海关已成功接收通关单电子数据，企业可根据通关单电子数据办理报关手续。

“海关已核注”是指该份通关单对应的报关单已申报成功。

“海关已核销”是指该份通关单对应的报关单已结关。

“海关未能正常核销”是指海关核销通关单电子数据不成功。

“通关单已过期”是指该份通关单超过有效期，无法使用。

86. 有通关单数据对应时，报关单预录入有何要求?

答: 报关单预录入的要求有:

(1) 申报法检商品必须录入通关单编号，并且一票报关单只允许填报一个通关单编号。

(2) 涉及“加工贸易手册”、电子账册、减免税证明的进出口货物，企业选择海关备案数据填制报关单，报关单上法检商品的项号应与通关单项号一致。

(3) 报关单涉及法检商品与非法检商品的，必须先录入法检商品，后录入非法检商品。

87. 实施通关单联网核查后，报关单和通关单电子数据不一致怎么办?

答: 实施通关单联网核查后，报关单和通关单电子数据不一致的，海关将作退单处理，企业根据海关退单信息办理相关手续。

88. 与报关单对应的通关单商品归类如何确定?

答: 商品归类以海关认定为准。报关单上法检商品的HS编码经海关确认归类有误的，企业需向出入境检验检疫机构申请修改通关单。

企业申领通关单后商品HS编码依据国家规定调整的，企业报关时通关单商品HS编码应以调整后的为准，如需修改，需向出入境检验检疫机构申请修改通关单。

89. 与报关单对应的通关单因特殊情况无法正常实施核查时，应如何处理?

答: 因特殊情况无法正常实施通关单联网核查的，海关、出入境检验检疫机构应通过公告栏等方式及时告知企业，企业按照告知要求办理通关手续。

第四节　滞报金管理

90. 什么是进口货物滞报金？海关为什么要征收滞报金？

答：进口货物滞报金是指进口货物收货人在货物进境后，未在海关法规定时限内向海关申报，海关按有关规定对其征收的费用。

征收滞报金的目的是提高海关的行政效率，促使货主及时报关，加快口岸货物的运输，保证国家应收的财政收入尽早入库，对国家的经济建设起到积极的促进作用。

91. 《海关法》对进口货物申报时限如何规定？

答：进口货物的收货人应当自运输工具申报进境之日起 14 日内（第 14 日遇法定节假日的，则顺延至其后第 1 个工作日），向海关申报。

92. 进口货物产生滞报后，收货人不缴纳滞报金，货物可否放行？

答：进口货物滞报金应当由进口货物收货人于当次申报时缴清。对应征收滞报金的进口货物，海关在收货人未缴纳滞报金之前不予放行；收货人要求在缴清滞报金前先放行货物的，海关可以在其提供与应缴纳滞报金等额的保证金后放行。

93. 滞报金如何计算？

答：征收进口货物滞报金应当按日计征，以自运输工具申报进境之日起第 15 日为起征日，以海关接受申报之日为截止日，起征日和截止日均计入滞报期间，另有规定的除外。滞报金的日征收金额为进口货物完税价格的 0.5‰，以人民币“元”为计征单位，不足人民币 1 元的部分免于计收。

计算公式为：滞报金金额 = 进口货物完税价格 ×0.5‰ × 滞报天数

滞报金的起征点为人民币 50 元。

滞报金的计征起始日如遇法定节假日，则顺延至其后第一个工作日。

94. 转关运输货物如何征收滞报金?

答: 转关运输货物在进境地和指运地分别为载运进口货物运输工具申报进境之日起14日内和货物运抵指运地有关单位签收之日起14日内,应向海关申报。如在进境地产生滞报,由进境地海关征收滞报金;如在指运地产生滞报,则由指运地海关征收滞报金。

95. 减免滞报金的适用范围有哪些?

答: 有下列情形之一的,进口货物收货人可以向海关申请减免滞报金:

(1)政府主管部门有关贸易管理规定变更,要求收货人补充办理有关手续或者政府主管部门延迟签发许可证件,导致进口货物产生滞报的;

(2)产生滞报的进口货物属于政府间或国际组织无偿援助和捐赠用于救灾、社会公益福利等方面的进口物资或其他特殊货物的;

(3)因不可抗力导致收货人无法在规定期限内申报,从而产生滞报的;

(4)因海关及相关执法部门工作原因致使收货人无法在规定期限内申报,从而产生滞报的;

(5)其他特殊情况经海关批准的。

96. 进口货物进境后海关不予征收滞报金的情形有哪些?

答: 有下列情形之一的,海关不予征收滞报金:

(1)进口货物收货人在运输工具申报进境之日起超过3个月未向海关申报,进口货物被依法变卖处理,余款按《海关法》第三十条规定上缴国库的;

(2)进口货物收货人在申报期限内,根据《海关法》有关规定向海关提供担保,并在担保期限内办理有关进口手续的;

(3)进口货物收货人申请并经海关依法审核同意,必须撤销原电子数据报关单重新申报,因删单重报所产生滞报的;

(4)进口货物经海关批准直接退运的;

（5）进口货物应征收滞报金金额不满人民币 50 元的。

97. **海关提取变卖的货物，在收货人申请发还余款补办报关手续时是否需要计征滞报金？如何计征？**

答：进口货物因收货人在运输工具申报进境之日起超过 3 个月未向海关申报，被海关根据《海关法》有关规定将货物提取作变卖处理后，符合条件的收货人申请发还余款的，应当补办报关手续，并计征滞报金（计征截止日为上述 3 个月期限的最后 1 日）。滞报金从海关变卖货物的余款中扣除。

98. **申请减免滞报金需要哪些手续？**

答：对符合减免滞报金规定的进口货物，进口货物收货人应于接到海关签发的滞报金缴款通知书之日起 30 个工作日内，按同一合同项下、同一口岸申报进口的滞报货物，以书面形式（加盖单位公章）向海关提出减免滞报金的申请，并随附有关政府主管部门出具的书面证明材料，经海关审查认可，办理滞报金减免审批手续。

（1）因政府主管部门有关贸易管理规定变更，要求进口货物收货人补充办理有关手续或者因政府主管部门延迟签发许可证件，导致进口货物滞报的，其收货人应向海关提交经政府主管部门确认的书面证明材料。如收货人在申报时限内办理了许可证件手续，并在许可证件签发之日起 14 日内申报的，免征滞报金。

（2）产生滞报的进口货物属于政府间或国际组织无偿援助和捐赠用于救灾、社会公益福利等方面的进口物资或其他特殊货物的，其收货人应向海关提交书面说明材料，并提供有关主管部门的书面证明文件，经海关核实后酌情审批。如滞报属于非收货人自身责任造成的，免征滞报金；如滞报属于收货人自身责任造成的，按应征滞报金金额的 5% 征收滞报金。

（3）因不可抗力致使进口货物收货人无法在规定期限内申报的，其收货人应向海关提交书面说明材料，并提供当地政府或主管部门确认的书面证明文件，经海关核实并确定不可抗力影响的起止时间，免征不可抗力影响期间内的滞报金。

（4）因海关及相关执法部门工作原因致使进口货物收货人无法在规定期限内申报的，其收货人应当向海关提交书面说明材料，并提供相关执法部门的书面证明文件，经海关核实并确定起止时间，免征起止时间期间内的滞报金。

（5）对收货人在货物进境前向海关申办减免税、加工贸易备案等手续，因海关自身原因未能按期批复而产生滞报的，经进口货物收货人书面申请说明原因，由海关主管部门审核确认情况属实的，并在海关签发减免税证明、加工贸易备案手册之日起14日内申报的，免征滞报金。

99. 海关对滞报金减免申请有没有时限要求？

答：申请人应在收到海关滞报金缴款通知之日起15个工作日内向海关提交滞报金减免的书面申请及证明材料，并对申请报告陈述的内容及提交证明材料的真实有效性负法律责任。

100. 企业如何缴纳滞报金？

答：海关征收进口货物滞报金时，应向收货人签发滞报金缴款凭证，收货人持滞报金缴款凭证到海关指定的部门或指定的银行办理缴款手续。进口货物收货人缴纳滞报金后，应将盖有“收讫”章的滞报金缴款凭证交给现场海关，现场海关凭以核销。

101. 滞报金在减免审批期间收货人需先行提货的，应如何处理？

答：进口货物收货人在申请减免滞报金期间因故需先行提取货物的，可向海关交纳滞报金的等额保证金后放行。

102. 删单重报产生的滞报金如何处理？

答：对由于海关原因或确实非报关人主观故意原因，必须删除报关单数据重新申报而造成计算机系统产生滞报金的，可凭批准的报关单电子数据修改或删除申请和已删除报关单电子数据的纸制报关单办理滞报金减免手续。

第五节　补充申报的规定

103. **为什么要补充申报?**

答: 补充申报是指进出口货物的收发货人、受委托的报关企业依照海关有关行政法规和规章的要求，在报关单之外采用补充申报单的形式，向海关进一步申报为确定货物完税价格、商品归类、原产地等所需信息的行为。

补充申报按照申报环节不同可分为收发货人、报关企业向海关申报时的主动补充申报，收发货人、报关企业申报后未办结海关手续前的补充申报和海关后续管理中要求的补充申报。

104. **申报时的主动补充申报包括哪些内容?**

答: 收发货人、报关企业在向海关申报时，认为需要向海关主动补充申报的，应按海关要求填制纸质补充申报单（一式两联），备齐相关证明材料（上述材料均需加盖收发货人或受委托的报关企业印章），并在报关单“标记唛码及备注”栏中填报补充申报单类别。

105. **补充申报包括哪些内容?**

答: 进出口货物向海关申报后未办结海关手续前，海关可以要求收发货人、报关企业补充申报。在此期间，收发货人、报关企业认为有必要主动补充申报的，海关可以接受其补充申报，并按报关单修改程序办理，同时应要求提供书面说明。

（1）海关在审核申报价格过程中有以下情形的，可以要求补充申报：

①认为买卖双方的特殊关系可能影响到成交价格的；

②对进口货物申报价格是否满足成交价格成立条件有怀疑的；

③发现进口货物可能存在间接支付货款或存在《中华人民共和国海关审定进出口货物完税价格办法》（海关总署会第 148 号）（以下简称《审价办

法》）第十一条规定的未包括在进口货物实付应付价格中的费用或者价值的；

④发现出口货物可能存在间接支付货款或对出口关税是否已经从申报价格中扣除有怀疑的；

⑤海关认为其他需要对进出口货物的价格补充申报的。

（2）海关在审核归类过程中有以下情形的，可以要求补充申报：

①认为申报内容与随附单证资料不足以确定归类、需进一步补充说明的；

②发现申报内容与随附单证资料不一致、不能确定归类的；

③对商品属性存有疑问，需要收发货人、报关企业做进一步说明的；

④海关认为其他需要对进出口货物的归类补充申报的。

（3）海关在审核进出口货物原产地的过程中有以下情形的，可以要求补充申报：

①优惠贸易协定项下的进出口货物，收发货人、报关企业向海关提交原产地证书、原产地声明等单证的相关内容不完整（须核查的除外）或者相关内容需要进一步补充说明的；

②进出口货物在查验过程中，海关对货物原产地相关信息需要收发货人、报关企业进一步补充解释或说明的；

③涉及反倾销货物，收发货人、报关企业未提交原产地证书的或者已提交原产地证书，但原产地证书显示货物的原产地不是被诉国家的；

④海关认为其他需要对进出口货物的原产地补充申报的。

现场其他作业环节在工作中认为需要补充申报的，可以通过现场接单审核岗位要求收发货人、报关企业进行补充申报。

106. **海关如何告知收发货人、报关企业进行补充申报?**

答：海关要求补充申报的，应当通知收发货人或报关企业，收发货人、报关企业在收到海关通知之日起 5 个工作日内向海关办理补充申报手续，海关行政法规和规章另有规定的除外。

收发货人、报关企业在规定时限内未能按要求进行补充申报的，海关可根据已掌握的信息，按照有关规定确定进口货物的完税价格、商品编码和原产地。

107. **在什么情形下，收发货人、报关企业应当向海关进行补充申报?**

答：有以下情形之一的，收发货人和报关企业应当向海关进行补充申报：

（1）海关对申报时货物的价格、商品编码等内容进行审核时，为确保申报内容的完整性和准确性，要求进行补充申报的；

（2）海关对申报货物的原产地进行审核时，为确保货物原产地的准确性，要求收发货人提交原产地证书，并进行补充申报的；

（3）海关对已放行货物的价格、商品编码和原产地等内容进行进一步核实时，要求进行补充申报的。

108. **补充申报的期限是多长?**

答：需要进行补充申报的，海关应当书面通知收发货人、报关企业，收发货人、报关企业应当在收到海关书面通知之日起5个工作日内向海关办理补充申报手续，海关行政法规和规章另有规定的除外。收发货人、报关企业在规定时限内未能按要求进行补充申报的，海关可根据已掌握的信息，按照有关规定确定进口货物的完税价格、商品编码和原产地。

109. **收发货人、报关企业可以主动向海关进行补充申报吗?**

答：可以。收发货人、报关企业可在递交报关单时一并提交补充申报单。

110. **补充申报的申报单包括哪些?**

答：包括“中华人民共和国海关进出口货物价格补充申报单”（简称“价格补充申报单”）、“中华人民共和国海关进出口货物商品归类补充申报单”（简称“归类补充申报单”）、“中华人民共和国海关进出口货物原产地补充申报单”（简称“原产地补充申报单”）以及海关行政法规和规章规定的其他补充申报单证。

海关提醒 收发货人、报关企业应按要求如实、完整地填写补充申报单，并对补充申报内容的真实性、准确性承担相应的法律责任。补充申报的内容是对报关单申报内容的有效补充，不得与报关单填报的内容相抵触。

第六节 集中申报方式

111. 什么是集中申报？

答：集中申报是指对同一口岸多批次进出口的货物，经海关备案，收发货人可以先以清单方式申报办理货物验放手续，再以报关单形式集中办理其他海关手续的一种特殊通关方式。

112. 适用集中申报通关方式的进出口货物包括哪些？

答：适用集中申报通关方式的进出口货物包括：

（1）图书、报纸、期刊类出版物等时效性较强的货物；

（2）危险品或者鲜活、易腐、易失效等不宜长期保存的货物；

（3）公路口岸进出境的保税货物。

113. 收发货人可以委托报关企业办理集中申报手续吗？

答：收发货人可以委托B类以上管理类别（含B类）报关企业办理集中申报通关方式下清单申报和报关单申报手续，受委托的报关企业在清单申报和报关单申报时均应提交“代理报关委托书”。

海关提醒 集中申报清单的填制比照H2000系统报关单填制规范填写，清单归并报关单申报时，集中申报进出口货物在报关单“运输工具名称”栏填报“集中申报”，“提运单号”栏填写所归并清单载明的进出口起止日期。

114. 如何办理集中申报备案手续?

答: 收发货人应当在货物进出境的口岸海关办理集中申报备案手续,加工贸易企业应当在主管地海关办理集中申报备案手续。收发货人申请办理集中申报备案手续的,应当向海关提交“适用集中申报通关方式备案表”,同时提供符合海关要求的担保,担保有效期最短不得少于3个月。

115. 集中申报备案手续届满可以延续吗?

答: 备案有效期届满可以延续。收发货人需要继续适用集中申报方式办理通关手续的,应当在备案有效期届满10日前向原备案地海关书面申请延期。收发货人在备案有效期届满前未向原备案地海关申请延期的,备案表效力终止。收发货人需要继续按照集中申报方式办理通关手续的,应当重新申请备案。

116. 收发货人向海关申报“集中申报清单”的时限是什么?

答: 以集中申报通关方式办理海关手续的收发货人,应当在载运进口货物的运输工具申报进境之日起14日内,出口货物在运抵海关监管区后、装货的24小时前填制“集中申报清单”向海关申报。超过这一期限申报的,应当以报关单方式申报;构成滞报的,还应当按照有关规定缴纳滞报金。

海关提醒 办结清单申报手续后,收发货人应当对1个月内以“集中申报清单”申报的数据进行归并,填制进出口货物报关单。一般贸易货物在次月10日之前、保税货物在次月月底之前到海关办理集中申报手续。

117. 一般贸易货物集中申报手续能否跨年度办理?

答: 不能。

118. 收发货人在清单申报后可以申请修改或者撤销“集中申报清

单”吗?

答: 收发货人在清单申报后，可以申请修改或者撤销“集中申报清单”，比照《中华人民共和国海关报关单修改和撤销管理办法》的相关规定办理。

119. 何种收发货人不适用集中申报通关方式?

答: 涉嫌走私或者违规，正在被海关立案调查的收发货人；因进出口侵犯知识产权货物被海关依法给予行政处罚的收发货人；适用C类或者D类管理类别的收发货人进出口上述所列货物的，不适用集中申报通关方式。

120. 转关货物和“属地申报、口岸验放”货物适用集中申报吗?

答: 均不适用。

121. 集中申报货物的归并报关原则是什么?

答: 归并为一张报关单的所有清单，在“进出境口岸”、“经营单位”、“境内收发货人”、“贸易方式（监管方式）”、“起运国（地区）”、“装货港”、“运抵国（地区）”、“运输方式”栏目以及适用的税率、汇率方面必须保持一致。上述项目如果存在不一致，应分割为若干张报关单，分别报关。

各清单归并为同一份报关单时，各清单中载明的商品项在“商品编号”、“商品名称”、“规格型号”、“单位”、“原产国（地区）”、“单价”和“币制”均一致的情况下可以进行数量和总价的合并。

122. 集中申报货物的进出口日期如何认定?

答: “进出口日期”以海关接受报关单申报的日期为准。归并为一张报关单的货物必然存在多个实际进出口日期，而报关单上的进出口日期项数值具有唯一性，因此，以系统自动生成的日期作为归并为一张报关单货物的进出口日期。

海关提醒 海关按照接受清单申报之日实施的税率、汇率计征税费，海关对集中申报的货物以报关单上的“进出口日期”为准列入海关统计。

123. **集中申报货物如何办理税款缴纳手续？**

答：收发货人对“集中申报清单”申报的货物以报关单方式办理海关手续时，应当按照海关规定对涉税的货物办理税款缴纳手续。

涉及许可证件管理的，应当提交海关批注过的相应许可证件。

124. **集中申报清单和报关单实行通关单联网核查吗？**

答：集中申报清单和报关单暂不实行通关单联网核查。清单申报时，系统检查清单中“随附单据”栏的通关单编号，放行环节人工核对纸质通关单；报关单申报时要求统一提交海关在货物放行时已验核过的通关单。

125. **清单申报的进出口货物，如何办理验放手续？**

答：清单申报的进出口货物，电子审单通过后，直接发送到验放环节办理货物验放手续，海关可以在此环节实施布控查验。对需查验的货物，企业应向海关递交纸质清单，查验无误的，海关予以放行。

126. **在什么情形下，海关停止收发货人适用集中申报通关方式？**

答：在以下情形下，海关停止收发货人适用集中申报通关方式：

（1）担保情况发生变更，不能继续提供有效担保的；

（2）涉嫌走私或者违规，正在被海关立案调查的；

（3）进出口侵犯知识产权的货物，被海关依法给予行政处罚的；

（4）海关分类管理类别被降为 C 类或者 D 类的。

127. **收发货人在集中申报备案有效期内可以主动申请终止适用集中申报通关方式吗？**

答：可以。

第七节　涉及申报环节的企业咨询实际案例

128. **现在有一单货，货物是服装，价格为USD2.9/件，客户要求用一种盒子包装后出口，盒子价格为USD3.8/个，包装物的价值大于所装货物的价值，现有以下问题：(1) 是否可以直接将包装物“盒子”的价值加在服装上报关出口？(2) 如不可以，是否可以将包装物和服装分开报关？(3) 海关的相关法规中有没有这方面的具体规定？**

答：关于出口货物价格如何申报的问题，按照《关税条例》第二十六条以及《报关单填制规范》第四十、四十一项的规定，出口货物的申报单价和总价应为出口货物实际成交商品的单位价格和总价格。出口货物的成交价格，是指该货物出口时卖方为出口该货物应当向买方直接收取和间接收取的价款总额。因此，问题中提及的出口服装包装盒子（不是循环使用）的价值应附加在出口服装的申报价格上，即按照（1）中提到的方式申报即可。

129. **我公司有一单货已出口，核销单退下来后才发现HS编码报错了，但品名是正确的，这样就造成HS编码与品名不相符，无法退税，咨询过报关行后，他们表示，海关不一定能接受改单。请问这种情况，海关会接受改单吗？**

答：关于报关单修改的问题，可以按照报关单修改与撤销的相关规定办理：进出口货物收发货人或者其代理人（以下简称申请人）遇下列情况的，可向原接受申报的海关提出修改或撤销报关单申请：

（1）由于报关人员操作或者书写失误造成所申报的报关单内容有误的；

（2）出口货物放行后，由于装运、配载等原因造成原申报货物部分或者全部退关、变更运输工具的；

（3）进出口货物在装载、运输、存储过程中因溢短装、不可抗力的灭失、短损等原因造成原申报数据与实际货物不符的；

（4）根据贸易惯例先行采用暂时价格成交，实际结算时按商检品质认定或者国际市场实际价格付款方式需要修改申报内容的；

（5）由于计算机、网络系统等方面的原因导致电子数据申报错误的；

（6）其他特殊情况的。

申请的单证：申请人申请修改或者撤销进出口货物报关单的，应当提交“进出口货物报关单修改/撤销申请表”，并根据实际情况，提交以下相关材料：

（1）可以证明进出口实际情况的合同、发票、装箱单等相关单证；

（2）外汇管理、国税、检验检疫、银行等有关部门出具的单证；

（3）应税货物的海关专用缴款书、用于办理收付汇和出口退税的报关单证明联等海关出具的相关单证。

130. 我公司与郑州的一家公司做深加工结转，郑州公司本月转入报关单的表头净毛重与单体净毛重相差0.001KG，请问，海关有规定单头的净毛重必须与单体的净毛重一样么？还是有一定的浮动范围？

答：（1）根据《中华人民共和国海关关于加工贸易保税货物跨关区深加工结转的管理办法》（海关总署令第109号）的有关规定，贵公司与转入方企业填报的报关单之间所对应的申报序号、数量、商品编号、价格应当一致。

（2）建议贵公司先向转入方企业核实申报数量出现差异的原因，由于转入方企业在郑州海关申报结转进口报关单，建议就该企业报关单表头、表体出现重量差异的原因咨询其主管海关。

131. 我们2月份有一单货从广州口岸出口，贸易方式是进料加工，由于填报关单时，填错了手册成品的序号，变成了实际出口的成品和报关单显示不符，但货物已经经大鹏海关出口了，提交海关的发票、装箱单中的数据与货物情况是一致的。由于上传的数据有误，必然会影响我公司的核销手册，我们委托报关的报关行说，海关不允许更改或重报删单，请问我

们现在应该怎么办呢?

答：由于报关单成品序号填报不正确，将导致该手册的海关底账成品数量出错。建议联系手册主管地海关，待所述报关单已经核注之后，向海关申请报关单反核注，使手册海关底账调整为该报关单未申报出口之前的数量，之后再申请报关单修改或撤销。

132. **一批进口货物持有两份濒危物种允许证明书应如何填制报关单，一份报关单可以对应多份进口濒危物种允许证明书吗?**

答：根据《报关单填制规范》，其中随附单证栏的填制规范如下，随附单证栏应根据海关规定的《监管证件代码表》，选择填报除许可证号栏目以外的其他进出口许可证件或监管证件代码及编号。目前，H2000系统一份报关单可以对应多份进口濒危物种允许证明书编号。

133. **请问一般贸易报关单贸易方式栏填“一般贸易”，征免性质栏是根据企业性质来填“一般征税”、“中外合资”、“中外合作”或“外资企业”吗？如果所有的一般贸易都统一填“一般征税”有没有错？还有，如果企业是三资企业并且出口货物需要征出口税，我申报一般贸易出口，而征免性质栏填“中外合资”、“中外合作”或“外资企业”，是否有问题?**

答：进出口货物报关单上所列的贸易方式专指以国际贸易中进出口货物的交易方式为基础，结合海关对进出口货物监督管理综合设定的对进出口货物的管理方式，即海关监管方式；其中“一般贸易”是指我国境内有进出口经营权的企业单边进口或单边出口的贸易；而征免性质则是指海关对进出口货物实施征、减、免税管理的性质类别，其中“一般征税”适用按规定的税率征收进出口关税、进口环节增值税和其他税费的进出口货物。根据《报关单填制规范》，征免性质栏应根据实际情况按海关规定的《征免性质代码表》选择填报相应的征免性质简称或代码，持有海关核发的“征免税证明”的，应按照“征免税证明”中批注的征免性质填报。在按“一般贸易”方式填报的报关单中，若征免性质填报“601（中外合资经营企业进出口货物）”、“602（中外合作经营企业进出口货物）”、“603（外商独资企业进出口货物）”，表明适用于所有外商投资企业生产（加工贸易除外）的出口产品，若填报“799（自有资金）”，表明适用于外商投资额度外利用自有资金进口设备、备件、配件。因此，“一般贸易”并非仅适用“一般征税”，如果企业是三资企业，在出口货物时，贸易方式申报为一般贸易，征免性质栏相应填报“中外合资”、“中外合作”或“外资企业”。

134. **由于今年部分商品编码的法定计量单位发生变化，通关现场交单审核时，现报关单法定单位和年前所做通关单法定单位不符，但经转换后实际数量相同，申报海关通关比对，认为单证不符。请问是否一定要更改通关单？**

答：本文所述涉及报关单与通关单数据项比对的问题，为确保通关单有关数据项与报关单对应项的一致性，建议更改通关单相关栏目，以满足海关监管单单相符的工作要求。

135. **如何鉴别进口葡萄酒报关单及原产地证明的真伪？**

答：请携带所询报关单及原产地证明到办理进口报关手续的海关咨询。

136. **部分货物办理一般退运进口（非全部），除提供原出口装箱单等单证外，还需要提供什么单证？**

答：根据《中华人民共和国海关进出口货物申报管理规定》（以下简称《进出口货物申报管理规定》）（海关总署令第103号）第二十七条：进出口货物报关单应当随附的单证包括：合同、发票、装箱清单、载货清单（舱单）、提（运）单、代理报关授权委托协议、进出口许可证件、海关要求的加工贸易手册（纸质或电子数据的）及其他进出口有关单证。此外，如果是退换货物，还应交验原（进）出口报关单证，原（进）出口报关单号填报在“关联报关单”栏目。

137. **我公司进口一批螺栓，商品编码为73181500。法定计量单位为千克。我公司与客户实际成交按数量计价（也就是按货物的只数计价），而**

不按重量计价。在成交总价不变的情况下，顺应外汇管理局的要求，在申报了法定第一计量的情况下，报关单申报的单价是按实际成交的×××日元/只的单价进行申报的，这样可以吗？

答：根据《报关单填制规范》中"数量及单位"的申报要求：

（1）第一行应按进出口货物的法定第一计量单位填报数量及单位，法定计量单位以《中华人民共和国海关统计商品目录》中的计量单位为准。

（2）凡列明有法定第二计量单位的，应在第二行按照法定第二计量单位填报数量及单位。无法定第二计量单位的，本栏目第二行为空。

（3）成交计量单位及数量应填报并打印在第三行。请按公告要求申报。

138. **我公司为纯出口公司，在广州天河区退税中遇到以下出口备案单证问题，需要海关帮助解答以下问题：（1）装货单（也叫场站收据副本第五联）是否是法定报关单证之一？是否视为出口报关中的装箱单？（2）此装货单是否一定需要海关盖验讫章？**

答：进出口货物报关单应当随附的单证包括合同、发票、装箱清单、载货清单、提（运）单及海关要求的其他单证。装货单与出口报关中的装箱单是不同的，装箱单是对装箱货物所做的统计，需逐件列明内装货物的品名、规格、数量，是商业发票的补充说明；而装货单在国际贸易中，由航运部门承运货物签发的装货单据，俗称下货纸，是目前出口报关的随附货运单据，其作用是经船公司签署并经海关签章放行后，方可凭以装船。

139. **我公司的货物出口时CIF价格中包含有单独向客户支付的佣金，现有以下问题请解答：（1）按照报关单填制规范是否应填报为负数？（2）我公司财务的同事咨询税务事务所后发票不能开为负数，请问海关能否接受开为正数？**

答：根据现行的《审价办法》第四十四条有关规定，出口货物在货物价款中单独列明由卖方承担的佣金，不计入完税价格。因此，如货物出口时的销售价格中含有需单独向卖方代理人支付的款项，可以从出口货物完税价格中扣除。按照报关单填制规范，从完税价格中扣除的款项可以以负数形式填入报关单"杂费"项中。

140. 我公司与越南之间有进口贸易，如果海关已经认定我公司申报货物的 HS 编码为 A，经查询是可以享受东盟零关税率的。但越南办理产地证 Form E 时使用的 HS 编码为 B，也可以享受零关税率。备注：越南认为他们的 HS 编码 B 才是正确的。我想问：货物已经有了产地证，在这种两国 HS 编码认定不一致的情况下，我公司该如何申报才可以享受到零关税？我公司继续申报 A 编码，而产地证还是用 B 编码吗？我公司以 B 编码申报，与产地证保持一致？

答：根据现行规定，您向海关交验的 Form E 格式原产地证所列 HS 编码的前 6 位必须与实际进口货物 HS 编码相同，否则，该货物不能享受东盟协定税率。您可向原发证机关要求修改原产地证 HS 编码后再行申报，特殊情况请报海关协调。

141. 我公司与国外签订了一笔工程项目的设备供货合同，合同中还包括提供所供货设备的安装工作，因此在安装施工过程中需要使用一些工具。这些工具大部分都不是新的，会随设备一起发运，而且我们也不准备复运回中国。请问这些工具应怎么报关？报关品名写“工具”就可以了吗？HS 编码是多少？

答：对于出口用于安装施工用的工具，如使用后不退运进境，该批工具请按“一般贸易”监管方式出口。以实际出口品种、数量逐项申报出口，不可简单填写“工具”，并以实际出口品种归入相应的 HS 编码。

142. 根据 2011 年第 37 号公告，本公司在申报进口稀土包装物的税时，是否必须按规范性申报含稀土的含量？

答：申报进口料件包装物的税时，无须申报含稀土的含量，该公告要求是针对出口含稀土成分商品的。

143. 请问从何时开始修理物品和暂进货物申报，需要填写关联报关单号？是海关第几号公告？

答：根据《报关单填制规范》，其中报关单备注栏目填报要求如下：……与本报关单有关联关系的，同时在业务管理范围方面又有填报要求的报关单号，填报在电子数据报关单中的“关联报关单”栏。

144. 我公司准备从国外进口一台油品分析仪，一起进口的还包括一台电脑，电脑起控制油品分析仪的作用，电脑的组成如下：Dell Vostro 260 计算机主机，Dell 19 时 LED 背光显示器、光学鼠标、键盘、Windows7、Office 2010 商用版以及 3.50 寸 SATA 硬盘外接座。请问我在进口报关时，油品分析仪和电脑是否需要分开申报，电脑是申报为微型计算机，注明组成部件，还是电脑的每一个部件分开申报（其进口时是包装在一起的）？申报时除了注意按照申报要素申报以外，还要注意哪些？

答： 油品分析仪和电脑应分开申报。根据贵公司的描述，该电脑应属于 84714940 的微型计算机，申报时无须拆开每一个部件申报，应严格按照规范申报要求申报各项要素。

145. 我公司是广州一家进出口公司，在出口过程中，有一单货由两个货源地采购，一个是浙江的工厂，一个是广西的工厂，请问报关单上境内货源地应填写什么呢？

答： 按照《报关单填制规范》的规定，报关单境内货源地栏目应填报出口货物在国内的产地或原始发货地。出口货物产地难以确定的，填报最早发运该出口货物的单位所在地。问题中涉及一票货有两个货源地应如何申报的问题，贵公司可分单申报。

146. 我公司现有一批以一般贸易进口的货物，因质量问题需与外商以无代价抵偿更换同样的货物，出口时用什么贸易方式？进口时又该用哪种贸易方式？

答： 若货物已经海关进口放行再予退运，并更换货物进口的，退运出口货物应按“其他”（9900）方式申报，补偿进口货物应填报“无代价抵偿”（3100）。若货物尚未进口申报或经海关进口放行前即予退运，其后更换货物进口的，退运出口货物应按“直接退运”（4500）方式申报，补偿进口货物则应比照首次进口货物填报“一般贸易”（0110）。

147. 关于用大合同出口事宜，有几点帮忙确认：(1) 用大合同，但出口口岸可能是广州空运出口，深圳海运出口，是否会有影响，在大合同上是否需要备注出口口岸的信息？(2) 由于用大合同定的是一个时期的出口量（比如一年），如果存在一年内实际出口数量，与大合同有出入（实际出口比大合同上的数量多，或者少），是否有影响？(3) 由于签订了一整年的合同，如果出现单价变动的情况（因为可能出现价格波动），就可能出现每次出口时的发票与大合同上的单价有些许出入，像这种情况如何解决？大合同上是否需要体现单价？(4) 能否提供相关大合同及发票装箱单的样本？(5) 是否还有其他注意点，也请告知。

答：一般情况下，合同是商品交易的买卖双方就交易事项确定各自的权利和义务而订立的共同遵守的契约，具有一定的法律效力。根据《进出口货物申报管理规定》，进出口货物收发货人、受委托的报关企业应当依法如实向海关申报，对申报内容的真实性、准确性、完整性及规范性承担相应的法律责任。在申报时，海关对企业提交的合同没有具体规定，主要是企业提交的合同要真实、合法。

148. 如果在采用电子和纸质报关单申报的情况下，海关接受申报的时间是否会以海关接受电子数据报关单申报的日期为准？

答：海关接受申报的时间以电子数据报关单申报的日期为准。

149. 根据《审价办法》第三十九条规定：进口货物的保险费，应当按照实际支付的费用计算。如果进口货物的保险费无法确定或者未实际发生，海关应当按照“货价加运费”两者总额的3‰计算保险费。请问：(1) 进口成交价格为CIF时，其运费栏需要再单独填写吗？(2) 保费栏实际未发生保费，其保费栏需要填写为3‰吗？

答：根据您的提问答复如下：根据《审价办法》第五条：“进口货物的完税价格，由海关以该货物的成交为基础审查确定，并应当包括货物运抵中华人民共和国境内输入地点起卸前的运输及相关的费用、保险费。”目前，海关计算机系统主要采用三种常用的成交方式，即FOB、CIF、

CNF。其中，CIF 成交方式是 Cost Insurance and Freight 的缩写，简称成本加保险费、运费，因此，进口成交价格为 CIF 时，其运费栏、保费栏不应该有具体的费用，请您核定实际的成交情况后如实申报；以 CNF 成交的，在无法知道保险费的情况下，保费栏需要填写为 3‰。

150. 我公司最近要进口船用主机，合同金额为 100 万元。签订合同后，我公司要求增加一个配件，费用增加了 4 000 元，但是还没有签订补充协议。如果进口报关时，补充协议我们还没有收到，发票金额为 1 004 000元，而合同金额仅为 100 万元，是否会影响通关？如果不影响，是以哪个金额填制报关单？如果我们在进口之前签订了补充协议，补充协议是否可以作为合同的一部分被认可？补充协议是否只需列明原合同号和金额即可，是否需要写明增加费用的原因？

答：这个问题本身是矛盾的，如果合同未签订或补充签订增加配件，对方不会将此配件售给你们，不会发货。所以合同是进口报关必须提供的，如果合同不完整，肯定影响通关。如果补充合同未收到，建议持补充合同传真件向进口地海关提出，并担保在规定时间内补齐，应该也可以。进口报关的货物价格，应以实际合同签订的价格为准。补充协议可以作为合同的一部分被认可，但必须明显体现出它是原合同的补充，且体现双方的权利义务即可。

151. 我想咨询一下进口货物时，国外厂商提供的原厂发票、原厂装箱单是否一定要有外商的签名或盖章？

答：是的。发票、装箱单是报关必须随附的单证，目前，海关对发票、装箱单没有规定统一的格式。提供的随附发票，虽然没有规定的格式，但发票的用途包括：（1）销货的凭证，是买卖双方记账的依据；（2）进口方核对货物是否符合合同条款的根据等，因此，发票的内容必须符合合同的规定，包括货物的名称、数量、规格、单价及签名（章）等。

152. 我公司从意大利进口了一批针织大圆机，属于减免税的范围，现由于减免税证明还在办理中，请问这种情况下报关单应如何填报？

答：根据《报关单填制规范》第四条（二）“涉及征、减、免税备案审批的报关单，填报‘征免税证明’编号”。由于你的减免税证明还在办理中，其备案号栏暂不用填写。

153. 我公司是佛山一家进料加工企业，咨询关于电子手册产品计量单位申报的问题，例如：电脑用散热片，商品编码为 84733090 ，我公司向海关备案时申报计量单位为“千克”，法定单位为“千克 ”，关员认为该产品可以数清个数，我公司企业备案的申报单位应为“个”。请问诸如此现象如果实物看起来可以计数的申报计量单位是否必须为“个”，还是企业可以自行选择按计数的单位“个”或按法定单位“千克”进行手册计量单位备案申报?

答：对于企业关于计量单位的选择，应以方便海关和企业对保税货物的料件核算为原则，按照具体产品的状态、性质来决定。但申报时必须按照法定计量单位填写相关栏目。

154. 我们有一批货物据了解是先从加拿大陆路运输到美国，再从美国上船。但是头程和二程的提单均显示在美国装货上船，没显示加拿大，在报关单填制的时候，运输方式为水路，装货港为美国，我不知道起运国应该填写美国还是加拿大?

答：关于申报起运国问题，按照《报关单填制规范》第十九条规定：起运国（地区）填报进口货物启始发出直接运抵我国或者在运输中转国（地区）未发生任何商业性交易的情况下运抵我国的国家（地区）。如你公司提供单证无法确认货物从加拿大起运的，报关单申报填制起运国应填写美国。

155. 我在代理报关过程中遇到一单这样的单证：货物由国内货主向加拿大一家公司购买，头程提单上和二程提单上均显示 Port of Load 为 NORFOLK，发票和箱单上显示原产地为美国。本来正常报关单上应写明起运国为美国，原产地为美国，可是后来发现这单货物有个装运前检验证书，该证书显示检验地为加拿大，这样，原产地会不会不是美国而是加拿大?

答：关于申报起运国问题，按照《报关单填制规范》第十九条规定：起运国（地区）填报进口货物启始发出直接运抵我国或者在运输中转国

（地）未发生任何商业性交易的情况下运抵我国的国家（地区）。你公司应按货物的实际情况申报起运地。关于申报原产地问题，按照《中华人民共和国进出口货物原产地条例》第三条规定：完全在一个国家（地区）获得的货物，以该国（地区）为原产地；两个以上国家（地区）参与生产的货物，以最后完成实质性改变的国家（地区）为原产地，以上是申报起运地和原产地的一些规定，请根据这些原则如实向海关申报。

156. **因国家试点进出口交易人民币结算，选中我公司试操作一单货物，现有以下问题请帮忙解答：（1）出口是否要用出口收汇核销单？（2）出口报关单不填出口收汇核销单号码，系统是否能通过不会退单？（3）以人民币结算，境外企业如何取得人民币？**

答：（1）按照《跨境贸易人民币结算试点管理办法》第十八条规定：试点企业的跨境贸易人民币结算不纳入外汇核销单管理，办理报关和出口货物退（免）税时不需要提供外汇核销单。（2）出口报关单不需填写出口收汇核销单货物，报关单申报时系统不会退单。（3）关于以人民币结算，境外企业如何取得人民币不属海关业务范围，请咨询当地中国人民银行。

157. **我公司是位于广东肇庆的一家企业，计划于月初进口一台挤压机（税号为：8462911000），与客户签订的合同上价格条款为CIF香港，所以，我公司自行安排由香港运至肇庆的船运工作，二程运费、保险费由我公司支付。但在填报关单时就遇到了一个问题，如果进口报关单的成交方式填CIF价，则运费、保费栏就不能填写了，但我公司是支付了二程的运费及保险费的，这与实际不符。如果成交方式填写FOB，虽然运费栏、保费栏可以按实际填写了，但这又与合同上的价格条款CIF香港不符，不知海关会不会说我们单证不符呢？请问如果出现了上述情况，进口报关单上的成交方式一栏该如何填写？**

答：你提出进口报关单上的成交方式一栏填报问题，根据你来文所述情况，因你公司货物合同上的价格条款为CIF香港，未包括香港运至肇庆四会港的运费、保险费费用，因此，你公司在成交方式一栏应填报FOB。

158. **我公司昨天在现场海关查验时发现：我公司的报关单上显示的牌子是中文汉字“胜捷”，而实际货物上的图标是我公司法人在工商总局注册的商标图片。我公司的货物上确实没有“胜捷”字样的牌子，想了解的是：报关单的牌子一定要与货物上注册的商标一致吗，注册商标等于牌子吗？需要说明的是为了防止相近的商标被仿冒，我公司的注册商标有很多种图案，而报关单录入时并不能将图片完整地体现出来。**

答：商标是商品的生产经营者在其生产、制造、加工、拣选或者经销的商品上或者服务的提供者在其提供的服务上采用的，用于区别商品或者服务来源，由文字、图形、字母、数字、三维标志、颜色组合，或者上述要素的组合，具有显著特征的标志。牌子（品牌）即产品铭牌，用于识别产品或是服务的标志、形象等。品牌不是商标，品牌指的是产品或服务的象征，它不单包括“名称”、“徽标”还扩及系列的平面视觉体系，甚至立体视觉体系。海关出于管理需要，有时需要企业提供商品牌名（即品牌中可以读出的部分——词语、数字或词组等的组合，如海尔、红双喜等），您可根据企业的生产经营实际进行申报。关于注册商品有很多图案，报关单录入不能将图片完整地体现出来，建议您将其作为随附单证向海关提供。

159. **根据《报关单填制规范》，报关单净重栏目应填报进出口货物的毛重减去外包装材料后的重量，即货物本身的实际重量，计量单位为千克，不足1千克的填报为“1”。使用不可分割包装材料和包装容器的货物，货物的净重包括内层直接包装的净重重量。其中，我对货物本身的实际重量有疑问，比如我出口手机，除手机本身外，含电池、说明书、光盘和包装的吸塑壳。那我们报关的净重是否只报手机的重量，而其他的如电池、说明书、光盘和包装的吸塑壳等不要包含，这些算毛重吗？请具体解答该如何申报？**

答：根据《报关单填制规范》第三十项有关规定，净重是货物的毛重减去外包装材料后的重量，即货物本身的实际重量。其应与报关单随附合同、发票、装箱单列明货物及配置的净重相一致。关于手机货物净重如何填报的问题，根据《税则》，手机归入税号851711项下，其对应的法定计量单位为“台”，因此，在报关单中填报法定计量单位时应为实际出口手机台数，在报关单规格型号栏申报配置等随附配件的数量，净重应包含手机其他随附配套配件的重量。

160. 我公司是一家外商独资企业，上一个月刚进口一套设备，现在就损坏了，不能正常运转，因在合同保修期内，所以准备申报出境维修，但由于只是其中某个部件被损坏，出口申报出境维修货物时，重量该如何填制？我原进口报关单是整套设备进口，填写的是整套设备的重量，应怎么样才能与原进口时的报关单对应呢？

答：你公司办理出境货物维修时，请按实际货物数量填报，在关联报关单填报原进口报关单，在备注栏说明该部件在设备中的具体用途。

161. 我公司拟进口一批塑料粒 PC/ABS ，该批原料型号为 NH－1019 ，实际品牌为 INFINO，但实物上什么都没体现，货物外包装上仅体现型号为 NH－1019，未体现品牌为 INFINO 字样或图示。可是，供货商曾在 UL 网站上登记过其型号为 NH－1019，品牌为 INFINO。请问此批货物品牌该如何申报？申报为 INFINO 还是无品牌？

答：应如实申报品牌为 INFINO，并提供能够反映品牌的合同、发票或其他有关资料。

162. 我公司需将部分减免税设备退运至国内特殊监管区内，退运证明已办理完毕，退运证明内包含两种币别（日元和美元），请问同一份报关单可否申报两种币别？

答：根据您的提问，可以在同一份报关单内申报两种币别。

163. 我公司 2011 年 8 月以一般贸易方式进口了一批净水器水管，已付进口关税、已付汇。因发现部分货物不合格，现与外商协定退换（退运不合格品，免费换回新品）。请问退运出口与复进口报关时，需要向海关提供什么单证申报？出口报关单的贸易方式、征免性质、结汇方式、征免栏如何填制？进口报关单的贸易方式、征免性质、用途、征免栏如何

填制?

答: 根据您的问题，您的货物退运出口时请使用贸易方式为“其他”，代码为“9900”，并填报相应的征免性质，按正常报关手续处理，提供能够证明贸易实际的相关证明，无须结汇。退还货物进境时使用贸易方式“无代价抵偿进出口货物”，代码为“3100”；征免性质为“其他法定”，代码“299”。各项指标按实际申报。退换货物进境时需递交下列单证：（1）原进口货物报关单；（2）原进口货物退运出境的出口报关单；（3）原进口货物税款缴款书；（4）买卖双方签订的索赔协议；（5）海关认为需要时。还应提交具有资质的商检机构出具的原进口货物残损、缺少、品质不良或者规格不符的检验证明书或其他有关证明文件。

164. **我公司现在准备出口一批货物，由于货物价格已包括我公司需要支付国内中间商5%的佣金，而成交方式则为FOB。请问：是否应申报为FOB？佣金应填报为5或-5?**

答: 现就您提出的问题回复如下：根据《报关单填制规范》及《中华人民共和国海关审定进出口货物完税价格办法》的规定，出口货物在货物价款中单独列明由卖方承担的佣金不计入出口货物的完税价格。因此，您申报的成交方式应为FOB，并在提交的发票中已明确列明卖方在支付5%佣金的情况下，报关单“杂费”栏上填报应从完税价格中扣除的5%负率。

165. **我公司准备出口一批集装箱整套部件到越南，生产集装箱的必需品如焊丝、油漆、稀释剂能否配套一起，以“集装箱半成品”为商品名称报关出口?**

答: 一般来说，集装箱半成品是指相关零部件已构成集装箱基本特征，可以按照成品归入HS商品目录8609项下。但是生产集装箱的必需品如焊丝、油漆、稀释剂不属于集装箱的构成零部件，不应该简单以“集装箱半成品”的商品名称报关出口，而是分别按照焊丝、油漆、稀释剂的具体列名进行归类申报。

166. **我公司现有一些成品货物以一般贸易方式出口香港后存放于香港**

某仓库，大多数情况下，内地客户以保税方式作为料件进口后，将其进一步加工成其他成品后再出口，此货物可以认为在香港有个交易行为。请问在此情况下，我们应如何填写最终目的国（地区）?

答：根据《报关单填制规范》第三十九条规定：出口报关单最终目的国（地区）填报已知的出口货物的最终实际消费、使用或进一步加工制造国家（地区）。不经过第三国（地区）转运的货物，以运抵国（地区）为最终目的国（地区）；经过第三国（地区）转运的货物，以最后运往国（地区）为最终目的国（地区）。同一批出口货物的最终目的国（地区）不同的，应分别填报最终目的国（地区）。出口货物不能确定最终目的国（地区）时，以尽可能预知的最后运往国（地区）为最终目的国（地区）。本栏目应按海关规定的《国别（地区）代码表》选择填报相应的国家（地区）名称或代码。请按照上述填制要求填报。

167. **我公司有一批产品需要以一般贸易出货境外，按照申报要素，根据此产品的特性查出的税号是需要报品牌和型号的，现在该产品的实物上并无我公司的Logo也没有任何文字符号、型号、货号、Model等字样，但是外包装（纸箱）上有我公司的英文Logo：×××，此Logo没有在海关总署进行过知识产权备案，请问在此种情况下我如何申报?**

答：关于货物规格型号申报的问题，根据《报关单填制规范》第三十七项“商品名称、规格型号”中的规定，商品名称及规格型号应据实填报，并与进出口货物收发货人或受委托的报关企业所提交的合同、发票等相关单证相符；商品名称应当规范，规格型号应当足够详细，以满足海关归类、审价及许可证件管理要求为准，详情可参照《中华人民共和国海关进出口商品规范申报目录》中对商品名称、规格型号的要求进行填报。因此，你可根据产品实物的实际情况进行申报，若有品牌型号则需在报关单中注明，若无则注明无品牌或无型号。

168. **在日常的通关工作中，我们经常会遇到很多货物报关时都需要申报“品牌”。对于这个“品牌”，在海关工作中请问是如何进行定义的？这**

个“品牌”是不是等同于货物的生产厂家?

答：品牌一般是指商品的牌子，不等同于生产厂家，申报时应区分开来。根据《海关法》要求，进出口收发货人应有如实申报的义务，货物的品牌和生产厂家是不因包装的改变而产生变化的，向海关申报时应申报货物的实际品牌。

169. **我公司是广东顺德的进料加工贸易企业。外国客户发一批料件到天津新港海关，因我公司加工贸易合同在天津口岸没有备案，所以我公司在新港海关已经以直转公路运输方式申报，发送数据到了顺德车场(5153)海关，请问我公司向顺德车场(5153)报关要提供什么资料?是用转关提前报关申报吗?报关单上的进口口岸、运输工具名称、提运单号怎样填写?**

答：根据《中华人民共和国海关关于转关货物监管办法》(海关总署令第89号)第七条规定，转关货物的收发货人或代理人，可采取以下三种方式办理转关手续：(1)在指运地或起运地海关以提前报关方式办理；(2)在进境地或起运地海关以直接填报转关货物申报单的直转方式办理；(3)以由境内承运人或其代理人统一向进境地或起运地海关申报的中转方式办理。由于你公司已在天津新港海关进口并已申报办理直转转关手续，因此不存在提前报关的情况。根据《报关单填制规范》相关规定，在指运地(顺德车场)海关办理进口货物报关手续时，进口口岸应填进境地海关名称及代码(即天津新港海关)，运输工具名称填报“@”+“16位转关申报单预录入号(或13位载货清单号)”，提运单号免予填报。

170. **我公司进口的货物运输工具9月22日到港，在国庆假期回来的第1天发送，即10月8日。按照海关法规定，进口货物到港后14天内必须申报，不然将产生滞报金，如果第14天是法定假期，将会顺延至法定假期后的第1天。9月22日后的14天是10月5日，那是不是代表第14天将递延至10月8日，10月8日申报也不会产生滞报金，望答复。**

答：关于滞报天数问题答复如下：根据《中华人民共和国海关征收进口货物滞报金办法》(海关总署令第128号)第十七条规定：“滞报金起征

日如遇法定节假日，则顺延至其后第一个工作日。”上述所称“法定节假日”是指国务院《全国年节及纪念日放假办法》第二条规定的“全体公民放假的节日”，具体包括：（1）新年（1月1日），（2）春节（农历除夕、正月初一、初二），（3）清明节（农历清明当日），（4）劳动节（5月1日），（5）端午节（农历端午当日），（6）中秋节（农历中秋当日），（7）国庆节（10月1日、2日、3日），不含调休日。为此，如果第14天是法定假期（国庆节为10月1日、2日、3日），将会顺延至法定假期后的第一天，即10月4日申报不应该征收滞报金。您提问中进出口货物的运输工具9月22日到港申报，第15天就是10月7日，不是法定节假日，为滞报金起征日。因此，10月8日申报应该征收滞报金。

171. **运载进出口货物的运输工具5月9日申报进境，收货人5月15日向海关传送报关单电子数据，海关当天受理申报并发出现场交单通知，收货人于5月27日提交纸质报关单时发现海关已于5月26日撤销电子数据报关单，遂于5月30日重新向海关申报，海关当天受理申报并发出现场交单通知，收货人5月31日提交纸质报关单，如以上日期均不涉及法定节假日，滞报天数为什么不是8天？**

答：关于滞报天数问题答复如下：根据《中华人民共和国海关征收进口货物滞报金办法》（海关总署令第128号）第四条“征收进口货物滞报金应当按日计征，以自运输工具申报进境之日起第15日为起征日，以海关接受申报之日为截止日，起征日和截止日均计入滞报期间，另有规定的除外”。您提问中进出口货物的运输工具5月9日申报进境，因此，5月24日为运输工具申报进境之日起第15日，也是起征日，从5月24日至到5月30日（注：5月30日重新向海关申报，海关当天受理申报并发出现场交单通知，因此，5月30日为海关接受申报之日）滞报天数为7天。

172. **我公司进口的氯化聚乙烯树脂粉（商品编码3901909000），白色粉末，不溶于水，含氯量大于66%，含聚乙烯小于34%，要求补充此货物的级别。请问如何分级别？此货物不属于危险品，供应商提供的资料也不**

存在危险等级。应该如何回答此关于级别的问题？

答：级别是《中华人民共和国海关进出口商品规范申报目录》关于3901909000税号的规范申报指标之一，主要有注塑级、薄膜级、拉丝级等。

173. **我公司产品上刻有1A000189字样，但是并未在旁边表示货号、型号、model字样。请问在这种情况下如果按照申报要素要求需要报型号时，我公司是报无型号，还是报1A000189型？**

答：关于规格型号填报问题，按照《报关单填制规范》，商品名称及规格型号应据实填报，并与进出口货物收发货人或受委托的报关企业所提交的合同、发票等相关单证相符，商品名称应当规范，规格型号应当详细，以能满足海关归类、审价及许可证管理要求为准。

第二章　查验

1. 某进口企业申报进口一套大型设备，因包装拆卸困难，在口岸查验时有可能对设备造成损坏，企业申请将货物运至厂区查验，请问海关对实施查验的场所有何要求？

答：查验应当在海关监管区内实施。

因货物易受温度、静电、粉尘等自然因素影响，不宜在海关监管区内实施查验，或者因其他特殊原因，需要在海关监管区外查验的，经进出口货物收发货人或者其代理人书面申请，主管查验工作的处级以上领导（含处级）或其授权人员批准，海关可以派员到海关监管区外实施查验。

2. 代理人常说我的货物被海关查验，需要我缴纳查验费，请问海关查验货物会收取费用吗？

答：在海关监管区内实施查验，海关不收取费用。在海关监管区外查验货物，海关应当按规定向进出口货物收发货人或其代理人收取海关监管区外监管手续费。因查验而产生的进出口货物吊装、搬移、开拆或者重封包装等费用，由进出口货物收发货人承担。

海关提醒 一定不要上当受骗！近年来，总有个别报关员、代理人利用货主对海关查验不了解的情况，在查验收费、“好处费”等方面诈骗货主。其实，海关在监管区内实施查验是不收费的，货主需要承担的是查验过程中货物的吊装、搬移、开拆和重封包装等费用，而搬运公司收取这些费用都会开出正式的发票。至于个别不法报关员、代理人以海关的名义向货主索要“好处费”，货主更要警惕，不能上当。海关作为准军事化建设的队伍，在廉政建设方面一直严格管理，同时也有完善的投诉处理机制。因此，如果遇到这种情况，可以向海关相关负责部门投诉，不要上当受骗！

3. 请问海关查验货物有没有时限要求？

答：对单证资料齐全、货物已运至指定地点，能够开始实施查验操作并当场确定查验结果的，应当在查验开始后4个小时内完成查验操作。

特殊情况下，经报带班科长批准可以适当延长查验时间。

4. 我的货物被海关要求查验，海关决定实施查验后会通知我吗？如果通知，是如何通知的？

答：对需查验的货物，现场海关应当在实施查验前签发海关查验通知书，通知进出口货物收发货人或者其代理人到场并做好查验准备。

5. 为了又快又好地完成查验，作为进出口货物的收发货人，我在海关查验中应如何做好配合工作？

答：海关查验货物时，进出口货物收发货人或者其代理人应当到场，负责按照海关要求搬移货物，开拆和重封货物的包装，并如实回答查验人员的询问以及提供必要的资料。

因进出口货物所具有的特殊属性，容易因开启、搬运不当等原因导致货物损毁，需要查验人员在查验过程中予以特别注意的，进出口货物收发货人或者其代理人应当在海关实施查验前声明。

查验结束后，查验人员应当填写查验记录，并由在场的进出口货物收发货人或者其代理人签名确认。

6. 如果进出口货物收发货人或者其代理人对海关的查验行为存有异议，拒绝在海关查验记录上签名，海关会如何处理？

答：查验结束后，进出口货物收发货人或者其代理人在海关查验记录上拒不签名的，查验人员应当在查验记录中予以注明，并由货物所在监管场所的经营人签名证明。

7. 海关在何种情况下会对进出口货物实施彻底查验?

答:在下列情况下海关会对进出口货物实施彻底查验:

(1)根据情报,收发货人或其代理人存在走私、违规嫌疑,不彻底查验货物无法核实的;

(2)已被初步证实有走私违规情事,需进一步查验予以明确的;

(3)经抽查发现单货不符,经现场带班科长批准,可以改为彻底查验;

(4)海关认为有必要实施彻底查验的其他情形。

8. 为什么别人的货物查验很顺利,而海关在查验我的货物时中止了查验作业?

答:遇下列情况时,现场查验关员应当中止掏箱或查验作业,并采取必要的保护措施,待请示带班科长同意后,方可重新开始作业:

(1)货物的收发货人或其代理人拒绝履行其应尽义务;

(2)查验地点不具备实施掏箱、查验作业条件或货物无法按"掏箱作业单"要求实施掏箱作业;

(3)查验过程中发现货物不适合海关继续查验的,如放射性超标的放射源、存在严重污染的污染源等;

(4)在查验过程中遇外力阻止,查验关员无法正常行使职权的;

(5)查验方式不能满足查验要求,或无法实施查验作业的;

(6)需中止查验的其他情况。

有关中止情况应当在"海关货物查验记录单"上如实记录;启用选择查验系统掏箱作业管理功能的,还应同时记录在"掏箱作业单"上。

9. 如果您的货物被海关查验,那么海关查验的重点有哪些?

(1)是否单货相符。即指实际核对与检查货物和物品的品名、规格型号、数量、重量、价值和原产地等是否与报关单申报的内容相符。

(2)归类是否正确。

（3）查验运输工具。实际检查装载货物的进出境运输工具是否有改装、夹藏，是否符合海关监管要求。

10. 海关结束查验后，对进出口货物如何处理？

答：海关结束查验后，对查验未发现申报异常的进出口货物，在收发货人缴清税款或者提供担保后，办理放行手续。

经查验发现货物申报与实际状况不符的，按规定程序移交海关缉私、法规、审单等相关部门处理。

11. 我的货物是鲜活产品，可以申请优先查验吗？在何种情况下海关对进出口货物可以优先安排查验？

答：对于危险品或者鲜活、易腐、易烂、易失效、易变质等不宜长期保存的货物，以及因其他特殊情况需要紧急验放的货物，经进出口货物收发货人或者其代理人申请，海关可以优先安排查验。

海关提醒 如果您的货物属于危险品或者鲜活、易腐、易烂、易失效、易变质等不宜长期保存的货物，以及因其他特殊情况需要紧急验放的货物，您或者您的代理人可以向海关提出申请，海关可以视情优先安排查验。

12. 如果收发货人或代理人拒不到场配合海关查验，海关可以径行对进出口货物实施查验吗？

答：可以。有下列情形之一的，经主管处级领导批准，海关可以在进出口货物收发货人或者其代理人不在场的情况下，对进出口货物进行径行开验：

（1）进出口货物有违法嫌疑的；

（2）经海关通知查验，进出口货物收发货人或者其代理人届时未到场的。

海关径行开验时，存放货物的海关监管场所经营人、运输工具负责人应当到场协助，并在查验记录上签名确认。

13. 如果收发货人对海关的查验结果有异议，可以申请海关复验吗？海关在何种情形下可以对已查验进出口货物进行复验？

答：有下列情形之一的，海关可以对已查验货物进行复验：

（1）经初次查验未能查明货物的真实属性，需要对已查验货物的某些性状作进一步确认的；

（2）货物涉嫌走私违规，需要重新查验的；

（3）进出口货物收发货人对海关查验结论有异议，提出复验要求并经海关同意的；

（4）海关相关职能部门要求复验或计算机系统随机确定需要复验的；

（5）查验程序不符合查验规程规定或查验内容不符合查验指令要求的；

（6）其他海关认为必要的情形。

14. 转关货物办理查验业务有何特别规定？

答：海关对转关货物的查验，由指运地（进口转关货物运抵报关的地点）或起运地（出口转关货物报关发运的地点）海关实施。进境地（货物进入关境的口岸）或出境地（货物离开关境的口岸）海关认为必要时也可查验或者复验。

15. 海关可以查验过境、转运和通运货物吗？

答：海关认为必要时，可以查验过境、转运和通运货物。

16. 作为进口货物的收货人，我们往往是通过传真、电子邮件或者电话与外商商谈进出口业务，加之又经过多个环节，货物的实际状况我们常常难以掌握，请问可以在申报前看货吗？

答：这是您的权利，您可以视情况行使，进口货物的收货人经海关同意，可以在申报前查看货物或者提取货样。

需要依法检疫的货物，应当在检疫合格后提取货样。

17. 我的货物在海关查验时损坏了，我可以获得海关赔偿吗？

答：根据《海关法》规定，海关在依法查验进出口货物时，损坏被查验的货物的，应当赔偿当事人的实际损失。

实施查验的海关为赔偿义务机关。

海关应当在货物受损程度确定后，以海关依法审定的完税价格为基数，确定赔偿金额。赔偿的金额，应当根据被损坏的货物或其部件受损耗程度或修理费用确定，必要时，可以凭公证机构出具的鉴定证明确定。

海关关员在查验货物时损坏被查验货物的，应当如实填写“中华人民共和国海关查验货物损坏报告书”一式两份，由查验关员和当事人双方签字，一份交当事人，一份留海关存查。

实施查验的海关应当自损坏被查验的货物、物品之日起两个月内确定赔偿金额，并填制“海关损坏货物赔偿通知单”送达当事人。

当事人对赔偿有异议的，可以在收到“海关损坏货物赔偿通知单”之日起60日内向作出赔偿决定的海关的上一级海关申请行政复议，对复议决定不服的，可以在收到复议决定之日起15日内向人民法院提起诉讼；也可以自收到“海关损坏货物赔偿通知单”之日起3个月内直接向人民法院提起诉讼。

18. 在何种情况下，被查验的货物发生损坏，海关不承担赔偿责任?

答： 有下列情形之一的，被查验的货物发生损坏，海关不承担赔偿责任：

（1）海关工作人员与行使职权无关的个人行为；

（2）因公民、法人和其他组织自己的行为致使损害发生的；

（3）因不可抗力造成损害后果的；

（4）由于当事人或其委托的人搬移、开拆、重封包装或保管不善造成的损失；

（5）易腐、易失效货物在海关正常工作程序所需要时间内（含代保管期间）所发生的变质或失效，当事人事先未向海关声明或者海关已采取了适当的措施仍不能避免的；

（6）海关正常检查产生的不可避免的磨损和其他损失；

（7）在海关查验之前所发生的损坏和海关查验之后发生的损坏；

（8）海关为化验、取证等目的而提取的货样；

（9）法律规定的其他情形。

因公民、法人和其他组织的过错致使损失扩大的，对扩大部分海关不承担赔偿责任。

19. 收发货人不按照规定接受海关对进出口货物的查验，应承担何种法律责任?

答：收发货人不按照有关规定接受海关对进出口货物的查验，属违反《海关法》规定的行为，应由海关予以警告，可以处5万元以下罚款，有违法所得的，没收违法所得。

20. 我的货物急需投入使用，可以向海关申请提前放行货物吗?

答：有下列情形之一的，当事人可以在办结海关手续前向海关申请提供担保，要求提前放行货物：

（1）进出口货物的商品归类、完税价格、原产地尚未确定的；

（2）有效报关单证尚未提供的；

（3）在纳税期限内税款尚未缴纳的；

（4）滞报金尚未缴纳的；

（5）其他海关手续尚未办结的。

但是国家对进出境货物、物品有限制性规定，应当提供许可证件而不能提供的，以及法律、行政法规规定不得担保的其他情形，海关不予办理担保放行。

第三章　税费

第一节　归类

1. 向海关申请预归类应当符合什么条件？

答：根据《中华人民共和国进出口货物商品归类管理规定》（以下简称《归类管理规定》），向海关申请预归类应当符合以下条件：

（1）海关预归类的申请人。应当是在海关注册登记的进出口货物经营单位，即只有依据《对外贸易法》第八条和第九条的规定有权从事对外贸易经营活动的法人或者其他经济组织才有权提出预归类申请。

（2）海关预归类的主体。应为直属海关。预归类申请应当向拟实际进出口货物所在地的直属海关提出。

（3）海关预归类的对象。应当是拟进口或出口的货物，而不是已经实际进出口的货物或者任何假设的进出口货物。

（4）海关预归类申请的时间限制。预归类申请应当在货物实际进口或出口的45天前提出，而且申请人要提供所申请的货物将在45日后实际进出口的证明。海关预归类具有预先确定性，预归类申请提出和预归类决定作出的时间应当在有关货物实际进出口之前，而不应在同时或之后，因此提出预归类申请的期限理应考虑为海关审核并作出决定预留一定的时间。

（5）海关预归类申请的形式要求。申请预归类时应当提交“中华人民共和国海关商品预归类申请表”，并且提供商品归类所需的资料，如产品说明书、技术图纸及其他关于货物功能、原理、技术参数等的资料。必要时，海关可以要求申请人提供样品。申请人应对其所提供资料的真实性负责，不得向海关隐瞒或向海关提供影响预归类准确性的倾向性资料。

小贴士 预归类

预归类是指一般贸易货物在实际进出口前，申请人以海关规定的书面形式向海关提出申请并提供商品归类所需的资料，必要时提供样品，海关依法作出具有法律效力的商品归类决定的行为。

2. 商品归类决定是指什么，与预归类决定、归类行政裁定有什么区别?

答：商品归类决定是《归类管理规定》增加的新内容。由于以往海关的商品归类依据除公开的《税则》、《税则注释》、《本国子目注释》外，其他大多为以《归类问答书》等内部文件出现，公开性较弱，法律效力存在瑕疵。《归类管理规定》明确将对外公开的商品归类决定作为商品归类的法律依据之一，并对商品归类决定的效力、程序等作了相应规定。

根据《归类管理规定》，海关总署可以依据有关法律、行政法规规定，对进出口货物作出具有普遍约束力的商品归类决定。

（1）商品归类决定程序的启动。商品归类决定是由海关主动作出并公布的，来源于海关总署及其授权机构在处理海关内部疑难问题或监控过程中发现的需要公开统一规范的商品归类问题，或是海关总署转发的中国海关协调制度商品归类技术委员会作出的商品归类意见和世界海关组织协调制度委员会作出的商品归类决定，以及其他海关总署认为需要作出商品归类决定的情形。

（2）商品归类决定的作出。根据《归类管理规定》，商品归类决定由海关总署或其授权部门制作，并由海关总署统一对外公布。

（3）商品归类决定的效力。商品归类决定由海关总署对外公布生效。进出口相同货物，应当适用相同的商品归类决定，归类决定具有普遍约束力，属于法律的补充。

（4）作出商品归类决定所依据的法律、行政法规以及其他相关规定发生变化的，商品归类决定同时失效，并由海关总署对外公布。归类决定存在错误的，由海关总署予以撤销，并由海关总署对外公布。被撤销的商品归类决定自撤销之日起失效。

小贴士 预归类、商品归类行政裁定以及商品归类决定的主要区别：

	启动人	内容性质	决定人	适用对象	适用范围
预归类	管理相对人	有明确规定	直属海关	申请人	作出预归类决定的直属海关关区
归类行政裁定	管理相对人	无明确规定	海关总署或其授权机构	所有管理相对人	关境内统一适用
归类决定	海关	有明确规定/无明确规定	海关总署或其授权机构	所有管理相对人	关境内统一适用

3. 我是一家出口企业，我们的出口商品属于国家鼓励出口的商品，可是现在出口时归入的税号退税率是零，我们感到很困惑，海关能否可以给我们归入退税率高一点的税号?

答：因为我国的海关归类必须遵守相关的归类规则，可能与国家退税政策导向存在差异。为了帮助企业解决这类问题，海关每年都开展税则调研工作，企业或者行业协会可以将对现行税收政策的调整意见、建议报送给属地海关，海关将选取其中符合国家宏观经济政策导向的、行业代表性好等相关要求的意见、建议报送给海关总署，再由海关总署转报财政部，为财政部调整政策提供参考。海关税则修订调研是一个较好的沟通渠道，您可以在每年年初向您所属地海关提交意见、建议，并配合海关做好相关调研工作，这有助于您的问题得到解决。

4. 我是一家进口食品的企业，常年从韩国进口多种小食品，每次品种都达到几十种，报关的时候十分麻烦，有没有简便一点的方法?

答：根据海关总署的有关规定，如果您一次进口杂项食品品种在 5 种（不包括 5 种）以上、关税优惠税率在 50% 以下、单项价值不超过 600 美元的，并且合并归类后税款与单独归类税款持平，可以合并归入税号21069090，向海关索取并填写“海关简化归类确认单”，经海关同意后可以办理合并归类手续。

5. 我听说海关可以在货物进口前作预归类，请问怎么办理?

答：如果您是已经在海关注册登记的进出口货物经营单位（以下简称申请人），就可以在货物实际进出口的45日前，向货物拟进出口所在地的海关申请办理预归类。您应当向海关索取“中华人民共和国海关商品预归类申请表”并填写完整，同时附上下列材料：（1）所涉商品将在45日后实际进出口的证明资料，如真实有效的进出口合同等；（2）足以说明进出口商品情况的相关资料，申请所附文件如为外文，申请人应当同时提供真实准确的中文译文。

6. 我公司进口了一批纺织机器用螺栓，海关说不能按纺织机器零件归类，要归入钢铁制品，我这个零件是精密加工的，长度和宽度还有螺纹是特制的，同普通螺栓完全不一样，请问为什么要按普通螺栓归类?

答：根据相关税则第十六类的规定，机器的零部件不包括税则第十五类注释二所规定的贱金属制通用零件，如果您进口的螺栓是钢铁制的，其符合第十五类注释二所规定的贱金属制通用零件的范畴，因此即使您进口的螺栓是特制的，也须按上述要求归入73章。

7. 我进口了一条生产线，由许多台机器组成，海关要求我按照一个税号申报，这是为什么?

答：根据税则相关归类规定，如果多台机器组成一个机组，并且这个机组只具有一种在税则第84章或第85章某个税目下所列的功能，那么整套机组应按这个功能归入相应税号，而不能按照各个机器分别归类。

第二节　海关估定完税价格

8. 海关确定完税价格的程序如何?

答: 海关审查确定完税价格程序包括对申报价格的真实性、准确性的审核，以及必要时进行的价格质疑或价格磋商。

在接受纳税义务人或者其代理人的申报后，海关需对申报价格的真实性、准确性进行审核。对申报价格的真实性、准确性有疑问，或者认为买卖双方之间的特殊关系影响成交价格时，海关将会履行价格质疑程序；海关在使用成交价格估价方法以外的方法审查确定进出口货物的完税价格之前，均需与纳税义务人进行价格磋商。

9. 什么情况下海关会启动价格质疑程序，企业该如何应对?

答: 海关对申报价格的真实性、准确性有疑问时，或者认为买卖双方之间的特殊关系影响成交价格时，将会启动价格质疑程序。纳税义务人或者其代理人应当自收到海关制发的“价格质疑通知书”之日起 5 个工作日内，以书面形式提供相关资料或者其他证据，证明其申报价格真实、准确或者双方之间的特殊关系未影响成交价格。如确有正当理由无法在规定时间内提供前述资料的，可以在规定期限届满前以书面形式向海关申请延期。除特殊情况外，延期不得超过 10 个工作日。

10. 什么情况下海关会启动价格磋商程序，纳税义务人如何应对?

答: 海关制发“价格质疑通知书”后，出现以下情况，海关将会启动价格磋商程序，与纳税义务人充分沟通信息，依次使用相同、类似、倒扣、计算、合理估价方法确定完税价格：

（1）纳税义务人或者其代理人在海关规定期限内，未能提供进一步说明的；

（2）纳税义务人或者其代理人提供有关资料、证据后，海关经审核其所提供的资料、证据，仍然有理由怀疑申报价格的真实性、准确性的；

（3）纳税义务人或者其代理人提供有关资料、证据后，海关经审核其所提供的资料、证据，仍然有理由认为买卖双方之间的特殊关系影响成交价格的。

纳税义务人应当自收到海关制发的“价格磋商通知书”之日起5个工作日内与海关进行价格磋商并填写“价格磋商记录表”。如未在规定的时限内前来磋商的，视为其放弃价格磋商的权利，海关可以直接依次使用5种非成交价格法确定完税价格。

小贴士 估价告知书

在海关确定进口货物的完税价格后，纳税义务人可以提出书面申请，要求海关就如何确定其进口货物的完税价格作出书面说明。海关应当根据要求出具“估价告知书”。

11. 有没有简易审价程序？

答：为了提高审价效率，方便企业通关，在某些特定情况下，海关可以采用简易审价程序确定进口货物的完税价格。

（1）海关经审查认为进口货物无成交价格的（比如寄售、免费交付、赠送等），可以不进行价格质疑，经与纳税义务人进行价格磋商后，依次使用相同、类似、倒扣、计算、合理估价方法确定完税价格。

（2）对于加工贸易料件及其制成品等特殊货物进口或内销，海关可以不进行价格质疑，直接启动价格磋商程序。经纳税义务人书面申请，海关可以不进行价格磋商，依次使用相同、类似、倒扣、计算、合理估价方法确定完税价格。

（3）对于下列情况的，经纳税义务人书面申请，海关可以不进行价格质疑以及价格磋商，依次使用相同、类似、倒扣、计算、合理估价方法确定完税价格：

①同一合同项下分批进出口的货物，海关对其中一批货物已经实施估价的；

②进出口货物的完税价格在人民币10万元以下或者关税及进口环节海关代征税总额在人民币2万元以下的；

③进出口货物属于危险品、鲜活品、易腐品、易失效品、废品、旧品等的。

海关提醒 对于第三种情况，如不履行质疑程序，需经纳税义务人书面申请。

12. 如果成交价格不符合海关法律规定条件，或者成交价格无法确定时，海关怎样估价?

答：如果进口货物的成交价格不符合法律规定的条件，或者成交价格不能确定的，海关经了解有关情况，并与纳税义务人进行价格磋商后，会依次以下列方法审查确定该货物的完税价格：

（1）相同货物成交价格估价方法，即以与该货物同时或者大约同时向中华人民共和国境内销售的相同货物的成交价格来估定完税价格；

（2）类似货物成交价格估价方法，即以与该货物同时或者大约同时向中华人民共和国境内销售的类似货物的成交价格来估定完税价格；

（3）倒扣价格估价方法，即以与该货物进口的同时或者大约同时，将该进口货物、相同或者类似进口货物在第一级销售环节销售给无特殊关系买方最大销售总量的单位价格来估定完税价格，但应当扣除同等级或者同种类货物在中华人民共和国境内第一级销售环节销售时通常的利润和一般费用以及通常支付的佣金，进口货物运抵境内输入地点起卸后的运输及其相关费用、保险费，以及进口关税及国内税收；

（4）计算价格估价方法，即以按照下列各项总和计算的价格估定完税价格：生产该货物所使用的料件成本和加工费用，向中华人民共和国境内销售同等级或者同种类货物通常的利润和一般费用，该货物运抵境内输入地点起卸前的运输及其相关费用、保险费；

（5）合理方法，即当海关不能根据成交价格估价方法、相同货物成交价格估价方法、类似货物成交价格估价方法、倒扣价格估价方法和计算价格估价方法确定完税价格时，海关根据客观、公平、统一的原则，以客观量化的数据资料为基础审查确定进口货物完税价格的估价方法。

纳税义务人向海关提供有关资料后，可以提出申请，经海关同意后，颠倒倒扣价格估价方法和计算价格估价方法的适用次序。

13. 海关估价时当事人要做些什么?

答：纳税义务人在海关审价过程中，如果不积极配合，不主动提供相关价格资料，很可能导致自己的主张得不到海关的支持和认可，造成利益上的损失。曾发生过多起类似的案例，由于当事人对海关审价工作的程序和要求认识不足，未在价格质疑或者磋商过程中积极为自己的主张提供有力的证据支持，总认为海关是职权部门，理应掌握更多的价格资料，从而怠于履行自己的责任。在此，有两点要特别提醒当事人注意：

（1）根据《审价办法》的规定，买卖双方之间存在的特殊经济关系一旦被海关审查认定后，纳税义务人对特殊关系未对成交价格产生影响负有举证责任。我们知道一般行政诉讼举证原则是行政机关对其作出的具体行政行为负举证义务，但是这里实行的是一种举证责任的倒置，除非纳税义务人能够举证证明该特殊关系未对成交价格产生影响，否则海关就有理由不接受其申报的成交价格。

（2）海关如果审查确认申报价格不符合《关税条例》和《审价办法》规定的成交价格条件，则申报价格的真实与否不影响海关对申报价格的调整或估定完税价格。有些纳税义务人认为海关必须首先核实其提供的资料不真实，才能不接受其申报价格。但实际上海关只要有证据证明申报价格不符合成交价格条件，就可以依法对申报价格进行调整，行使估价的权力。

14. 完税价格确定基础的成交价格应当符合哪些条件?

答：进口货物的成交价格应当符合下列条件：

（1）对买方处置或者使用进口货物不予限制，但是法律、行政法规规定实施的限制、对货物销售地域的限制和对货物价格无实质性影响的限制除外（对进口货物处置或者使用的限制包括进口货物只能用于展示或者免费赠送，只能销售给指定第三方以及进口货物加工为成品后只能销售给卖方或者指定第三方等情况）；

（2）进口货物的价格不得受到使该货物成交价格无法确定的条件或者因素的影响，比如搭售、互售等情况；

（3）卖方不得直接或者间接获得因买方销售、处置或者使用进口货物而产生的任何收益，或者虽然有收益但能够按照规作出调整；

（4）买卖双方之间没有特殊关系，或者虽然有特殊关系但未对成交价格产生影响（海关认定的特殊关系包括买卖双方为同一家族成员的、双方互为商业上的高级职员或者董事的、一方直接或者间接地受另一方控制的以及一方是另一方的雇员、高级职员或者董事等情况）。

15. 进口货物的完税价格应当包含哪些费用、价值?

答：未包括在货物申报价格中的下列费用或者价值应当计入完税价格除购货佣金以外的佣金和经纪费，比如卖方佣金；与进口货物视为一体的容器费用；包装材料和包装劳务的费用；“协助”的价值或费用（所谓协助，是指与进口货物的生产和向境内销售有关的，由买方以免费或者以低于成本的方式提供，并可以按适当比例分摊的货物或者服务的价值，包括实物协助和智力协助两种形式）；特许权使用费，但与进口货物无关或者不构成进口货物向境内销售要件的不计入完税价格；转售（含处置和使用）收益。

16. 进口货物的完税价格应当扣除哪些费用、价值?

答：单独列明，或有明确的计算方法加以区分的下列费用应从完税价格中扣除：厂房、机械、设备等货物进口后的基建、安装、装配、维修和技术服务的费用，货物运抵境内输入地点后的运输费用，进口关税和国内税，为在境内复制进口货物而支付的费用，境内外技术培训及境外考察费用。同时符合下列条件的利息费用不计入完税价格：利息费用是买方为购买进口货物而融资所产生的；有书面融资协议的；利息费用单独列明的；纳税义务人可以证明有关利率不高于在融资当时当地此类交易通常应当具有的利率水平，且没有融资安排的相同或者类似进口货物的价格与进口货物的实付、应付价格非常接近的。

17. 海关如何认定特殊关系?

答: 根据《关税条例》和《审价办法》的规定，进口货物的成交价格是要符合一定条件的，其中很重要的一个条件就是：买卖双方之间没有特殊关系，或者虽然有特殊关系但是未对成交价格产生影响。也就是说，海关在审定货物完税价格时，重要的一个环节就是考察买卖双方是否存在特殊关系，如果有，这种特殊关系是否对成交价格构成了影响。

根据《审价办法》第十六条的规定，有八种情形，海关应当认定买卖双方存在特殊关系：

（1）买卖双方为同一家族成员；

（2）买卖双方互为商业上的高级职员或者董事；

（3）一方直接或者间接地受另一方控制；

（4）买卖双方都直接或者间接地受第三方控制；

（5）买卖双方共同直接或者间接地控制第三方；

（6）一方直接或者间接地拥有、控制或者持有对方5%以上（含5%）公开发行的有表决权的股票或者股份；

（7）一方是另一方的雇员、高级职员或者董事；

（8）买卖双方是同一合伙的成员。

此外，买卖双方在经营上相互有联系，一方是另一方的独家代理、独家经销或者独家受让人，如果符合上述八种情况，也应当视为存在特殊关系。

18. 海关如何认定特殊关系未对进口货物的成交价格产生影响?

答: 买卖双方存在特殊关系，也不必然会对成交价格构成影响。如果纳税义务人能证明其成交价格与同时或者大约同时发生的下列任何一款价格相近的，应当视为特殊关系未对进口货物的成交价格产生影响：

（1）向境内无特殊关系的买方出售的相同或者类似进口货物的成交价格；

（2）按照《审价办法》第二十二条规定的倒扣价格估价方法所确定的相同或者类似进口货物的完税价格；

（3）按照《审价办法》第二十四条规定的计算价格估价方法所确定的相同或者类似进口货物的完税价格。

海关提醒 纳税义务人如果要证明自己的申报价格符合《海关法》规定的成交价格条件，希望海关接受自己的申报价格，就一定要证明货物的买卖双方不存在特殊关系，或者即使存在特殊关系，成交价格也没有因此受到影响。

19. 出口货物的完税价格应当扣除哪些费用、价值?

答：一是出口关税，二是在货物价款中单独列明的货物运至中华人民共和国境内输出地点装载后的运输及其相关费用、保险费，三是在货物价款中单独列明由卖方承担的佣金。

20. 什么情况下特许权使用费均须计入完税价格?

答：符合一定条件的特许权使用费应当计入完税价格，在货物进口时向海关申报。

《审价办法》规定，当进口货物的特许权使用费与该货物无关，以及其支付不构成该货物向中华人民共和国境内销售的条件时，不纳入海关征税范围。除此之外，特许权使用费均须计入完税价格。下列四种情况下，特许权使用费被认定为与该货物有关：

（1）用于支付专利权或者专有技术使用权，且进口货物属于下列情形之一：

①含有专利或者专有技术；

②用专利方法或者专有技术生产；

③为实施专利或者专有技术而专门设计或者制造。

（2）用于支付商标权，且进口货物属于下列情形之一：

①附有商标；

②进口后附上商标即可直接销售；

③进口时已含有商标权，经过轻度加工后附上商标即可销售。

（3）用于支付著作权，且进口货物属于下列情形之一：

①含有软件、文字、乐曲、图片、图像或者其他类似内容的进口货物，包括磁带、磁盘、光盘或者其他类似介质形式；

②含有其他享有著作权内容的进口货物。

（4）用于支付分销权、销售权或者其他类似权利，且进口货物属于下列情形之一：

①进口后可以直接销售；

②经过轻度加工即可销售。

小贴士 特许权使用费

在《审价办法》中，特许权使用费指的是进口货物的买方为取得知识产权权利人及权利人有效授权人关于专利权、商标权、专有技术、著作权、分销权或销售权的许可或转让而支付的费用。

21. 过去海关曾使用最低限价来确定进口货物的完税价格，现在还是用这个标准审价吗？

答：根据加入世界贸易组织、全面实施《WTO海关估价协议》的承诺，目前中国海关是以成交价格为基础确定进口货物完税价格，即《审价办法》第五条中明确规定，进口货物的完税价格，以该货物的成交价格为基础审查确定，并包括货物运抵中华人民共和国境内输入地点起卸前的运输及其相关费用、保险费。在进口货物没有成交价格或成交价格受到影响的条件下，海关可以根据《审价办法》规定实施估价。

22. 我是一家进口企业，申报的商品海关认为价格偏低提出质疑，我们该如何处理？

答：依法审价是《海关法》赋予海关应有的权力，经过风险分析海关对进口货物的真实性、完整性存在疑问的情况下，可以向纳税义务人提出价格质疑。在海关提出价格质疑的情况下，纳税义务人或其代理人应在规定的时间内（接到“价格质疑通知书”5个工作日内，特殊情况下延期不得超过10个工作日）按照海关要求以书面形式向海关提供相关材料或者其他证据，对申报价格、贸易流程等情况进行解释，所提供材料应确保真实性、完整性。

23. 我公司与外方签订了购货合同，进口商品的外包装已附有商标，除了向海关申报的货物价格外，我公司还必须根据合同要求单独对外支付商标费，这部分商标费是否需要计入完税价格？

答：商标费属于特许权使用费的一种类型。根据《审价办法》规定，商标费计入完税价格要同时符合三项条件，即未包含在实付、应付价格中，与进口货物有关，作为货物销售的必要条件。根据你所说的情况，该部分商标费没有包含在申报价格中，进口货物已附有商标应判断商标费与进口货物有关，同时商标费的支付作为货物销售的必要条件，因此需要计入完税价格。

24. 我公司进口了一批大型设备，合同规定我方除支付设备费用外，进口后的安装调试等相关费用也由我方支付，这部分费用是否计入完税价格？

答：《审价办法》第十五条明确规定，厂房、机械或者设备等货物进口后发生的建设、安装、装配、维修或者技术援助费用（保修费除外）在进口货物价款中只要单独列明，不需计入该货物的完税价格。

25. 我公司手册核销时有下脚料需要补税，但是海关征税的价格远高于现在的市场销售价，请问，海关可否按我们的实际销售价格补税？

答：《审价办法》第二十七条规定，加工企业内销加工过程中产生的边角料或者副产品，以海关审查确定的内销价格作为完税价格。在按照前述规定仍不能确定内销边角料完税价格的情况下，由海关按照合理的方法审查确定完税价格。根据前述规定，海关应对贵公司内销申报价格进行审核，如果贵公司内销价格符合成交价格定义，且没有受到实质性影响，海关可以以内销价格作为完税价格。当然，如果在审核过程中发现了实际销售价格不符合成交价格的定义，如不存在销售，或者成交价格受到影响，如只销售给特殊关系企业，且售价低于同期相同、类似货物价格等，海关有理由进行估价。

26. 海关就我公司进口的货物下达了“价格磋商通知书”，请问价格磋商是指什么，是要接受海关确定的价格吗？

答：价格磋商，是指海关在使用除成交价格以外的估价方法时，在保守商业秘密的基础上，与纳税义务人交换彼此掌握的用于确定完税价格的数据资料的行为。价格磋商的目的不是达成一个海关与纳税义务人都可以接受的价格，而是海关为了得到适用的价格依据，与纳税义务人充分交流有关进口货物贸易状况、交易情况、货物情况等信息的过程。

27. 价格磋商时，如果需要提供的信息涉及公司掌握的技术、经营信息等内部核心机密，海关会保密吗？

答：《审价办法》明确规定，海关应当按照国家有关规定，妥善保管纳税义务人提供的涉及商业秘密的资料，除法律、行政法规另有规定外，不得对外提供。保守纳税义务人的保密资料是国家规定政府机关应履行的义务。纳税义务人可以书面向海关提出为其保守商业秘密的要求，并具体列明需要保密的内容，但是不得以商业秘密为由拒绝向海关提供有关资料。

28. 我公司想进口燃料油，但燃料油定价比较特殊，进口时只有临时售价，结算价格要根据行情最终确定，这种情况如何审价？

答：燃料油属于比较典型的公式定价商品，海关总署2006年第11号公告对公式定价商品审价有详细的规定，企业首先应在规定的期限内提交公式定价合同及备案申请到海关进行备案；如果在进口申报时，结算价格已根据定价公式确定的，海关以结算价格为基础审定完税价格；结算价格尚未确定的，贵企业在向海关提供税款担保后，可以先行提取货物，在规定期限内，结算价格确定后应及时向海关提交相关单证，海关以结算价格为基础审定完税价格。

29. 从保税区、出口加工区等特殊监管区域进入境内的货物，海关如何审价？

答：《审价办法》第三十条规定，自保税区等特殊监管区域、场所进入境内的货物，应以其从上述区域、场所进入境内的销售价格为基础审查确定完税价格，如果销售价格中未包括仓储、运输及其相关费用的，应当按照客观量化的数据资料予以计入。当然，如果所申报的销售价格不符合成交价格的定义，海关有理由质疑估价。

30. 我是一名进口商，我以一般贸易方式进口一批农产品，成交价格为 FOB USD12/KG，共 1 000KG。该批货物到青岛港卸货前发生的运输费用为 USD3 000，我没有购买保险，也未发生其他费用，请问我进口的该批货物的完税价格是多少？

答：保险费 =（12 × 1 000 + 3 000）× 3‰ = USD45，完税价格 = 12 × 1 000 + 3 000 + 45 = USD15 045。根据《审价办法》第五条，完税价格应当包括 FOB 货价以及运输和保险费，根据《审价办法》第三十九条计算保险费。

31. 我是一名进口商，我公司计划进口一台机械设备，向出口商支付的购买价格是 5 945USD，我们买卖双方签订的合同上列明，其中包含为设备进口后的安装、维修费用 500USD。请问该进口货物的完税价格如何确定？

答：完税价格 =（5 945 − 500）= USD5 445。依据：USD500 属于进口后的安装费用，根据《审价办法》第十五条，设备进口后在国内的安装、维修费用无须计入完税价格。

第三节　原产地

32. 什么情况下收发货人需要向海关提交原产地证明?

答：在优惠原产地规则中，收发货人提交的原产地证明是申报的基本要求，即进出口货物必须提交指定机构签发的原产地证明，并申报适用相应协定项下的优惠税率，否则不能享受相应的税收优惠；而非优惠原产地规则中，收发货人仅在海关要求的情况下提交原产地证书，其余情况下均无须提交。在目前的管理措施中，非优惠原产地规则下需要提交原产地证书的情形主要为两反一保，即实施反倾销、反补贴及保障措施的进出口货物需要提交原产地证书。

小贴士 在优惠原产地规则中，也存在免于提交原产地证书的情形。如中国—智利自贸协定项下原产地规则规定，原产于智利的货物，价格不超过600美元的，免予提交原产地证书；中国—巴基斯坦自贸区协定项下原产地规则规定，原产于巴基斯坦的进口货物，每批船上交货价格（FOB）不超过200美元的，免予提交原产地证书等。这些规定都属于优惠原产地规则中的特殊优惠措施。

33. 享受优惠贸易协定税率的货物应符合“直接运输”的标准，这个“直接运输”跟人们认为的中途不停一样吗?

答：不完全一样。我们说的“直接运输”有三种情况：一是货物运输未经非受惠国关境，也就是中途不停，直接到达；二是货物虽经一个或多个非受惠国关境，但其有充分理由证明过境运输完全出于地理原因或商业运输的要求，并能证明货物在运输过程中未在非受惠国关境内使用、交易或消费，及除装卸和为保持货物良好状态而接受的简单处理外，未经任何其他处理；三是经非受惠国运输进口的货物适用协定税率时，应进口地海关要求，进口货物收货人应提交过境海关签发的对上述事项的证明或其他证明材料。我国海关对此有具体规定，即除《内地与香港关于建立更紧密经贸关系的安排》不允许香港产货物经第三方转运外，经各优惠贸易协定非成员国或地区换装运输工具的享受协定税率的货物，向海关申报时，须交验该国或地区海关出具的未再加工证明文件和自优惠贸易协定成员国起运后换装运输工具至我国的全程提（运）单，否则不能享受协定税率。

34. **享受优惠贸易协定税率的货物申报时，对原产地证书有什么要求?**

答：各受惠国签发的原产地证书样式、政府机构使用的签名式样及印章印模均要在海关总署备案，若货主提供的证书与备案中任一项不符，海关可拒绝接受该证书。但对于智利签发的原产地证书海关不再审核签名，而要求加盖“正本”印章。

另外，根据中国海关规定，享受优惠协定税率的原产地证书上应体现进口货物商品编码，且必须填写进口国的编码。原产地证书的编码不是我国税则号列时，原产地证书前6位数协调编码必须与协定税率前6位数相同（亚太要求前4位数协调编码、ECFA要求前8位数协调编码相同），方可享受协定税率。

35. **对原产地证书的有效期有什么规定?**

答：以中国—东盟自由贸易区原产地规则为例，原产地证书应在出口成员方有关政府机构签证之日起4个月之内向我国海关提交，但产品经过一个或多个非成员方境内的，提交期限延长至6个月。如因不可抗力或其他出口方无法控制的合理原因致使不能遵守提交期限，我国海关仍可接受已经超出期限提交的原产地证书。由于各贸易协定相关的原产地规则不尽相同，原产地证书提交期限也不同，货主可通过查询商务部和海关总署关于原产地规则的相关公告获悉。

36. **享受优惠贸易协定税率的货物原产地证书实行“一批一证”，还是可以多次使用?**

答：一份原产地证书只能对应一份报关单，不能重复使用和逐次扣减。对于多个已经电子数据联网的原产地证书对应一批货物这一特殊情况，申报时应分单填报。

37. 享受优惠贸易协定税率的货物后补原产地证书可退还多征税款吗?

答：由于各优惠贸易协定适用的原产地规则中关于原产地证书提交期限的规定各不相同，对于后补原产地证书可退税的情形也相应有所不同。仍以中国—东盟自由贸易区原产地规则为例，主要分为以下两种情况。一是进口时已办理原产地证书但漏向海关提交的。对此，由于其进口货物在规定期限内已实际进口，原产地证书的提交期限可以不受限制，在进口后的某个时间向海关补交原产地证书，海关按照中国—东盟自由贸易区协定税率计征，多征税款予以退还。二是进口时没有办理原产地证书，而是在规定期限内补办的。根据《中国—东盟自由贸易区原产地规则的签证操作程序》规则十之规定：在特殊情况下，如由于非主观故意的差错、疏忽或其他合理原因没有在货物出口时或出口后立即签发原产地证书，原产地证书可以在货物装运之日起1年内补发，但要注明“补发”字样。一年内货主可凭补发的原产地证书向海关申请退税，逾期海关将不予受理。

38. 我是一家纺织品生产企业业务经理，请问我企业如何申请ECFA关税优惠?

答：进口企业要申请关税优惠，在货物进口时除需要按常规办理通关手续、提交报关单证外，还应当提交中国台湾地区签证机构签发的原产地证书，并在填报进口报关单时主动申报适用协定税率。

39. 请问货物从中国台湾发运，经转第三方来到中国大陆，需要哪些材料才能享受ECFA原产地优惠?

答：货物联运头程为海运的，进口货物收货人或其代理人应提交联运提单。货物联运头程为非海运的，进口货物收货人或其代理人无法提交联运提单的，应提交空运提单或其他涵盖货物全程运输的单证。货物经过港澳中转的，按照总署与中国香港、澳门海关磋商确定的办法，进口人或其代理人提交港澳海关签发的“海关确认书”，货物经其他第三方中转的，如果进口货物收货人不能提交第三方海关出具的证明文件，海关不给予相关货物 ECFA 协定税率。

40. 请问 ECFA 进口货物申报时的海关税号与原产地证书所列税号不同，能否享受优惠?

答：进口货物 HS 编码前 8 位与原产地证书所列编码不同，但该货物在 ECFA 早期收获产品清单范围内的，进口货物收货人或其代理人可补交 HS 编码符合规定的原产地证书后享受税收优惠待遇，相关货物可先行以担保措施放行。

41. 出口企业能否申领出口优惠原产地证书? 若可以的话，内地哪些机构可以签发优惠产地证书?

答：优惠原产地证是出口货物在进口方取得关税优惠的通行证。我方出口企业在货物出口前，应向大陆签证机构申领优惠原产地证，货物进入中国台湾地区时便可享受关税优惠。大陆方面签证机构是质检总局下属的 35 个地方局，以及中国贸促总会及其下属的分会。

42. 最近我公司要代理进口一批原产自中国台湾地区 ECFA 项下的货物，请问必须要中国台湾地区方面出具原产地证书么? 哪些机构可以签发优惠产地证书呢?

答：是的。根据双方协议，签发优惠原产地证书的机构，在中国台湾地区方面，是由同业工会、商业会、工业会、标准检验局等 62 家签证机构构成，具体可查询中国海关总署网站。

43. 我想问哪些货物从中国台湾地区进口可以享受关税优惠?

答：根据两岸协定，从 2011 年 1 月 1 日起，大陆将对原产于中国台湾地区的 557 个 8 位数税号的产品实施降税，主要涉及化工产品、轻工产品、纺织品、冶金产品、机械产品、电子产品、汽车零部件、仪器仪表及医疗器械等产品。广大进出口企业可以通过查询早收清单，确认自己进口或出口的产品是否属于框架协议早期收获产品范围，早收清单可在海关总署或商务部网站查阅。

44. 我国正在实施的优惠贸易协定已经达到多少个？具体都是哪些？

答：目前我国现行的优惠贸易协定共有14个，分别为《亚太贸易协定》、《中国—东盟自贸协定》、《内地与香港货物原产地规则》、《内地与澳门货物原产地规则》、《中国对非洲特惠待遇原产地规则》、《台湾农产品、水果原产地》、《中国—巴基斯坦自由贸易协定》、《中国—智利自由贸易协定》、《中国—新西兰自由贸易协定》、《中国—新加坡自由贸易协定》、《中国—秘鲁自由贸易协定》、《最不发达国家关税特别优惠协定》、《海峡两岸经济合作框架协议》（简称ECFA）和《中国—哥斯达黎加优惠协定》。企业进出口上述协定列明的商品即可以享受到优惠税率。

45. 我公司代理从孟加拉国进口的商品，之前一直享受《亚太贸易协定》特惠税率，但是最近我听说最不发达国家特惠待遇国家名单里又包含了孟加拉国，那么以后从该国家进口的商品是按哪个贸易协定核定税率？报关单中的优惠贸易协定代码如何填写？

答：根据海关总署2010年第40号公告第一条规定，孟加拉人民共和国可并行享受《亚太贸易协定》和《最不发达国家关税特别优惠协定》的相关措施，当企业提交《亚太贸易协定》下原产地证明时，优惠贸易协定代码应填写“01”，当企业提交《最不发达国家关锐特别优惠协定》下原产地证明时，优惠贸易协定代码应填写“13”。企业可自主选择更优惠协定办理原产地材料和相关进口手续。

46. 我公司从中国台湾地区进口一批机床，应该属于ECFA下的优惠商品，请问进口申报时我们应该向海关提交哪些单证？

答：应当按照海关的申报规定填制报关单，申明适用协定税率，并同时提交下列单证：（1）由中国台湾地区签证机构签发的有效原产地证书正本，（2）货物的商业发票正本、装箱单以及相关运输单证。货物经过大陆、中国台湾地区以外的第三方运输至大陆的，应当提交在中国台湾地区签发的联运提单、第三方海关出具的证明文件以及海关认可的其他证明文件。

47. 请问 ECFA 原产地证书有何具体要求?

答: 进口货物收货人或者其代理人向海关提交的原产地证书应当同时符合下列条件:(1)由中国台湾地区签证机构在货物申报出口前签发;(2)在有效期内;(3)以附件规定的格式正确填制、署名和盖章;(4)仅有一份正本,并且具有单一证书编号;(5)所列的货物为同一批次的进口货物,项数不超过 20 项;(6)一份进口报关单上所列货物对应一份原产地证书。

48. 东盟自贸区正式实施,对进口企业有什么影响,是否从东盟进口的商品都能享受零关税?

答: 2002 年 11 月,我国与东盟签署了《中国与东盟全面经济合作框架协议》,正式启动了中国—东盟自由贸易区建设进程,2005 年 7 月双方启动了自贸区全面降税进程,我国第一步降低了 3 408 种产品的税率;自 2007 年 1 月 1 日起,我国进一步扩大了降税范围和幅度,降税商品种类增至 5 375 种;自 2009 年 1 月 1 日起,我国对东盟原产货物实施了第三步正常降税,降税后,实施协定税率的税目约为 6 750 个,相对于最惠国税率,平均优惠幅度约 80%;2010 年 1 月 1 日,中国—东盟自贸区正式建成。目前中国对外贸易平均进口关税是 9.8%,而中国对东盟平均关税已降至 0.1%,双方有 93% 约 7 000 种贸易产品已实现“零关税”。若你公司从东盟进口上述的 7 000 种税目中的产品,可以享受零关税优惠。你可以从《税则》中的《中国—东盟自由贸易协作区协定税目税率表》查找你所进口产品的税率。

49. 我们企业准备从泰国进口木薯淀粉,能否享受关税协定税率?税率是多少?通关时需要提交什么单证?

答: 从泰国进口木薯淀粉,是符合《中国—东盟自由贸易协定》的,优惠协定税率为零。通关时需向海关提交进口报关单、货物的有效原产地证书正本和第三联、合同、发票、提单(若第三方转运还应提交联运提单、第三方未加工证明)等单证。

50. 我是一家高尔夫手套出口企业，准备出口至韩国，在对方国家可以享受优惠税率，在出口通关时海关是否要求提交出口原产地证？

答：从事优惠贸易协定货物出口的相关企业和报关人员，在出口申报时，应当按照海关总署2009年第6号公告和《中华人民共和国海关进出口货物优惠原产地管理规定》（海关总署令第181号）（以下简称《原产地管理规定》）第十八条的规定，正确填制出口报关单，并向海关提交优惠原产地证书正本的复印件，以便海关全面掌握相关货物的原产地信息，当相关货物在有关优惠贸易协定国家进口受阻时，海关将通过有关渠道积极协助解决。

51. 我公司准备出口一批货物到印度，听说凭原产地证可以享受优惠协定税率，我们到哪个部门办理呢？

答：你公司出口的货物若是可以享受优惠贸易协定税率的商品，出口前应向我国出口原产地证书签发机构申领原产地证书，目前原产地证书签发机构有国家商品检验检疫局和贸易促进委员会，你们需要持“优惠原产地证书注册登记表”、企业营业执照副本及复印件、自营进出口权批件（资格证书、批准证书、备案登记表）、组织机构代码证正本及复印件、企业海关代码证及复印件等资料去上述机构办理即可。目前国家商品检验检疫局可以签发所有优惠协定的原产地证书。贸易促进委员会可以签发《亚太贸易协定》、《中国—新加坡自由贸易协定》、《中国—新西兰自由贸易协定》、《中国—东盟自由贸易协定》的原产地证书。

52. 我公司以加工贸易方式从巴基斯坦进口一批棉纱，在海关办理内销手续时也提供了当时进口的原产地证明，棉纱是可以享受中巴优惠税率的，但为什么海关打印税单时我们没有享受到优惠税率，仍是最惠国税率呢？

答：根据《中华人民共和国海关<中华人民共和国政府与巴基斯坦伊斯兰共和国政府自由贸易协定>项下进口货物原产地管理办法》（海关总署令第162号）第二条规定，“本办法适用于从巴基斯坦进口的《中国—

巴基斯坦自由贸易协定》项下的货物，但以加工贸易方式保税进口和内销的货物不适用本办法”。因此你公司以加工贸易方式从巴基斯坦进口的棉纱申请内销时，不能享受协定税率，而应按照最惠国税率计征关税。目前已实施的优惠贸易协定中，只有《中国—新加坡自由贸易协定》规定，以加工贸易方式保税进口的货物在内销时可以享受优惠贸易协定税率，而其他协定的内销货物都不能适用优惠协定税率。

53. 我公司从泰国进口一批复合橡胶，对方提供了五份原产地证书，我们进口报关时要如何申报才能享受优惠的零税率?

答：根据《报关单填制规范》的要求，一份报关单应当对应一份原产地证书。你公司进口的这批复合橡胶，申领了五份原产地证书，申报时，应按照原产地证书上的数量先去办理分舱单手续，然后分五份报关单申报即可。

54. 我公司从智利进口一批葡萄酒，因运输需要，经过韩国釜山港换船，再运到青岛港，进口时，向海关递交了原产地证书、合同、发票、联运提单，请问这批葡萄酒可以适用协定税率么?

答：从智利进口这批葡萄酒，经过韩国釜山港换船，再运到青岛港，属于经第三方转运的非直接运输货物。根据《原产地管理规定》第十、十四条规定，货物运输途中经过非成员国的，未在这些国家做除装卸或者其他为使货物保持良好状态所必须处理以外的其他处理的，货物申报时应向海关出具在转运地申办的“未再加工证明”。你的货物只在釜山港换装运输工具，未作任何深加工处理，申报时除向海关提交原产地证书、合同、发票、联运提单外，还应当提交由韩国海关出具的“未再加工证明”办理通关手续，该批葡萄酒可以按照协定税率计税。若无法提供未加工证明，你们可以要求海关查验，若查验可以证明原产国为智利，也可享受优惠协定税率。

55. 我公司从泰国进口一批复合橡胶，货物到港后才知道可以享受东盟的零税率，但我公司目前没能办理原产地证，请问能否后补原产地证

书，享受零税率呢?

答：可以从泰国补办原产地证书，但根据《原产地管理规定》第十六条规定，在申报时未向海关提交原产地证书的，必须向海关提交“进口货物原产资格申明”，并缴纳全额税款保证金。只要在担保期限内提交有效原产地证书，你们可以享受优惠协定税率。

56. **我公司从韩国进口一批苯酚，向海关递交《亚太贸易协定》原产地证书，申请享受协定税率，但审单关员通知我，韩国产的苯酚是反倾销商品，让我们提供原厂商发票，征收反倾销税。请问对于受惠商品，要征收反倾销税吗?**

答：你公司进口的苯酚属于《亚太贸易协定》项下的受惠商品，海关按优惠协定税率征收进口关税，但自韩国进口该项商品，又属于我国对韩国实施反倾销措施范围内的商品，因此同时需要征收反倾销税。

第四节　网上支付税费

57. **税费网上支付是怎么操作的呢?**

答：税费网上支付是中国电子口岸的配套服务项目之一，它通过中国电子口岸数据中心平台将海关业务系统与银行业务系统相互连接起来，为用户提供准确、快捷的网上缴税服务。

该平台由海关业务系统、中国电子口岸网上支付系统和银行业务系统三个部分组成。企业进行电子申报后，可通过中国电子口岸查询税费通知，并在网上发布支付指令。银行接到支付指令后，直接从企业的预储账户中预扣税费（即冻结税款，并未正式划账）。预扣成功后，企业即可直接办理相关通关验放手续。海关验放货物后，系统会自动发送实扣通知，银行随即进行实扣（即正式划账），并在核对无误后划转国库或海关收费账户，而海关则凭银行的实扣成功回执自动进行税（费）单核注。

小贴士 税费网上支付的优势

税费网上支付简化了税费缴纳作业流程，减少了企业在海关现场和银行之间往返的次数，在降低贸易成本、缩短通关时间方面颇有优势。此举措还打破了传统缴税方式的空间局限，支持“异地支付”，减少了异地报关的成本和手续；同时，配套实行的“5＋2”工作制度也突破了柜台营业时间的局限。国家行政管理部门的综合管理效能因之得以提高，政府对企业的“一站式”服务也相应得以实现。

58. 税费网上支付担保是怎么操作的呢？

答：网上支付系统直观易学，操作简单，同时设有多重严密的安全防护措施，以确保其安全。但是，随着海关税收规模的日益扩大，新的税费缴纳方式也不断为安全保障带来新的课题。为适应形势发展，税费网上支付担保制度应运而生。

税费网上支付担保是将电子支付方式和税收担保制度有机结合，通过商业银行与进出口纳税人之间签订担保协议，并由商业银行向海关提供纳税义务人在法定期限内依法履行纳税义务担保的一项新兴银行业务。凡已办理网上支付手续并按海关要求由银行提供了税费网上支付担保的纳税义务人，均可在海关审结报关单证后，于税费实际支付前提取货物，然后在法定的15日缴款期限内通过网上支付平台缴纳税款。与无担保的税费网上支付方式不同，在税费网上支付担保方式下，银行由原先的扣划实际税款变为扣划担保额度，若企业按期缴纳税款，则银行恢复企业的担保额度；若企业未按期缴纳税款，则银行需在法定期限的第15日予以垫付。

小贴士 税费网上支付担保的特点

通过税费网上支付平台，税费网上支付担保也实现了电子化。它具备网上支付的一切优势，同时还有如下特点：

企业资金周转更具灵活性，资金使用效益更高。企业可先行办理货物放行手续，之后在海关法定缴款期限内灵活选择缴款时间。

企业可循环使用担保额度。企业只需向海关提交一次总担保备案，即可在担保总额内就连续进口的多笔税费获得担保。在此期间，一旦某笔税费的担保义务被解除，相应的担保额度就会自动恢复，企业可再次使用担保额度。

担保更为市场化。银行可依自身规定和市场规则对企业的资信情况进行审核，并决定是否给予担保和相应的担保额度。企业取得银行担保文件后，只需向海关备案即可完成这一环节的工作。

第四章　通关办结

第一节　报关单修改或撤销

1. 请问若删除报关单时许可证已结案该如何处理?

答: 结案的许可证不能在通关环节使用或进行处理，因而在修改或删除含已结案许可证数据的报关单时，需要对结案的许可证数据和许可证日志文件进行处理。具体来讲，若修改或删除报关单时许可证已结案，则运行许可证系统日常管理，取消结案功能，使许可证继续有效。修改或删除报关单数据后，系统自动将许可证核销日志数据传送至总署并覆盖原数据。

2. 在放行环节，企业发现报关单上填报的许可证编号与许可证纸面证书编号不一致，该如何处置?

答: 可删单重报，但由于此时进口单位已缴纳完关税和增值税，可对报关单进行修改，把原许可证编号修改成纸面证书编号，并完成对报关单的重审（无须重新计税）。此时原许可证电子数据被反核，正确的许可证电子数据被核扣。

3. 企业在哪些情况下可以向海关申请删除报关单?

答: 执行报关单删除作业适用于下列情况：

（1）报关单重复申报且经过重复审单，即一票货物出现两个海关编号，需删除其中一个错误的海关编号；

（2）报关单经过审征环节后，需对不允许修改的项目进行修改；

（3）报关单经过审征环节后，由于种种原因，需将报关单退回预录入公司进行报关单修改作业，如果不删除报关单，预录入公司将无法进行报关单修改作业；

（4）进口报关单经过审征环节后，货主要求放弃进口货物或将其改为转关运输货物等一些终止在本地办理正常报关手续的情况；

（5）出口报关单经过审征环节，但由于各种原因未能出口，需办理退关手续的报关单；

（6）其他需要删除的报关单。

4. 企业在申报后才发现报关单填制错误，能否修改？

答：可以。结关前报关单出现错误的，向申报地海关提出申请；结关后报关单出现错误的，需到相关海关通关管理部门办理。

第二节　报关单证明联

5. 企业向海关申请签发的报关单证明联有什么作用？

答：报关单证明联是海关在核实货物实际进出境后，按报关单格式提供的，可以作为进出口货物收发货人向国税、外汇管理部门办理退税和外汇核销手续的证明文件。

6. 请问海关签发的报关单证明联丢失了，能否补发？

答：可以。进出口单位遗失进出口货物报关单，应书面向原签发海关申请补发。在海关报关单电子数据存储期限（一般为1年）内，原签发海关可直接调用报关单结关库予以打印补发，并在补发的报关单左上角批注“补办”字样，同时加盖验讫章。对超出海关报关单电子数据存储期限，且自进出口之日起未超过3年的进出口报关单，进出口单位应持加盖单位公章的“情况说明”、“进出口货物报关情况证明”一式三联，报所在地国家外汇管理局各分支局；外汇管理局根据进出口单位的实际情况，在意见栏内签署意见，加盖进口付汇核销监管业务章或出口收汇核销监管业务章，将“进出口货物报关情况证明”一联同“情况说明”一并留存，“进出口货物报关情况证明”二联退进出口单位。进出口单位需持外汇管理局签署意见的“进出口货物报关情况证明”到报关单原签发海关办理相关手续。海关查阅核实存档报关单后，情况正常的，由经办关员签字，并加盖验讫章，一联归档，一联退进出口单位办理收付汇及核销手续，无须再补办报关单证明联。

第三节　分类通关问答

7. 请说说海关分类通关是怎么回事?

答：分类通关是指海关通过科学运用风险管理的理念和方法，以企业守法管理为核心，综合企业类别、商品归类、价格、许可证件、贸易国别、航线、物流信息等各类风险要素，按照风险高低对进出口企业和货物实施分类，在通关过程中采取不同的管理要求和管理程序，实施差别化作业的通关管理模式。

8. 海关分类通关改革对企业有什么好处?

答：分类通关改革是以企业守法管理为基础，以风险管理应用为依托，在通关环节上由纸质单证审核为基本方式转变为计算机管理为基本方式，对低风险报关单（货物）实行快速放行，适应外贸经济发展的特点和要求，对于守法的企业来说，其通关效率将在实施分类通关后得到较大的提高。

9. 分类通关的基本流程是什么?

答：海关 H2000 系统对报关单电子数据进行实时风险分析，实施红绿通道判别：对绿通道的报关单直接转现场处置，按风险高低分别实施“低风险快速放行”、“低风险单证审核”和“高风险重点审核”；对红通道的高风险报关单实施专业审单，根据专业审单结果、风险布控子系统和选查子系统的风险分析结果，由接单现场实施上述 3 种作业方式。

10. 涉及出境通关单的出口货物能否适用“低风险快速放行”?

答: 海关总署决定，为了让守法企业更多享受海关分类通关改革所带来的通关便利，在做好H2000系统对通关单电子数据进行严格比对工作的前提下，对已通过通关单电子数据比对、不涉及许可证件的低风险出口货物报关单，可纳入“低风险快速放行”作业方式。

11. “低风险快速放行”的作业流程是什么?

答: “低风险快速放行”的业务流程为：

(1) 申报人向海关申报报关单电子数据。

(2) H2000系统完成电子审单后，经风险分析或经专业审单确定为低风险且符合快速放行条件的，系统自动放行。

(3) H2000系统向监管场所和申报人发送海关放行信息。

对于纸质报关单证，由申报人自主从以下两种方式中选择其一：

一是“事后交单”，申报人（A类及以上）可按照规定要求在货物放行之日10天内向海关递交单证，现场海关通过H2000系统按一定比例随机抽核纸质单证；

二是“现场交单”，申报人按照规定要求在货物放行前向海关递交单证，现场海关设置专门岗位抽核部分纸质单证。

12. “低风险单证审核”的作业流程是什么?

答: “低风险单证审核”的业务流程为：

(1) 申报人向海关申报报关单电子数据。

(2) H2000系统完成电子审单后，经风险分析或经专业审单确定需人工审核纸面单证的，H2000系统向申报人发送现场交单回执。

(3) 海关收取报关单证，按相关审核要求进行审核并征收税费、核注许可证件后直接完成验放作业。对审核过程中有疑问的，可退回企业修改或布控查验核实。

(4) H2000系统向监管场所和申报人发送海关放行信息。

13. “高风险重点审核”的作业流程是什么？

答：“高风险重点审核”的业务流程为：

（1）申报人向海关申报报关单电子数据。

（2）H2000系统完成电子审单后，经风险分析或经专业审单确定为高风险的，系统向申报人发送现场交单回执。

（3）海关收取报关单证，根据相关风险提示或专业审单审核结果进行重点审核。对审核有疑问的，进行布控查验；对审核无疑问的，征收税费、核注许可证件后完成验放作业。

（4）H2000系统向监管场所和申报人发送海关放行信息。

第五章　进出境快件

1. 我想成为进出境快件运营人，如何办理相关手续？

答：进出境快件运营人向所在地海关办理申请，要具备下列条件：

（1）已获得国家对外经济贸易主管部门或其授权部门颁发的国际货物运输代理企业批准证书，并已获准开办进出境快件业务；

（2）中外合资、合作运营企业中的中方需从事国际货物运输代理业务1年以上，外方需从事国际货物运输代理业务3年以上、国际快递业务1年以上；

（3）内资企业需从事国际货物运输代理业务1年以上；

（4）具有境内、外进出境快件运输网络和两个以上境外分支机构或代理人；

（5）具有本企业专用进出境快件标志、运单，运输车辆符合海关监管要求并经海关核准备案；

（6）具备实行电子数据交换方式报关的条件；

（7）快件的外包装上应标有符合海关自动化检查要求的条形码；

（8）与境外合作者（包括境内企业法人在境外设立的分支机构）的合作运输合同或协议。

海关提醒　作为快件运营人应特别注意的事项

具备快件运营人资格后，还有几个特别要注意的事项，根据《中华人民共和国海关对进出境快件监管办法》，进出境快件运营人应遵守以下规定：

（1）运营人不得承揽、承运《中华人民共和国禁止进出境物品表》所列物品，如有发现，不得擅作处理，应当立即通知海关并协助海关进行处理。

未经中华人民共和国邮政部门批准，运营人不得承揽、承运私人信件。

（2）运营人不得以任何形式出租、出借、转让本企业的进出境快件报关权，不得代理非本企业承揽、承运的货物、物品的报关。

（3）未经海关许可，未办结海关手续的进出境快件不得移出海关监管场所，不得进行装卸、开拆、重换包装、更换标记、提取、派送和发运等作业。

（4）运营人申请办理进出境快件代理报关业务的，应当按照海关对国际货物运输代理企业的注册管理规定在所在地海关办理登记手续。

2. 海关对进出境快件的报关时限有何规定？

答：进境快件自运输工具申报进境之日起 14 日内，出境快件在运输工具离境 3 小时之前，应当向海关办理报关手续。

运营人应向海关传输或递交进出境快件舱单或清单，海关确认无误后接受申报；运营人需提前报关的，应当提前将进出境快件运输和抵达情况书面通知海关，并向海关传输或递交舱单或清单，海关确认无误后接受预申报。

3. 进出境快件怎样分类？

答：新修订的《海关对进出境快件监管办法》（海关总署令第 147 号）将原来按金额分类的方式改为按属性分类，即文件、个人物品、货物三类。

（1）文件类：法律、法规规定予以免税且无商业价值的文件、单证、票据及资料。

（2）个人物品：海关法规规定自用合理数量范围内的进出境的旅客分离运输行李物品、亲友间相互馈赠物品和其他个人物品。

（3）货物：上述两条规定以外的快件。

小贴士 快件的分类很重要。您在办理进出境快件报关手续时，应当按照进出境快件的分类分别向海关提交有关报关单证并办理相应的报关、纳税手续。分类是确定如何报关、如何纳税以及能否快速通关的前提。所以，掌握正确的快件分类是快件迅速和顺利通关的前提。

4. 我寄送的快件是我的个人物品，那么海关对快件中的个人物品如何验放?

答：对快件中的个人物品，海关比照对个人邮递物品的限值及免税额进行验放。

5. 如何办理文件类进出境快件的报关?

答：文件类进出境快件报关时，运营人应当向海关提交“中华人民共和国海关进出境快件 KJ1 报关单”、总运单（副本）和海关需要的其他单证。

6. 如何办理个人物品类进出境快件的报关?

答：个人物品类进出境快件报关时，运营人应当向海关提交“中华人民共和国海关进出境快件个人物品申报单”、每一件进出境快件的分运单、进境快件收件人或出境快件发件人身份证件影印件和海关需要的其他单证。

7. 如何办理货物类进出境快件的报关?

答：货物类进境快件报关时，运营人应按下列情形分别向海关提交报关单证：

（1）对关税税额在《关税条例》规定的关税起征额以下的货物和海关规定准予免税的货样、广告品，应提交“中华人民共和国海关进出境快件 KJ2 报关单”，每一件进境快件的分运单、发票和海关需要的其他单证。

（2）对应予征税的货样、广告品（法律、法规规定实行许可证管理的、需进口付汇的除外)，应提交“中华人民共和国海关进出境快件 KJ3 报关单”，每一进境快件的分运单、发票和海关需要的其他单证。

（3）对文件类进出境快件、个人物品类进出境快件和上述规定以外的货物，按照海关对进口货物通关的规定办理。

货物类进境快件报关时，运营人应按下列情形分别向海关提交报关单证：

（1）对货样、广告品（法律、法规规定实行许可证管理的，需征出口关税的，需出口收汇的，需出口退税的除外)，应提交“中华人民共和国海关进出境快件 KJ2 报关单”，每一出境快件的分运单、发票和海关需要的其他单证。

（2）对上述以外的其他货物，按照海关对出口货物通关的规定办理。

海关提醒 根据《关于进境 KJ3 类快件的申报规范、快件渠道进出境个人物品监管有关问题》（海关总署 2009 年第 39 号公告）要求，对于进境 KJ3 类快件，快件企业向海关申报时，在报关单“货物名称”栏增加了申报规格、型号、数量和计量单位等内容。同时，快件渠道进出境个人物品的限值、免税额、完税价格、税则归类等事宜按照《海关法》、《关税条例》及海关总署关于进出境个人邮递物品相关规定办理。

第六章　特殊贸易货物

第一节　几种常见保税货物的贸易方式

1. 我公司是一家做进料加工的企业，由于我公司改进了工艺，降低了单耗，所以加工贸易进口的料件产生了盈余，但是这些余料不再用于加工，请问在此种情况下，如何向海关申报?

答：这种情况可以按照加工贸易料件放弃贸易方式申报。该贸易方式是指加工贸易企业来料加工或进料加工进口的料件，不再用于加工成品出口，主动放弃交由海关处理。适用于加工贸易进口料件、剩余料件和边角料。

2. 什么是来料加工贸易方式?

答：来料加工在我关改革开放初期为促进外向型经济发展作出了很大贡献，这种贸易方式是指进口料件由境外企业提供，经营企业不需要付汇进口，按照境外企业的要求进行加工或者装配，只收取加工费，制成品由境外企业销售的经营活动。包括了以下货物：

（1）来料加工项下进口的料件和加工出口的成品；

（2）设立保税工厂的加工贸易企业来料加工进口料件和出口成品。

小贴士　下列几种情况不适用本贸易方式：

（1）国营企业代理来料加工企业进口加工生产用柴油，贸易方式为“加工专用油”。

（2）由特定企业以加工贸易进口原油加工成品油，不返销出境，供应国内市场的，贸易方式为“成品油”。

（3）进口 5 000 美元以下的 78 种列名辅料，贸易方式为“低值辅料”。

3. 我公司是一家加工贸易企业，但是我公司承接的产品还需要在国内另一家公司进行另一道程序的加工，是不是还需要向海关申报呢?

答：这种情况要向海关申报，贸易方式应申报为加工贸易保税货物深加工结转。加工贸易保税货物深加工结转是指来料加工、进料加工经营企业将保税进口料件加工的产品不直接出口，在境内结转给另一个加工贸易企业再加工后复出口。适用以下货物：

（1）非海关特殊监管区域加工贸易经营企业之间来料深加工货物结转。

（2）非海关特殊监管区域加工贸易经营企业转自海关特殊监管区域加工贸易经营企业加工的货物。

小贴士 （1）保税区、保税物流园区等海关特殊监管区域之间结转的货物，贸易方式为保税间货物。

（2）出口加工区企业生产的产品结转至其他出口加工区或非海关特殊监管区域加工复出口，加工区企业转出、转入报关单贸易方式为出口加工区成品进出区。

（3）经营企业进料加工产品转给享受减免税优惠的企业，贸易方式为进料成品转减免。

4. 我公司在加工贸易过程中还有余料，可以结转给其他企业吗?

答：这种情况是可以的，但是要符合以下要求：加工贸易企业在经营来料加工、进料加工的加工复出口业务过程中剩余的、可以继续用于加工制成品的加工贸易进口料件，结转到同一经营单位、同一加工企业、同样进口料件和同一加工贸易方式的另一个加工贸易合同项下继续加工复出口，申报贸易方式为加工贸易余料结转。

5. 加工贸易中如果出现料件剩余或者需要退运如何申报？

答：应申报为加工贸易料件复出口。这种贸易方式是指来料加工、进料加工进口的保税料件因品质、规格等原因退运，以及加工过程中产生的剩余料件、边角料、废料退运出境。加工贸易料件复出适用：

（1）来料加工、进料加工进口的保税料件因品质、规格等原因退运，以及加工过程中产生的剩余料件、边角料、废料退运出境；

（2）经营企业因加工贸易出口产品售后服务需要，申请出口“加工贸易手册”项下进口的保税料件。

小贴士 加工贸易进口料件、剩余料件及边角料、废料复运出境后更换同类货物进口，贸易方式为“来料料件退换”、“进料料件退换”。

6. 如果加工贸易的保税料件出现质量问题需要出境更换，如何申报？

答：申报为加工贸易料件退换，这种贸易方式是指来料、进料加工进口的保税料件因品质、规格等原因退运出境，更换料件复进口。

7. 我公司进料加工的成品出境后出现了质量问题，需要更换，如何申报？

答：申报为加工贸易成品退换，这种贸易方式是指来料、进料加工出口的成品因品质、规格或其他原因退运进境，经加工、维修或更换同类商品复出口。

小贴士 本贸易方式不适用于来料加工、进料加工过程中产生的剩余料件、边角料、废料退运出境，以及进口料件因品质、规格等原因退运出境且不再更换同类货物进境。这几类货物分别适用以下贸易方式：来料料件复出、来料边角料复出、进料料件复出、进料边角料复出。

8. 我公司在加工贸易生产过程中，出现了剩余料件和成品，可以转内销吗？

答：加工贸易保税货物是可以转内销的，这种情况包括以下贸易方式：来料料件内销、来料成品转减免、进料料件内销、进料成品转减免、进料边角料内销、来料边角料内销。下面我们详细地介绍一下。

加工贸易保税料件转内销是指经营企业来料、进料加工过程中产生的剩余料件或用剩余料件生产的制成品、半成品、残次品及受灾保税货物，经批准转为国内销售，不再加工复出口，包括海关事后发现有关企业擅自转内销并准予补办进口手续的货物。

加工贸易边角料内销是指经批准在境内销售的来料、进料加工过程中有形损耗产生的、仍有商业价值的边角料，包括来料、进料加工副产品。以下货物适用该贸易方式：

加工贸易保税货物内销贸易方式适用于边角料、剩余料件、残次品、副产品和受灾保税货物。

（1）边角料，是指加工贸易企业经营来料加工、进料加工业务，在海关核定的单耗内、加工过程中产生的、无法再用于加工该合同项下出口制成品的数量合理的废、碎及下脚料件。

（2）剩余料件，是指加工贸易企业在经营业务过程中剩余的、可以继续用于加工制成品的加工贸易进口料件。

（3）残次品，是指加工贸易企业经营来料加工、进料加工业务，在生产过程中产生的有严重缺陷或者达不到出口合同标准，无法复出口的制品（包括完成品和未完成品）。

（4）副产品，是指加工贸易企业经营来料加工、进料加工业务，在加工生产出口合同规定的制成品（即主产品）过程中同时产生的且出口合同未规定应当复出口的一个或者一个以上的其他产品。

（5）受灾保税货物，是指加工贸易企业经营业务过程中，因不可抗力原因或者其他经海关审核认可的正当理由造成灭失、短少、损毁等导致无法复出口的保税进口料件和制品。

小贴士 （1）特定企业以加工贸易的方式进口原油炼制成品油，不返销出境而供应国内市场，贸易方式为“成品油”。

（2）保税区、出口加工区加工贸易转内销货物，贸易方式为“保税区进料料件”、“保税区来料料件”。

（3）企业擅自内销加工贸易保税货物，按走私或违规处理的。

9. 我公司准备开展加工贸易生产，所使用的加工贸易设备如何申报？

答：加工贸易设备的申报包括以下贸易方式：不作价设备、加工贸易设备、加工设备内销、加工设备结转、加工设备退运。下面我们详细地介绍一下：

（1）外商提供的加工贸易不作价设备是指境外企业与境内企业开展来料、进料加工业务，外商免费向境内加工贸易经营单位提供加工生产所需设备，境内经营单位不需支付外汇、不需用加工费或差价偿还。

（2）加工贸易设备是指来料加工、进料加工贸易项下外商作价提供、不扣减企业投资总额的进口设备。

（3）加工贸易设备转内销是指在海关监管期内的加工贸易免税进口设备经批准转售给境内非加工贸易企业。

（4）加工贸易设备结转是指海关监管期内的加工贸易免税进口设备经批准转让给另一加工企业，或从本企业一本“加工贸易手册”结转入另一本“加工贸易手册”。

以下情况不适用本贸易方式：

暂时进口（期限在半年以内）加工贸易生产所需不作价设备（限模具、单台设备），按暂时进口货物办理。

外商投资企业投资总额内资金进口的设备，贸易方式为“合资合作设备”、“外资设备物品”。

外商投资企业自有资金（投资总额以外）进口设备，贸易方式“一般贸易”。

出口加工区的设备进口、退运及结转，分别适用“境外设备进区”、“区内设备退运”和“设备进出区”方式。

10. 相对于来料加工，进料加工如何申报呢？

答：进料加工贸易，是指进口料件由经营企业付汇进口，制成品由经营企业外销出口的经营活动。

进料加工贸易按照对外签约形式分为“进料加工非对口合同”和“进料加工对口合同”。

进料加工非对口合同是指我方有外贸进出口经营权的企业动用外汇购买进口原料、材料、元器件、零部件、配套件和包装物料（以下简称“料件”），加工成品或半成品再返销出口的交易形式。

进料加工对口合同是指买卖双方分别签订进出口对口合同，料件进口时，我方先付料件款，加工成品出口时再向对方收取出口成品款项的交易形式，包括动用外汇的对口合同或不同客户的对口的联号合同，以及对开信用证的对口合同。

境外客户为境内企业加工复出口产品提供进口 5 000 美元及以下、数量零星的辅料或包装物料，以及数量合理直接用于服装生产车间的小型易耗性生产工具。

11. 什么是补偿贸易？

答：补偿贸易是指由境外厂商提供或者利用国外出口信贷进口生产技术或设备，我方企业（包括外商投资企业）进行生产，以返销其产品的方式分期偿还对方技术、设备价款或贷款本息的交易方式。包括经经贸主管部门批准，使用该企业（包括企业联合体）所生产的其他产品返销给对方，进行间接补偿。

补偿贸易偿还对方技术、设备价款或贷款本息的方式一般有两种：产品出口先偿还设备价款，还清本息后再出口收汇。

设备价款本息在每批出口货物价款中扣还一部分，直到还清为止。

本贸易方式不包括：

直接用国内产品同国外厂商交换设备、料件或成品，以货换货，贸易方式为“易货贸易”。

出口产品收取外汇，贸易方式为“一般贸易”。

在补偿贸易合同中同时订有来料加工合同的，来料加工合同部分，贸易方式为“来料加工”。

12. 我们是在保税区注册的企业，我们的货物可以在其他保税区间及保税仓库间进行结转吗?

答：这种情况是可以的，申报贸易方式为保税区间及保税仓库间货物结转，这种贸易方式是指保税区、保税物流园区、出口加工区、出口监管仓库、保税仓库、保税物流中心（A、B 型）等海关特殊监管区域、保税监管场所间往来的货物。

小贴士 本贸易方式不适用出口加工区间结转货物，不同出口加工区企业结转货物适用“出口加工区成品进出区”和“料件进出区”。

13. 我公司想注册成立一家保税仓库，那保税仓库进出境的仓储、转口货物如何申报呢?

申报为保税仓库进出境仓储及转口货物，这种贸易方式指从境外进口直接存入保税仓库和保税仓库出境的仓储、转口货物，以及出口监管仓库出境的货物。

下列情况不适用本贸易方式：

（1）保税仓库、出口监管仓库进口自用的货架、办公用品、管理用具、运输车辆、搬运、起重和包装设备，以及改装用的机器等，贸易方式为“一般贸易”。

（2）从保税仓库提取用于本国籍运输工具或用于维修境内设备的仓储货物，按进口申报，贸易方式为“一般贸易”。

（3）保税仓库进境货物销往境内，按货物运出保税仓库的实际用途填报相应的贸易方式。

（4）境内存入出口监管仓库和出口监管仓库退仓货物，分各种贸易方式。

（5）保税区、保税物流中心进出境仓储、转口货物，贸易方式分别为

“保税区仓储、转口”和“物流中心进出境货物”。

（6）保税仓库货物出仓运往境内其他地方转为正式进口的，在仓库主管海关办结出仓报关手续，填制出口报关单，贸易方式填写保税间货物，进口报关单按实际进口贸易方式填报。

（7）保税仓库寄售维修零部件申请免税出仓的，进口报关单贸易方式应为无代价抵偿。

14. 什么是保税区进出境仓储、转口货物？

答：保税区进出境仓储、转口货物是指从境外存入保税区、保税物流园区和从保税区、保税物流园区运出境的仓储、转口货物。

下列情况不适用本贸易方式：

保税区、保税物流园区除仓储、转口货物以外的其他进出境货物，按实际贸易方式填报。

从境内非海关特殊监管区域、保税监管场所运入保税区、保税物流园区的货物，按实际贸易方式填报。

从境内非海关特殊监管区域、保税监管场所运入保税区、保税物流园区的货物退回境内，按实际贸易方式填报。

从保税区、保税物流园区运往境内非海关特殊监管区域、保税监管场所的货物，按实际贸易方式填报。

第二节　其他贸易方式下的货物

15. 如果是供应中国籍国际航行的船舶油料该如何申报呢？

答：这种货物应申报为国轮油物料货物。这种贸易方式指中国籍国际航行的运输工具在境内添加的保税仓库进口仓储的油料、物料。此类货物适用于从保税仓库提取，供应航行国际航线的中国籍船舶、民用航空器等运输工具的进口燃料、物料及零配件等。

本贸易方式不适用从设在非海关特殊监管区域的保税仓库提取，供应航行国际航线的外国籍船舶、飞机等运输工具的进口燃料、物料，贸易方式为“保税仓库货物”。

16. 我公司在国外进口了一台设备，但是在使用过程中出现了故障，如何出境修理呢?

答：这种情况应该申报为进出境修理物品，这种贸易方式是指进境或出境维护修理的货物、物品。本贸易方式适用于各类进出境维修的货物，以及修理货物维修所用的原材料、零部件。

以下情况不适用本贸易方式：

（1）按加工贸易保税货物管理的进境维修业务。

（2）加工贸易进口料件和出口成品进出境维修，分别适用来料料件退换、来料成品退换、进料料件退换、进料成品退换。

17. 我公司想在国外租赁一台加工设备，能详细介绍一下什么是租赁贸易和申报要点吗?

答：租赁贸易是指经营租赁业务的企业与外商签订国际租赁合同项下境内企业租赁进口或出租出口的货物。

租赁期在一年及以上的进出口货物，简称“租赁贸易”。

租赁期在一年及以上的进出口货物分期办理征税手续时，每期征税适用的贸易方式为“租赁征税”。

租赁期不满一年的进出口货物，贸易方式简称“租赁不满一年”。

以下情况不适用本贸易方式：

（1）经营租赁业务的企业进口自用的设备、办公用品，贸易方式为“一般贸易”。

（2）加工贸易租赁进口的机器设备，贸易方式应为“加工贸易设备”。

（3）补偿贸易租借进口的货物，贸易方式应为“补偿贸易”。

（4）租赁贸易期满复运出（进）口的货物，贸易方式为“退运货物”，租赁不满一年期满复运出（进）境的货物，贸易方式为“租赁不满一年”。

18. 什么人可以在机场设立的免税店购买免税品呢？

答：免税品是指设在国际机场、港口、车站和过境口岸的免税品商店进口，按有关规定销售给办完出境手续的旅客的免税商品，供外国籍船员和我国远洋船员购买送货上船出售的免税商品，供外交人员购买的免税品，以及在我国际航机、国际班轮上向国际旅客出售的免税商品。这种货物要求在特定范围销售，同时只供应给特定人群。

（1）销售范围：进出境口岸免税店、运输工具免税店、市内免税店、外交人员免税店和供船免税店五类免税店进口核定品种的免税品。

（2）供应对象：办结出境手续的出境旅客、国际航行运输工具服务人员、外交人员。

本贸易方式不适用：

（1）境内免税外汇商店销售给为我出国人员、华侨的免税外汇商品，贸易方式为“免税外汇商品”。

（2）经营免税品业务的单位进口的供维修使用的零部件、工具、展台、货架，贸易方式为“一般贸易”。

（3）免税品退运出境，贸易方式为“其他”。

19. 我们是合资企业，外商投资进口的设备、物品如何申报呢？

答：外商投资企业是指中外合资企业、中外合作企业、外商独资企业，包括华侨、港澳台同胞投资企业。

设备是指外商投资企业在其投资总额内进口本企业自用的机器设备、零部件和其他物料［指建厂（场）及安装、加固机器所需材料及生产用车辆］。

物品是指外商投资企业进口自用合理数量的办公用品（设备）和交通工具。

外商投资企业作为投资进口的设备、物品是指外商投资企业投资总额内的资金（包括中方投资）进口的机器设备、零部件和其他建厂（场）物料，安装、加固机器所需材料，以及进口本企业自用合理数量的交通工具、生产用车辆、办公用品（设备）。

下列情况不适用本贸易方式：

（1）鼓励类和限制类外商投资企业、外商投资研究开发中心、先进技术型和产品出口型外商投资企业，以及符合中西部省、自治区、直辖市利用外资优势产业和优势项目目录的项目、企业自有资金（投资总额以外，具体是指企业储备基金、发展基金、折旧和税后利润），在原批准的生产经营范围内，对设备进行更新维修，进口国内不能生产或性能不能满足需要的自用设备及其配套的技术、配件、备件，贸易方式为“一般贸易”。

（2）外商投资企业经营来料加工、进料加工、租赁贸易等进口的设备、物品，分别适用“不作价设备”、“加工贸易设备”、“租赁不满一年”、“租赁贸易”。

（3）外国常驻机构进口自用合理数量的公用物品，贸易方式为“常驻机构公用”。

（4）没有实际进出境，在境内结转的减免税设备，贸易方式为“减免设备结转”。

（5）出口加工区外商投资企业进口设备、物品，贸易方式为“出口加工区进口设备”。

20. 我们在贸易实际中，经常会出现因为各种原因需要把原来进口的货物退运出去，这类货物如何申报？

答：退运货物是指原进出口货物因残损、短少、品质不良或者规格不符、延误交货或其他原因退运出、进境的货物。

以下贸易方式适用进出口货物退运出入境：一般贸易、易货贸易、旅游购物商品、租赁贸易、寄售代销、外商投资企业设备物品、外汇免税商品、货样广告品A、货样广告品B、其他进出口免费、承包工程进口、对外承包出口、无偿援助、捐赠物资、边境小额、对台小额、其他贸易。

以下货物不适用退运货物：

（1）货物进境后、放行结关前退运的货物，贸易方式为“直接退运”。

（2）加工贸易进出口货物退运，贸易方式为来“料料件退换”、“进料料件退换”、“来料成品退换”、“进料成品退换”。

（3）加工贸易设备退运，贸易方式为“加工设备退运”。

（4）租赁不满一年、免税品退运出境，贸易方式为“其他”。

（5）出口加工区进口设备退运出境，贸易方式为“区内设备退运”。

（6）进出口无代价抵偿货物，被更换的原进口货物退运出境，贸易方式为“其他”。

21. 作为外国常驻中国的商业机构，我们想进口一些办公用设备，如何申报呢？

答：这种情况申报为常驻机构进出境公用物品。外国常驻机构进出境公用物品是指境外（地区）企业、新闻机构、经贸机构、文化团体及其他境外（地区）法人经我国政府主管部门批准，在境内设立的常驻代表机构为开展公务活动所需进出境的物品。包括常驻机构进境自用且数值合理的办公用机器设备、家具、文具、机动车辆等及复运出境的原进境的公用物品。

常驻机构是指什么呢？主要包括以下机构：

（1）外国企业和其他经济组织常驻机构。

（2）外国民间经济贸易团体常驻机构。

（3）外国常驻新闻机构。

（4）其他外国常驻机构。

（5）华侨、港澳同胞、台湾同胞经营的企业常驻机构。

以下货物不适合此贸易方式：

（1）外国驻中国使馆、领馆，联合国及其专门机构，以及其他与中国政府签有协议的国际组织驻中国代表机构进出境物品。

（2）外国人员子女学校进出境物品。

（3）常驻机构人员进境自用的汽车。

（4）外国驻华使、领馆在我国内购运出境的货物。

（5）暂时进出境的公用物品。

22. 我们国家经常举办一些国际会议、展览和赛事，这些活动中使用的货物是如何申报的呢？

答：以上货物主要申报为暂时进出境货物。暂时进出境货物是指经海关批准，暂时进出关境并且在规定的期限内复运出境、进境的货物。这类货物在我们贸易实际中占有很大比例，主要依据是《中华人民共和国海关暂时进出境货物管理办法》（海关总署第157号令），这一类贸易方式包括了以下货物：

（1）文化、体育交流活动中使用的表演、比赛用品。

（2）进行新闻报道或者摄制电影、电视节目使用的仪器、设备及用品。

（3）开展科研、教学、医疗活动使用的仪器、设备及用品。

（4）在本款第（1）～（3）项所列活动中使用的交通工具及特种车辆。

（5）货样。

（6）慈善活动使用的仪器、设备及用品。

（7）供安装、调试、检测、修理设备时使用的仪器及工具。

（8）盛装货物的容器。

（9）旅游用自驾交通工具及其用品。

（10）工程施工中使用的设备、仪器及其用品。

（11）海关批准的其他暂时进出境货物。

以下情况不适用本贸易方式：

（1）进出境展览品，贸易方式为“展览品”。

（2）驻华商业机构不复运出口的进口陈列样品，贸易方式为“陈列样品”。

（3）对外承包工程出口物资，贸易方式为“对外承包出口”。

（4）进出境修理物品，贸易方式为“修理物品”。

（5）租赁贸易进出口货物，贸易方式为“租期不满一年”、“租期一年及以上”。

（6）企业使用旧钢瓶容器进口燃料、物料，按进口燃料、物料的贸易方式申报。

（7）从境外暂时进境的货物转入保税区、出口加工区等海关特殊监管区域和保税监管场所的，不属于复运出境。

（8）用于装载海关监管货物的进出境集装箱。

（9）享有外交特权和豁免的外国驻华机构或者人员暂时进出境物品。

23. 我公司产品准备出境参加在美国举办的展览会，如何申报呢？

答：这种货物申报为进出境展览品。进出境展览品是指外国来华或我国为到国外举办经济、文化、科技等展览或参加博览会而进出口的展览品及展览品有关的宣传品、布置品、招待品、小卖品和其他物品。进出境展览品主要包括：

（1）在展览会、交易会、会议及类似活动中展示或者使用的货物，包括：为了示范展览会展出机器或者器具所使用的货物，设置临时展台的建筑材料及装饰材料，宣传展示货物的电影片、幻灯片、录像带、录音带、说明书、广告、光盘、显示器材等。

（2）上述所列活动中使用的交通工具及特种车辆。

（3）其他经海关批准用于展示的进出境货物、物品。

以下情况不适用本贸易方式：

（1）ATA 单证册项下的暂准进出口展览品，持证人免填报关单。

（2）不复运出（进）境而留在国内（外）销售的进出境展览品，按实际贸易方式填报。

（3）在商店或者其他营业场所以销售国外货物为目的而组织的非公共展览会。

24. 国外客户为了我们订货发来了一件样品，还需要按照一般贸易申报吗？

答：不需要，可以申报为货样、广告品。

进出口货样是指专供订货参考的进出口货物样品，广告品是指用以宣传有关商品的进出口广告宣传品。有进出口经营权的企业价购或价售进出口货样广告品，贸易方式简称货样广告品 A。

没有进出口经营权的企业（单位）进出口及免费提供进出口的货样广告品，贸易方式代码简称货样广告品 B。除以上货物外，还包括寄售代销贸易中外商免费提供的货样广告品。

下列情况不适用本贸易方式：

暂时进出口的货样、广告品，贸易方式为“暂时进出口货物”。

驻华商业机构不复运出口的进口陈列样品，贸易方式应为“陈列样品”。

25. 我公司进口的设备在使用过中出现了不可修复的损坏，经协商退回国外更换一台新产品，如何申报呢?

答：这种货物申报为无代价抵偿进出口货物。无代价抵偿货物是指进出口货物海关放行后，因残损、短少、品质不良或者规格不符原因，由进出口货物的发货人、承运人或保险公司免费补偿或更换的与原货物相同或者与合同规定相符的货物。

下列情况不适用本贸易方式：

来料加工、进料加工贸易进口料件和出口成品因残损、短少、品质不良或者规格不符原因，由进出口货物的发货人、承运人或保险公司免费补偿或更换的与原货物相同或者与合同规定相符的货物，分别适用具体列名的料件或成品退换的贸易方式。

与无代价抵偿进出口货物相关的原进出口货物退运出、进境，贸易方式为其他。

26. 很多情况下会有免费提供的进出口货物，这类货物如何申报呢?

答：这类货物申报为其他免费提供的进出口货物。其他免费提供货物指除已具体列名的礼品、无偿援助和赠送物资、捐赠物资、无代价抵偿进口货物、国外免费提供的货样、广告品等及归入列名贸易方式的免费提供货物以外，进出口其他免费提供的货物。包括：

（1）外商在经贸活动中赠送的物品。

（2）外国人捐赠品。

（3）驻外中资机构向国内单位赠送的物资。

（4）经贸活动中，由外商免费提供的试车材料、消耗性物品等。

其他免费提供的不包括以下货物：

（1）保税仓库中由外商免费提供进口的机械设备、手工工具、运输工具、办公用品等。

（2）免税店由外商免费提供进口的货架、柜台、手推车等。

（3）来料加工、进料加工贸易项下外商免费提供的机械设备。

（4）免费提供进出口的货样广告品。

（5）国家和国际组织无偿援助物资。

（6）捐赠物资。

（7）无代价抵偿进出口货物。

27. 我公司在国外承包了一项铁路工程，需要很多施工机械，这些商品如何申报?

答：这类货物申报为对外承包工程进出口物资。对外承包工程出口物资是指经商务部批准的有对外承包工程经营权的公司为承包国外建设工程和开展劳务合作等对外合作项目而出口的设备、物资。

对外承包工程进口物资是指承包工程期间在国外获取的设备、物资，以及境外劳务合作项目对方以实物产品抵偿我劳务人员工资所进口的货物。

本贸易方式不包括我劳务人员带出的自用生活物资、援外成套项目出口的货物应根据无偿援助或贷款援助、边境地区有对外经济技术合作经营权的企业与毗邻国家边境地区开展承包工程和劳务合作项下出口的工程设备、物资（包括在外购买及换回的）和承包工程结束后复运进境原从国内运出的承包工程项下的设备、物资。

28. 国家或国际组织无偿援助和赠送的物资如何申报?

答：国家或国际组织无偿援助和赠送的物资是指我国根据两国政府间的协议或临时决定，对外提供无偿援助的物资、捐赠品，或我国政府、组织基于友好关系向对方国家政府、组织赠送的物资，以及我国政府、组织接受国际组织和外国政府、组织无偿援助、捐赠或赠送的物资。外国政府是指外国国家的中央政府。国际组织是指联合国各专门机构，以及长期与我国有合作关系的其他国际组织。国际条约是指依据《中华人民共和国缔结条约程序法》以“中华人民共和国”、“中华人民共和国政府”及“中华人民共和国政府部门”名义同外国缔结协定或协议及参加的国际条约。

小贴士 无偿援助物资不包括以下货物：

（1）贷款援助的进出口货物（包括我方利用贷款或援助款项自行采购进口的货物），贸易方式为“一般贸易”。

（2）来（出）访的团体和人员相互馈赠的礼品，贸易方式为“其他”。

（3）经济贸易往来关系赠送的物资，贸易方式为“其他进出口免费提供”。

（4）随援外物资一并出口或另外发运的批量出口的生活物资，贸易方式为“其他贸易”。

（5）以扶贫、慈善、救灾为目的，向我国境内或向境外捐赠的直接用于扶贫、救灾、兴办公益福利事业的物资，贸易方式为“捐赠物资”。

29. 什么是进出口捐赠物资?

答：进出口捐赠物资是指境外捐赠人以扶贫、慈善、救灾为目的，向我国境内捐赠的直接用于扶贫、救灾、兴办公益福利事业的物资，以及境内捐赠人以扶贫、慈善、救灾为目的，向境外捐赠的直接用于扶贫、救灾、兴办公益福利事业的物资。这种贸易方式中有几个关键词，简要解释一下：

（1）捐赠人：

①境外捐赠人，包括华侨，港、澳、台同胞，外籍人，包括法人。

②境内捐赠人，包括法人。

（2）扶贫、慈善公益性事业的物资：

①新的衣服、被褥、鞋帽、帐篷、手套、睡袋、毛毯及其他维持基本生活的必需用品等。

②食品类及饮用品（调味品、水产品、水果、饮料、烟酒等除外）。

③医疗类，包括直接用于治疗特困患者疾病或贫困地区治疗地方病，以及基本医疗卫生、公共环境卫生所需的基本医疗药品、基本医疗器械、医疗书籍和资料。

④直接用于公共图书馆、公共博物馆、各类职业学校、高中、初中、

小学、幼儿园教育的教学仪器、器材、图书、资料和一般学习用品。

⑤直接用于环境保护的专用仪器。

⑥经国务院批准的其他直接用于扶贫、慈善事业的物资。

（3）受赠人和使用人：

受赠人是指国务院有关部门和各省、自治区、直辖市人民政府，以及从事人道救助和以发展扶贫、慈善事业为宗旨的全国性的社会团体。包括中国红十字会总会、全国妇女联合会、中国残疾人联合会、中华慈善总会、中国初级卫生保健基金会和宋庆龄基金会。

使用人（使用单位）是指捐赠物资的直接使用者或负责分配该捐赠物资的单位或个人。

下列情况不适用本贸易方式：

（1）国家间、国际组织无偿援助和赠送的物资。

（2）经贸往来中赠送的物品、外国人捐赠品、我驻外（包括驻中国港、澳）中资机构向国内单位赠送的物资等。

30. **我公司进口的货物，还没有办理海关申报就发现损毁，想马上退运，如何申报？**

答：这类货物可申报为直接退运货物。直接退运货物是指进口货物收发货人、原运输工具负责人或者其代理人（以下统称当事人）在有关货物进境后、办结海关放行手续前，因海关责令或有正当理由获准退运境外的货物。这类贸易方式适用范围如下：

（1）在货物进境后、办结海关放行手续前，有下列情形之一的，当事人可以向海关申请办理直接退运手续：

①因国家贸易管理政策调整，收货人无法提供相关证件的；

②属于错发、误卸或者溢卸货物，能够提供发货人或者承运人书面证明文书的；

③收发货人双方协商一致同意退运，能够提供双方同意退运的书面证明文书的；

④有关贸易发生纠纷，能够提供法院判决书、仲裁机构仲裁决定书或者无争议的有效货物所有权凭证的；

⑤货物残损或者国家检验检疫不合格，能够提供国家检验检疫部门根据收货人申请而出具的相关检验证明文书的。

（2）在货物进境后、办结海关放行手续前，有下列情形之一依法应当退运的，由海关责令当事人将进口货物直接退运境外：

①进口国家禁止进口的货物，经海关依法处理后的；

②违反国家检验检疫政策法规，经国家检验检疫部门处理并且出具“检验检疫处理通知书”或者其他证明文书后的；

③未经许可擅自进口属于限制进口的固体废物用做原料，经海关依法处理后的；

④违反国家有关法律、行政法规，应当责令直接退运的其他情形。

（3）保税区、出口加工区及其他海关特殊监管区域和保税监管场所进口货物的直接退运。

下列情况不适用本贸易方式：

（1）放行后的进口货物退运出境，贸易方式为退运货物。

（2）进口转关货物在进境地海关放行后，当事人申请办理退运手续的，应当按照一般退运手续办理。

31. 我们经常可以看到海关拍卖罚没物资，这一类货物是什么性质？

答：这类货物是海关处理货物。海关处理货物是指由海关提取变卖处理的超期未报关进口货物及误卸、溢卸货物和放弃进口货物，以及走私违规案件查处的货物。这类贸易方式包括以下货物：

（1）超期未报关货物，是指进口货物的收货人自运输工具申报进境之日起超过3个月未向海关申报，由海关提取依法变卖处理的进口货物。

超期未报关货物还包括保税货物、暂时进口货物超过规定的期限3个月，未向海关办理复运出境或者其他有关手续，以及过境、转运和通运货物超过规定的期限3个月，未运输出境，由海关提取依法变卖处理的进口货物。

（2）误卸、溢卸货物，是指未列入进境运输工具载货清单、运单申报进境的误卸或者溢卸的货物，运输工具负责人或进口货物收货人未向海关办理退运出境或申报进口手续，由海关提取依法变卖处理的进口货物。

（3）放弃进口货物，是指进口货物的收货人或其所有人声明放弃，由海关提取依法变卖处理的进口货物。

（4）超期未报关进口货物及误卸或者溢卸进口货物属于危险品或者鲜活、易腐、易烂、易失效、易变质、易贬值等不宜长期保存的货物的，海关根据实际情况，提前提取依法变卖处理。

（5）进出境物品所有人声明放弃的物品，在海关规定期限内未办理海关手续或者无人认领的物品，以及无法投递又无法退回的进境邮递物品，由海关提取依法变卖处理。

（6）走私违法案件予以没收，由海关依法变卖处理的货物。

32. 如果我们进出口的货物所有上述列明的贸易方式都不太适合，那如何申报呢?

答：我们除了具体列明的贸易方式外，为确保特殊情况下货物申报，我们还有一个贸易方式叫做其他贸易货物。其他贸易是指除上述列名的贸易方式以外，列入海关其他贸易统计的进出口货物。包括：

（1）我国境内经批准临时进出口货物的机关、团体、学校、企事业单位等进出口货物、物品。

（2）外国驻华使、领馆在我国内购买货物出口。

（3）外商投资企业外方常驻人员和外国驻华机构的常驻人员，以及持有长期居留证件和来华定居的引进专家等进口自用汽车。

（4）外国企业常驻我国办事机构进口不复运出境的陈列用企业产品样品。

（5）未列入运输工具进口载货清单、提（运）单，或多于进口载货清单、提（运）单所列数量的货物，运输工具负责人或溢卸货物的收货人申请办理进口溢卸货物。

本贸易方式不包括：

（1）入境旅客在境内购买5万美元以内的旅游商品托运出境。

（2）本国籍运输工具在境内添加进口保税油、物料。

（3）外国常驻机构进口办公用品。

（4）驻华商业机构进口不复运出口的陈列样品。

（5）对中国台湾地区小额贸易，贸易方式为“对台小额”。

（6）没有进出口经营权的企业或单位进出口货样广告品。

（7）除援助、捐赠以外进出口其他免费提供的货物。

（8）我国驻外机构在境外购买的公务用品、机动车辆运回境内。

（9）海关拍卖处理超期未报货物、走私违规货物。

（10）驻华外交机构转售境内非外交机构或个人，国际文体交流活动进口物品获准留赠或放弃。

第七章　转关

1. 我们公司在口岸进口了一批种牛，由于口岸不具备饲养条件，我们准备转关到公司所在地，是否可以?

答：不可以。活体动物属于必须在口岸检验检疫的货物，是不允许转关的。

2. 我公司申报了一批进口货物，准备办理转关，是否可用我公司自有车辆承运?

答：如果你公司自有车辆属于在海关注册登记并符合海关监管要求的车辆，可以承运转关货物，如果不符合上述条件，不可以承运转关货物。

第八章　运输工具

第一节　进出境运输工具

1.《海关法》中的“进出境运输工具”，到底指什么？

答：进出境运输工具是指用以载运人员、货物、物品进出境的各种船舶、车辆、航空器和驮畜。

2. 海关对进出境运输工具怎么检查？我们应该如何配合？

答：（1）海关检查进出境运输工具时，运输工具负责人应当到场，并根据海关的要求开启舱室、房间、车门；根据海关要求，开拆可能藏匿货物、物品的部位，搬移货物、物料。

（2）海关根据工作需要，可以派员随运输工具执行职务，运输工具负责人应当提供方便。

3. 进出境船舶可以兼营或者改营境内运输吗？

答：进出境船舶和航空器兼营境内客、货运输，需经海关同意，并应当符合海关监管要求。进出境运输工具改营境内运输，需向海关办理手续。

4. 我有一条渔船，我可以顺便运输进出境的货物吗？

答：按照海关规定：沿海运输船、渔船和从事海上作业的特种船舶，未经海关同意，不得载运或者换取、买卖、转让进出境货物、物品。

5. 我的船遇到台风，能不能到未设立海关的地点停泊？

答：按照海关规定，进出境船舶和航空器，由于不可抗力的原因，被迫在未设立海关的地点停泊、降落或者抛掷、起卸货物、物品的，运输工具负责人应当立即报告附近海关。

海关提醒 对专门或者多次用于走私的运输工具，海关予以没收；藏匿走私货物、物品的特制设备，海关根据《海关行政处罚实施条例》进行处理。

第二节　国际航行船舶

6.《海关法》中的“进出境船舶”具体包括哪些？

答：进出境船舶包括：机动与非机动的进出我国关境的海、国界江河上来往的船舶，转运、驳运进口旅客或货物的船舶，兼营境内外旅客或货物运输的船舶及其他进出境船舶。

7. 国际航行船舶的概念是什么？

答：国际航行船舶，是指进出我国关境在国际上运营的境内船舶和境外船舶。

8. 什么是兼营船舶？

答：兼营船舶，是指我国经营国际运输兼营国内运输的船舶和我国经营国内运输兼营国际运输的船舶。

9. 什么时候向海关通知船舶预计抵达境内目的港的时间？

答：集装箱船舶进口货物装船的24小时以前，船舶负责人应当将船舶预计抵达境内目的港的时间通知海关。

10. 非集装箱船舶预计抵达境内目的港的时间什么时候通知呢?

答: 同上，非集装箱船舶抵达境内第一目的港的24小时以前，船舶负责人应当将船舶预计抵达境内目的港的时间通知海关。

11. 船舶是否需要向海关进行抵港申报?

答: 船舶抵港以前，船舶负责人应当将船舶确切的抵港时间通知海关。船舶抵达设立海关的地点时，船舶负责人应当向海关进行船舶抵港申报。

12. 办理船舶进境手续时应向海关交验哪些单证?

答: 船舶进境时，船舶负责人应当向海关如实申报，并递交以下单证:

(1) 中华人民共和国海关船舶进境(港)申报单(1份)

(2) 总申报单(1份)

(3) 货物申报单(随附载货清单)(2份)

(4) 船舶物品申报单(1份)

(5) 船员物品申报单(1份)

(6) 船员名单(1份)

(7) 旅客名单(无旅客免交)

(8) 海关监管簿(境外船舶免交)

13. 进境船舶在什么情况下可以卸货?

答: 一般情况下，在海关监管区内，船舶办完进境手续后便可卸货。

14. 海关检查船舶时，船舶负责人需要做些什么?

答: 海关检查船舶时，船舶负责人应当到场，应当按照海关的要求指派人员开启船上的舱室、房间、储存处所；有走私嫌疑的，并应开拆可能藏匿走私货物、物品的部位，搬移货物、物料等。必要时，海关有权集中船员和暂时加封船员房间或其他部位。海关检查完毕，船舶负责人应当在海关检查记录上签注。

15. 进出境船舶从本港驶往境内其他港口，手续该如何办理？

答：外国籍船舶从本港驶往境内其他港口前，船舶负责人应当向海关递交转港报告书，并将关员制作的海关关封完整无损地带交下一港口海关。中国籍船舶离港前，应当由海关在“船舶进出境（港）海关监管簿”上批注。

16. 国际航行船舶离港的时间应在何时通知海关？

答：船舶负责人应当在船舶驶离设立海关地点的 2 小时以前将驶离时间通知海关。对临时追加的船舶，运输工具负责人应当在船舶驶离设立海关的地点以前将驶离时间通知海关。

17. 国际航行船舶离境时，是否应当办理舱单结关手续？

答：船舶负责人应当在货物、物品装载完毕或者旅客全部登机（船、车）后向海关提交结关申请，经海关办结手续后，国际航行船舶方可离境。

18. 办理船舶出境手续应向海关交验哪些单证？

答：船舶出境时，应当向海关如实申报，船舶负责人或其代理应当向海关递交以下单证：

（1）中华人民共和国海关船舶出境（港）申报单（1 份）

（2）总申报单（1 份）

（3）货物申报单（随附载货清单）（2 份）

（4）船员名单（无变更时免交）

（5）旅客名单（无旅客免交，无变更时免交）

（6）海关监管簿（境外船舶免交）

（7）船舶出口岸手续联系单

19. 哪些船舶需要办理“船舶进出境（港）海关监管簿”？

答：“船舶进出境（港）海关监管簿”适用对象是经交通运输部批准

从事进出境国际客货运输业务的境内船舶。

20. 什么是船舶吨税?

答: 船舶吨税是一种使用税，是对自中华人民共和国境外港口进入境内港口的船舶在我国港口行驶，使用了我国的港口及其助航设备而征收的税。

21. 哪些船舶需要征收吨税呢?

答: 船舶吨税征收的对象是：驶入我国港口或行驶于我国港口之间的外籍船舶，外商租用的中国籍船舶，中外合营企业租用的外国籍船舶。

22. 缴纳船舶吨税时应当提供什么材料?

答:（1）船舶国籍证书或者海事部门签发的船舶国籍证书收存证明；

（2）船舶吨位证明，应税船舶为拖船的，提供功率证书。

小贴士 在您缴纳完船舶吨税后，海关将会发放“吨税执照”作为完税证明。

23. 吨税如何计算?

（1）吨税纳税义务发生时间为应税船舶进境之日。

（2）船舶吨税按船舶吨位证明中净吨位计征。

（3）计税公式为：吨税 = 净吨位 × 税率（元/净吨）

（4）对申报为拖船的，按照发动机功率每1千瓦折合净吨位0.67吨进行折算。

小贴士 按照停靠时间长短，船舶可以选择船1年期、90天期、30天期三种时间段的税率，根据船舶吨位不同而适用不同的税率。同时，与中华人民共和国签订含有相互给予船舶税费最惠国待遇条款的条约或者协定的应税船舶，适用优惠税率。

24. 船舶吨税可以办理退、补手续吗？怎么办理？

答：有以下情形之一的，海关在1年内办理船舶吨税的退、补手续：

（1）船舶负责人因不明规定而造成重复缴纳船舶吨税的；

（2）其他原因造成错征、漏征的。

25. 我的船是经农业部批准的远洋捕捞渔船，还需要征吨税吗？

答：无须征吨税。

按照海关规定，下列9种情形均可以免征船舶吨税：

（1）应纳税额在人民币50元以下的船舶；

（2）自境外以购买、受赠、继承等方式取得船舶所有权的初次进口到港的空载船舶；

（3）吨税执照期满后24小时内不上下客货的船舶；

（4）非机动船舶（不包括非机动驳船）；

（5）捕捞、养殖渔船；

（6）避难、防疫隔离、修理、终止运营或者拆解，并不上下客货的船舶；

（7）军队、武装警察部队专用或者征用的船舶；

（8）依照法律规定应当予以免税的外国驻华使领馆、国际组织驻华代表机构及其有关人员的船舶；

（9）国务院规定的其他船舶。

26. 海关对国际航行船舶添装船用燃料、物料等物品有哪些规定？

答：船舶添装或起卸船用燃料、物料，船舶间调拨船用燃料、物料、物品、公用烟酒、食品，应当由船舶负责人编制清单报请海关核准，并在海关监管下进行。

27. 国际航行船舶需卸地处理扫舱地脚和废旧物料，应如何办理海关手续？

答：船方如需卸地处理扫舱地脚和废旧物料，船舶负责人应当书面向海关申请，由接收单位委托有经营权单位向海关办理有关手续。申报复运出境的垫舱、压舱物料，应当从起卸之日起6个月内运出；不复运出境的垫舱、压舱物料，收货人应当从起卸之日起14日内向海关办理进口手续。

28. 关于船舶备用和船员自用烟酒的数量，海关有哪些规定?

答：船舶每航次挂港期间，从进境之日起，在港每10天准予船舶外留备用香烟3 000支、酒5瓶；准予每一外籍船员自用香烟400支、酒1瓶（不含啤酒类饮料）。外籍船员携带上岸的烟、酒每次不得超过香烟40支、酒1瓶，累计总数不得超出上述本人外留数量；中国籍船员按照《海关对我国际运输工具服务人员进出境行李物品的管理规定》的限量予以外留，并必须经海关办理征免税手续后，方准携带上岸。

29. 海关对国际航行船舶开展免税烟、酒等免税品业务的有几家公司?

答：国际航行船舶的免税烟、酒、饮料等免税商品供应业务由外轮供应公司免税店统一负责。

30. 对外承接外轮修理修配业务，可以办理出口退税吗?

答：对出口企业对外承接修理修配的外轮，在其修理完毕报关出口时，对该业务中使用国产零部件、原材料按一般贸易另填报关单，海关经审核，按规定签发出口货物报关单退税证明联。企业所在地主管出口退税的税务机关凭海关签发的上述出口报关单退税证明联和其他退税凭证，按现行有关规定办理退税手续。

31. 我公司从事进出境货物运输的船舶，可以添加免税燃油吗？哪些公司可以开展此项业务?

答：可用添加免税燃油。目前，经批准有5家企业可以开展国际航行船舶保税油供应业务：中国船舶燃料供应公司、中石化中海船舶燃料供应有限公司、中石化长江燃料有限公司、深圳市光汇（集团）股份有限公司、中石化浙江舟山石油分公司。

32. 国产的燃油是否可以供应国际航行船舶？

答：国内燃油暂不得供应外籍船舶。

33. 国际航行船舶的供应可以作为出口报关办理退税吗？

答：供船业务系港口供应服务业务，由船舶负责人编制清单报请海关核准，在海关监管下进行国际航行船舶的供船业务操作。任何企业不得以一般贸易的出口退税方式开展供船业务，任何加工贸易厂家不得直接开展国际航行船舶供应业务。

34. 兼营船舶改营国内运输，手续怎样办理？

答：兼营船舶在卸完进口货物和办完船员携带进口自用物品验放手续后，才能申请改营国内运输，由海关在签证簿上批注签章。

35. 兼营船舶在改国内航行时船用物品如何处理？

答：船方在申请改为经营国内运输的同时，在签证簿内向海关报明留存船上的进口船用物料、燃料、烟、酒的名称，如情况正常、数量合理，经海关核准可免税留船继续使用，对超出自用合理数量部分，海关予以征税。如需调拨或作价出售给其他非国际航行船舶，均应事先书面报经海关批准照章补征进口关税。

36. 兼营船舶改营国际运输，手续怎样办理？

答：兼营船舶在卸完国内运输货物后，才能申请改营国际运输，由海关在签证簿上批注签章。经海关核准改为经营国内运输的船舶，如需要改航国外、经营国际运输时，航方或其代理人应在装出口货物或无货出口货物开航前 24 小时前向海关提出书面申报，并交验签证簿。

37. 兼营船舶可以享受国际航行船舶航行时使用免税烟、酒、燃料的待遇吗？

答：兼营船舶在经营国内运输期间使用的进口船舶用物料、燃料、烟、酒，不得享受国际航行船舶的免税优惠。

38. 什么是内外贸同船运输?

答: 内外贸同船运输是指从事承运海关监管货物的船舶，同时承载内贸和外贸集装箱货物的运输。

39. 海关对开展内外贸集装箱同船运输及中国籍国际航行船舶承运转关运输货物的航运企业和船舶有何资质要求?

答: 开展内外贸集装箱同船运输以及中国籍国际航行船舶承运转关运输货物的企业必须是资信良好，取得交通部集装箱外贸内支线运输经营资格和国际集装箱班轮运输经营资格的航运企业，并在海关办理了备案手续的船舶（不包括来往港澳小型船舶）。

40. 海关对开展内外贸集装箱同船运输及中国籍国际航行船舶承运转关运输货物的港口有何要求?

答: 海关对开展内外贸集装箱同船运输及中国籍国际航行船舶承运转关运输货物港口作业的要求有:

（1）停靠内外贸集装箱同船运输以及中国籍国际航行船舶承运转关运输货物作业的港口企业，必须是取得港口经营资格，其港区属于国家对外开放的口岸，且必须符合海关监管要求。

（2）港口企业对于装卸同船运输集装箱货物的港区码头，应按照海关对监管场所的管理要求，实施封闭式卡口管理且与海关计算机联网传输相关数据。

（3）港口企业在存储内贸和外贸集装箱货物时，应划分区域、分别堆存、不得混放，并有明显的标志。

41. 海关对开展内外贸集装箱同船运输及中国籍国际航行船舶承运转关运输的货物有何要求?

答: 同船运输以及中国籍国际航行船舶承运的转关运输货物仅限于集装箱运输货物。

42. 同船运输集装箱箱体应符合什么标准?

答: 同船运输集装箱箱体应当符合《海关对用于装载海关监管货物的集装箱和集装箱式货车车厢的监管办法》(海关总署令第110号)的标准。

43. 作为开展内外贸同船运输的企业,应该承担哪些义务?

答: 船舶负责人或其代理人及港口企业在内外贸同船运输业务中承担以下义务:

(1)同船运输的船舶抵离港口时,船舶负责人或其代理人应当向海关如实申报,交验内贸和外贸集装箱货物的单列纸质舱单及电子舱单数据。

(2)同船运输船舶应在海关监管的港区码头分别装卸内贸和外贸集装箱货物,海关实施监管,并由港口企业或理货机构在装卸作业时理货。装卸完毕后,港口企业或理货机构应向海关递交内贸和外贸集装箱货物的单列纸质理货报告,并传输实际装卸船的电子数据。

(3)船舶负责人或其代理人、港口企业向海关递交、发送内贸集装箱货物的单列纸质舱单及电子数据,应包括装载内贸集装箱货物的船名、航次、集装箱箱号、箱型、自然箱数、商业封志号、起运港、卸货港等数据。

(4)港口企业应凭已在海关备案的内贸集装箱货物单列舱单和海关的电子确认信息,办理内贸集装箱货物的提货手续。

(5)海关对同船运输的运输工具和货物需实施查验时,承运人或其代理人及港口企业应予以配合。

第三节 来往香港、澳门小型船舶

44. 什么样的船舶属于来往港澳小型船舶?

答: 来往香港地区、澳门地区小型船舶,是指经交通部或者其授权部门批准,专门来往于内地和香港地区、澳门地区之间,在境内注册从事货物运输的机动或者非机动船舶。

45. 来往港澳的小型船舶，在进出境的中途，到何处办理海关手续?

答：来往港澳小型船舶进出境时，应当向指定的小型船舶中途监管站办理手续：

（1）来往于香港地区与珠江水域的小型船舶向大铲岛中途监管站办理；

（2）来往于香港地区、澳门地区与磨刀门水道的小型船舶向湾仔中途监管站办理；

（3）来往于香港地区、澳门地区与珠江口、磨刀门水道以西广东、广西、海南沿海各港口的小型船舶向桂山岛中途监管站办理；

（4）来往于香港地区、澳门地区与珠江口以东广东、福建及以北沿海各港口的小型船舶向大三门岛中途监管站办理；

（5）来往于香港地区与深圳赤湾、蛇口、妈湾、盐田港的小型船舶，直接在口岸海关办理进出境申报手续。

46. 来往港澳小型船舶的海关备案，到哪里办理?

答：来往港澳小型船舶应当由所属的船舶运输企业向运输企业工商注册所在地的直属海关或者其授权的隶属海关办理备案手续。

47. 来往港澳小型船舶的海关备案，应该提交哪些文件?

答：小型船舶申请备案时，运输企业应当向海关提交下列文件：

（1）来往港澳小型船舶登记备案表；

（2）交通主管部门的批准文件复印件；

（3）中国船级社或者海事主管部门出具的船舶检验证书复印件；

（4）船舶营业运输证复印件；

（5）船舶国籍证书复印件；

（6）船舶船体结构图；

（7）船舶正面和可以显示船舶名称侧面彩色照片各一式三张。

海关提醒 以上文件中复印件为留存用，备案时请携带原件以便核对。

来往港澳小型船舶应当安装海关认可的船载收发信装置，备案时，相关证明文书请一并带上。

48. 来往港澳小型船舶备案后海关会颁发哪些证书？

答：海关予以备案的，将在收到备案文件之日起5个工作日内签发“来往港澳小型船舶登记备案证书”、“来往港澳小型船舶进出境（港）海关监管簿”。

49. 海关对来往港澳小型船舶需要年审吗？

答：海关对来往港澳小型船舶实行年审管理。运输企业应当在海关规定的时间内向备案海关提交下列文件，办理小型船舶年审手续：

（1）来往港澳小型船舶年审报告书；

（2）备案证书；

（3）海关监管簿。

未办理年审或者年审不符合本办法规定的小型船舶不得继续开展进出境运输业务。

50. 来往港澳小型船舶的变更手续如何办理？

答：在海关备案的小型船舶名称、船体结构、经营航线、法定代表人、地址、企业性质等内容发生变更的，运输企业应当持书面申请和有关批准文件到备案海关办理变更手续。

51. 来往港澳小型船舶进出境前，应该办理何种海关手续？

答：小型船舶进境前，船舶负责人或者其代理人可以自行或者委托舱单录入单位，通过与海关联网的公共数据信息平台向海关发送舱单电子数据。

小型船舶出境前，船舶负责人或者其代理人应当向起运港海关递交纸质舱单、海关监管簿等有关单据、簿册，同时通过与海关联网的公共数据信息平台向海关发送舱单电子数据。

52. 来往港澳小型船舶舱单电子数据应当包括哪些内容?

答: 舱单电子数据应当包括以下内容：运输工具名称、运输工具编号、航次号、国籍、装货港、指运港、提（运）单号、收货人或者发货人、货物名称、货物件数和重量、集装箱号、集装箱尺寸等。

53. 来往港澳小型船舶起航时如何向海关申报?

答: 船舶负责人在小型船舶进境或者出境起航时，通过船载收发信装置对舱单电子数据进行确认申报。进境小型船舶经中途监管站办理舱单确认和关封制作手续后，所载进口货物所有人或者其代理人可以提前向海关申报。

54. 来往港澳小型船舶舱单电子数据可以修改吗?

答: 已经海关确认的舱单电子数据如需修改，船舶负责人或者其代理人应当向海关提出申请，经海关同意后，可以修改。

55. 来往港澳小型船舶装卸货物时发现溢短装卸等情况怎么办?

答: 小型船舶装卸进出境货物时，船舶负责人或者其代理人应当按照舱单核对货物，如果发现溢短装（卸）、误装（卸）、残损或者其他差错的，应当做好记录，并按规定办理舱单电子数据修改。

56. 来往港澳小型船舶可以兼营境内运输吗?

答: 经交通部门批准，来往港澳小型船舶可以兼营境内运输。小型船舶每次由境外运输变更为境内运输或者由境内运输变更为境外运输前，均应当报告备案海关，由海关在海关监管簿上签注并办理有关手续。

57. 来往港澳小型船舶可以混装吗?

答: 小型船舶不得同船装载进出口货物与非进出口货物。

58. 海关检查来往港澳小型船舶时，船舶负责人需要做什么?

答: 海关检查来往港澳小型船舶时，船舶负责人或者其代理人应当到场，并按照海关要求开启有关处所、集装箱或者货物包装，搬移货物、物料等。海关认为必要时，可以径行开验、复验或者提取货样。

59. 来往港澳小型船舶可以随时停泊吗？

答：进境小型船舶自进境后至办结海关手续前，出境小型船舶自起运港办理海关手续后至出境前，未经海关批准，不得中途停泊、装卸货物和物品或者上下人员。

60. 来往港澳的客船是否需要办理中途监管手续？

答：由于来往港澳的客船是固定航次的班轮，有固定航线、固定时间、固定码头，并且考虑其运营目的主要是载客，因此，来往港澳的客船进出境时，可直接向驶入或驶离口岸的海关办理手续，无须办理中途监管手续。

第四节　航空器

61. 什么是国际运输民用航空器？

答：国际运输民用航空器是指进出我国关境在国际上运营的境内运输民用航空器和境外运输民用航空器，不包括国家元首和政府首脑乘坐的专机。

62. 海关对国际民航机降停或起飞的预报、确报有何要求？

答：海关对国际民航机降停或起飞的预报、确报要求如下：

（1）航程 4 小时以下的，航空器起飞前，航程超过 4 小时的，航空器抵达境内第一目的港的 4 小时以前，航空港、站应当将航空器预计抵达境内目的港的时间通知海关。

（2）民用航空器应当在设有海关的国际航空港、站按照民航总局规定的时间表降落或者起飞。不按照时间表降落或者起飞的民用航空器，应当由国际航空港、站在降落或者起飞前 1 小时通知海关。

63. 海关对国际民航机载运的进出口货物、邮件和行李物品有哪些监管规定?

答: 海关对国际民航机载运的进出口货物、邮件和行李的监管规定有:

(1) 国际民航机载运的进出口货物、邮件、行李和其他物品，只有在办完海关手续，并由海关在有关运单和其他有关单据上签印放行后，航空站才可以交付或收运。

(2) 进境后换装或者换转飞机出境的过境货物、邮件、行李和其他物品，其全过程应在海关监管之下，并且按照海关的有关规定办结过境手续。海关认为必要时，可以进行检查。

(3) 外国飞机机长携带外国政府或者外国驻华使馆的外交信袋入境或出境，必须由有关使馆具有专业信使、临时信使或者具有外交官、领事馆身份的人员亲自提取或交付，海关可按外交信袋放行。外航飞机为其驻华机构代带进口的报纸、杂志准予进口，并免验放行。

(4) 国际民航企业收发的“公邮”，限于民航机构往来的信函。“公邮”进出口时，必须列入舱单，经海关查验放行。

64. 国际民航机遭遇特殊情况，海关有哪些监管规定?

答: 当国际民航机因气候或其他原因在备用机场临时降落，如不上下旅客、装卸货物等，可不向海关递交文件，但机长应采取措施保证飞机上的货物和行李物品的完整无缺。如因机件发生故障或其他特殊事故等由于不可抗拒力的原因，被迫在我国境内空降旅客、抛掷货物，或因遇险、失事坠落我国境内时，机长或其代理人或境内民航管理机构应立即通知附近海关。

65. 国际民航机申报进境时应当向海关递交哪些单证?

答: 国际民航机申报进境时，机长或者其代理人，应当向海关递交下列文件:

(1) 入境和过境旅客以及行李舱单一份;

（2）进口和过境的货物、邮件和其他物品舱单一份以及有关货物的运单副本一份；

（3）机组人员及其自用物品、货币、金银清单一份。

66. 国际民航机申报出境时应当向海关递交哪些单证？

答：国际民航机申报出境时，机长或者其代理人，应当向海关递交下列文件：

（1）出境旅客以及行李舱单一份；

（2）出口货物、邮件和其他物品舱单一份以及有关货物的运单副本一份；

（3）机组人员及其自用物品、货币、金银清单一份（进站后机组人员没有变动的免交）。

67. 海关对国际民航机在我国境内国际航空站多次停降的手续怎么办理？

答：海关对国际民航机在我国境内国际航空站多次停降规定如下：

（1）国际民航机于同一航次在我国领土内的第二、第三个国际航空站降停和起飞的时候，机长或者他的代理人应当按照规定向海关提交申报进出境时文件。

（2）机长或者他指定的人员应当负责将海关交给其的关封完整无损地代交给下一航空站海关。

68. 国际民航机的机用燃料、零备件、正常设备、供应品可以卸下飞机吗？

答：卸下飞机的备本民航企业所属飞机使用的燃料、油料、零备件、正常设备、供应品等，应当填具免领许可证验放凭单一份交给海关检查，并且存放在海关同意的仓库场所，由海关监管。使用或者运出的时候，应当填具免领许可证验放凭单一份交海关核销。上述物品免征关税，但是不准出售或者移作他用。

69. 海关对机组人员携带物品有些什么限制和要求?

答:（1）机组人员携带自用的物品、货币、金银进境或者出境时，应当报请海关检查、放行。

（2）机组人员携带进出境的物品，应当以个人旅途必需或者零星自用物品为限。进境的物品不准出售或者转让。

（3）外国民航机机组人员购买合理数量的自用物品携带出境时，应当向海关交验外币兑换单和售货商店的发票。

（4）机组人员不准为其他人带物品进境或者出境。

70. 我国的国际民航机能否在国内、内地航段上载运国内、内地客货业务?

答:可以。航空公司要求在新开航的国际和地区航班国内、内地航段载运国内、内地客货业务的，应经民航总局批准后，由航空公司向海关总署提出书面申请，同时抄送始发（到达）站和经停站海关。海关总署同意后，正式行文批复有关航空公司并通知有关海关。

71. 海关对执行商业性任务的外国军用运输机或其他一般性任务的外国军用飞机如何监管?

答:机长应按海关规定向海关申报飞机所载货物、乘客及机组人员所携带自用物品等情况，接受海关监管。为驻华外交代表机关和外交官运进和运出的物品，应根据《中华人民共和国关于各国驻华外交代表机关、外交官进出口物品的规定》办理海关申报手续，接受海关监管。

第五节　进出境列车

72. 进出境列车具体包括哪些车辆? 其所载货物、物品包括哪些?

答:进出境列车是指载运进出口货物或过境货物、物品，载运进出关境或过境旅客的中国或外国籍列车。包括：机车、客车、货车、邮政车、行李车、发电车、守车和轨道车等。

所载货物、物品是指进出关境列车载运的货物、行李、包裹、邮递物品和其他物品。

73. 海关对进境列车到站时间的预报、确报有何要求?

答: 铁路列车抵达境内第一目的站的 2 小时以前，进境车站负责人应当将列车预计抵达车站的时间通知海关；列车到站以前，车站负责人应当将列车确切的到站时间通知海关；列车到站时，车站负责人应当向海关进行列车到站申报。

74. 进出境列车是否一定要在进出境车站停留? 海关对进出境列车有哪些监管规定?

答: 进出境列车必须在我国境内设有海关的边境进出车站停留，接受海关监管检查。海关对进出境列车监管规定如下：

（1）进境列车自到达车站起到海关检查完毕止，出境列车自海关开始检查起到海关放行止，未经海关许可不得移动、解体（客车换轮除外）或擅自驶离进出境车站。

（2）海关对进出境列车进行检查时，除口岸有关检查、检疫部门和铁路执行职务人员外，其他人员不得上下列车。

（3）进出境车站应向海关递交反映进出境列车载运情况的交接单据及商务记录，同时将列车驶入或驶离进出境列车站的时间、车次、停发车地点等事先通知海关。

(4) 对进出境货物列车，车站应向海关递交列车编组顺序表和货物交接单。

75. 海关对进出境列车装卸进出境货物、物品有哪些监管规定?

答:（1）进出境列车载进出境货物、物品，应接受海关监管。

（2）货物、物品装卸交接完毕，车站应向海关递交反映实际情况的交接单据及商务记录。

（3）海关查验进出境货物、物品，发现有走私情事或走私嫌疑的，可以书面通知车站将货物、物品卸到海关指定地点或将有关车辆调到指定地点进行处理。

76. 以铁路运输方式进出口货物，收发货人应如何办理货物进出口手续？

答：进出口货物的收发货人或其代理人办理进出口手续时，应当填写进出口货物报关单，向海关申报，并按规定交验下列单据：

（1）货物运单（或包裹运行报单）及添附文件；

（2）进出口货物许可证件；

（3）海关需要的其他文件；

（4）进境的起票行李、出境的托运行李，由行李的所有人向海关办理进出口手续。

77. 海关查验货物时，进出境车站和进出口货物收发货人需要做什么？

答：（1）海关查验进出口货物时，进出境车站应当派人按照海关的要求负责开拆车辆封印、开启车门或揭开篷布；

（2）货物的收发货人或其代理人应当搬移或起卸货物，开拆或重封货物的包装。

78. 国际铁路联运的货物在什么情况下需要办理退运？

答：因不符合我国进口管理规定，海关决定退运境外的货物、物品，车站凭海关书面退运通知办理有关手续；因违反国际铁路联运规定的拒收货物，海关凭铁路部门的拒收记录准予退运。

79. 国际铁路联运关于转关运输需要在海关办理什么手续？

答：国际铁路联运关于转关运输的规定为：转关运输货物起运之前，海关对有关单证、货物核查无讹后，在货物运单上加盖“海关监管货物”戳记，连同关封退还车站凭以起运。海关关封由车站转交列车负责人，连同运单一起带交指运地或出境海关。

80. 进出境列车上的监管货物需要变更国内到站或出境站怎么办？

答：进出境列车上的监管货物，如果变更国内到站或出境站，办理变更的车站应通知海关。变更后的指运站或出境站必须是设有海关的车站。有关车站应当将海关关封转交列车负责人连同运单一起带交变更后的指运地或出境地车站海关。如果指运地车站没有海关，则只有在变更申请人取得指运地车站就近海关同意的情况下，入境地车站才能受理变更。

81. **铁路部门用于修理进出境列车而运进的材料、零部件、工具、施封材料与铁路用具在什么情况下可以免税?**

答:（1）用于修理进出境列车而运进的材料、零部件、工具、轮对、转向架，在海关监管之下确实用于进出境车辆维修的，可予以免征关税和进口环节税。

（2）对于为车辆施封用的材料和铁路运送用具（包括篷布），车站应当向海关如实申报，由海关查验免税放行。

（3）对需要返还的篷布、空容器等，收发货人或其代理人应当填写收发货人的篷布或空容器“免税返还证明书”，送交进出境海关签印发还车站凭以免税返还。

82. **海关对进出境车站工作人员和列车乘务人员所携带的物品有何规定?**

答: 进出境车站工作人员和列车乘务人员携带执行职务所必需的公用物品和生活必需的合理数量自用物品（包括粮食、蔬菜等食品 ）以及进出境旅客列车所带供应旅客途中食用的饮料、食品等，由海关查验免税放行。

第六节　来往港澳货运车辆

83. **什么是来往港澳货运车辆?**

答: 来往港澳货运车辆是指依照规定在海关备案的来往港澳公路货运车辆，包括专业运输企业的车辆和生产型企业的自用车辆。

84. 什么是来往港澳公路货运企业?

答: 来往港澳公路货运企业是指依照规定在海关备案的从事来往港澳公路货物运输业务的企业，包括专业运输企业和生产型企业。

85. 来往港澳车辆向海关申请登记备案提交哪些文件?

答: 车辆备案时，应当向进出境地的直属海关或者其授权的隶属海关提交下列文件:

(1) 来往香港/澳门货运车辆及驾驶员备案登记表;

(2) 来往香港/澳门货运车辆海关验车记录表或者海关认可的公安交通车检部门出具的验车报告;

(3) 公安交通车管部门核发的“车辆及驾驶人员进出境批准通知书”海关联;

(4) 公安交通车管部门核发的“机动车辆行驶证”的原件和复印件;

(5) 符合海关要求的车辆彩色照片 4 张。

小贴士 彩色照片，2 张为车辆左前侧面 45 度角拍摄并可明显看见油箱和粤港/澳两地车牌，2 张为后侧面 45 度角拍摄并可明显看见粤港/澳两地车牌，均为 4×3 寸。

海关提醒 (1) 在香港/澳门地区办理车辆登记证明文件的进出境车辆（即港/澳籍车辆），应当同时提交境外有关政府管理机构签发的车辆登记文件复印件、来往香港/澳门车辆备案临时进境验车申报表;

(2) 在内地办理车辆登记证明文件的进出境车辆，应当同时提交机动车辆登记证书的复印件;

(3) 运载危险品的车辆，应当同时提交主管部门的批准文件复印件;

(4) 生产型企业的自用车辆，应当同时提交自理报关企业注册登记证书的复印件。

86. 来往港澳公路货运企业向海关申请登记备案需要提交什么材料?

答: 来往港澳公路货运企业备案时，应当向进出境地的直属海关或者其授权的隶属海关提交下列文件:

(1) 来往香港/澳门货运企业备案申请表;

(2) 政府主管部门的批准文件;

(3) 工商行政管理部门核发的企业法人营业执照或者营业执照复印件;

(4) 技术监督部门核发的“中华人民共和国组织机构代码证”的复印件;

(5) 专业货运企业提交交通行政管理部门核发的“公路运输经营许可证”复印件，生产型企业提交海关核发的“自理报关企业注册登记证书”复印件;

(6) 海关认可的银行或者非银行金融机构出具的担保证函。

87. 广东省以外的省市来往港/澳汽车运输企业如何办理进出境车辆申请备案登记手续?

答: 办理手续如下:

(1) 广东省以外的从事来往港澳的汽车运输企业，应按规定持凭有关部门的批准文件（包括经政府有关部门批准的来往港/澳车辆指标、工商营业执照、交通部门核发的营运证等）向主管地海关办理企业注册登记手续;

(2) 上述企业来往港/澳的车辆指标，应由企业直接向当地政府主管部门申请，并由政府主管部门与广东省政府联系办理;

(3) 有关企业（包括需续期备案的老企业）应凭主管地海关登记注册的批准文件（正本）和其他有关资料（复印件并经主管海关盖章确认）以及广东省政府主管部门的证明函件向九龙、拱北海关办理车辆备案手续。

88. 来往港/澳货运车辆应当符合什么条件?

答: 来往港澳货运车辆应当为集装箱式货车或者集装箱牵引车，并应当符合下列条件:

（1）车辆的类型、牌名、车身颜色、发动机号码、车身号码、车辆牌号等应当与公安交通车管部门核发的证件所列内容相符；

（2）集装箱式货车的车厢监管标准应当按照《海关对装载海关监管货物的集装箱及集装箱式货车车厢的监管办法》的有关规定执行；如有特殊需要加开侧门的，应当经海关批准，并符合海关监管要求；

（3）集装箱式货车或者集装箱牵引车应当使用海关的电子关锁，并可以安装符合海关要求的车载收发信装置；

（4）车辆的油箱和备用轮胎等装备以原车出厂时的配置为准，不得擅自改装或者加装。

89. **来往港/澳货运车辆驾驶员备案时，应当向海关提交哪些文件？**

答：（1）来往香港/澳门货运车辆及驾驶员备案登记表；

（2）“车辆及驾驶人员进出境批准通知书”海关联；

（3）公安交通车管部门核发的“机动车辆驾驶员驾驶证”复印件；

（4）驾驶员身份证、回乡证或者护照复印件；

（5）驾驶员彩色近照2张（规格：大1寸、免冠、红底）。

提交第（3）、（4）项文件复印件时，还应当同时出示原件一本供海关核对。

90. **来往港/澳公路货运企业年审时，应当向海关提交哪些文件？**

答：来往港/澳公路货运企业年审时需提交下列文件：

（1）来往香港/澳门货运企业年检报告书；

（2）“货运企业备案登记证”原件正本；

（3）政府主管部门批准企业成立或者延期的批准文件。

91. **来往港澳货运车辆、驾驶员年审时，应当向海关提交哪些文件？**

答：来往港澳货运车辆、驾驶员年审时需提交下列文件：

（1）来往香港/澳门车辆及驾驶员年检报告书；

（2）来往香港/澳门汽车进出境签证簿；

（3）“验车记录表”或者海关认可的公安交通车检部门出具的验车

报告；

（4）公安交通车管部门核发准予延期的“批准通知书”海关联；

（5）海关核发的通关证件。

92. 港/澳籍进出境车辆进境后，可以在境内停留多久？

答：港/澳籍进出境车辆进境后，应当在3个月内复出境；特殊情况下，经海关同意，可以在车辆备案有效期内予以适当延期。

93. 海关对来往港澳公路货运车辆的备用物料和驾驶员携带的物品有何规定？

答：来往港澳公路货运车辆的备用物料和驾驶员携带的物品，应当限于旅途自用合理数量部分，超出自用合理数量，应当向海关如实申报。

94. 来往港澳公路货运车辆可以更换驾驶员吗？

答：因特殊原因，车辆在境内运输途中需要更换或者驾驶员需要更换的，驾驶员或者货运企业应当立即报告附近海关，在海关监管下更换。

第七节　境内承运海关监管货物的运输工具

95. 运输途中监管车辆发生故障或者监管货物发生损坏或丢失怎么办？

答：海关监管货物在境内运输途中，发生损坏或者灭失的，驾驶员或者货运企业应当立即向附近海关报告。除不可抗力外，货运企业应当承担相应的税款及其他法律责任。

96. 境内公路承运海关监管货物的运输企业应具备哪些条件？

答：（1）从事货物运输业务1年以上，注册资金不低于200万元人民币；

（2）按照《海关法》第六十七、六十八条规定，有具备履行海关事务担保能力的法人、其他组织或者公民提供的担保；

（3）企业财务制度和账册管理符合国家有关规定；

（4）企业资信良好，在从事运输业务中没有违法前科。

97. 境内公路承运海关监管货物的运输企业注册时应提交哪些文件?

答：（1）承运海关监管货物境内运输企业注册登记申请表；

（2）工商行政管理部门核发的营业执照复印件；

（3）交通运输管理部门核发的“道路运输经营许可证”复印件；

（4）技术监督部门核发的“中华人民共和国组织机构代码证”（以下简称“组织机构代码证”）复印件；

（5）承运海关监管货物车辆的驾驶员名单及备案登记资料；企业更换驾驶员的，应当及时向海关办理驾驶员的变更备案手续。

98. 境内公路承运海关监管货物的车辆应具备哪些条件?

答：承运海关监管货物的车辆应为厢式货车或集装箱拖头车，经海关批准也可以为散装货车。上述车辆应当具备以下条件：

（1）必须为运输企业的自有车辆，其“机动车辆行驶证”的车主列名必须与所属运输企业名称一致；

（2）厢式货车的厢体必须与车架固定一体，厢体必须为金属结构，无暗格、无隔断、具有施封条件，车厢连接的螺丝均须焊死，车厢两车门之间须以钢板相卡，保证施封后无法开启；

（3）有特殊需要，需加开侧门的，须经海关批准，并符合海关监管要求；

（4）集装箱拖头车必须承运符合国际标准的集装箱；

（5）散装货车只能承运不具备加封条件的大宗散装货物，如矿砂、粮食及超大型机械设备等；

（6）从事特种货物运输的车辆须递交主管部门的批准证件。

99. 境内公路承运海关监管货物的车辆注册时应提交哪些文件?

答：（1）承运海关监管货物境内运输车辆注册登记申请表；

（2）公安交通管理部门核发的“机动车行驶证”复印件；

（3）运载危险品的车辆需提交加盖“道路危险货物运输专用章”的“道路运输经营许可证”和“道路运输营运证”的复印件；

（4）车辆彩色照片2张（要求：前方左侧面45度角，4×3寸；能清楚显示车牌号码；车头及车厢侧面喷写企业名称）。

提交上述（2）、（3）项文件时，还应同时出示原件供海关审核。

100. 承运海关监管货物境内运输车辆驾驶员备案登记应具备哪些条件？

答：（1）具有中华人民共和国居民身份证；

（2）为运输企业职工；

（3）没有违法犯罪前科；

（4）遵守海关的有关管理规定。

101. 承运海关监管货物境内运输车辆驾驶员备案登记应提交哪些文件？

答：应当向海关提交以下文件：

（1）承运海关监管货物境内运输车辆驾驶员备案登记表；

（2）驾驶员的国内居民身份证、“机动车驾驶员驾驶证”（复印件）；

（3）驾驶员彩色近照2张（规格：大1寸、免冠、红底）。

102. 海关对转关运输货物运输过程有什么要求？

答：（1）转关货物是海关监管货物，海关对其施加海关封志。转关货物未经海关许可，不得开拆、提取、交付、发运、调换、改装、抵押、留置、转让、更换标记、移作他用或者进行其他处理；

（2）海关对转关的货物限定路线范围，限定途中运输时间，承运人应当按海关要求将货物运抵指定的场所。海关根据工作需要，可以派员押运转关货物，收发货人或其代理人、承运人应当提供方便；

（3）转关货物的存放、装卸、查验应在海关监管场所内进行。特殊情况需要在海关监管场所以外存放、装卸、查验货物的，应向海关事先提出申请；

（4）转关货物在国内储运中发生损坏、短少、丢失情事时，除不可抗力原因外，承运人、货物所有人、存放场所负责人应承担税负责任。

103. 转关货物在运输途中可以更换运输工具吗？

答：转关货物运输途中因交通意外等原因需更换运输工具，承运人或驾驶员应通知附近海关；

附近海关核实同意后，监管换装并书面通知进境地、指运地海关或出境地、起运地海关。

104. 境内承运海关监管货物运输车辆注册时，对于运输危险品的车辆需要提供“易燃易爆化学物品准运证”吗？

答：不需要。只需要提供当地地（市）级道路运政管理机关加盖有“道路危险货物运输专用章”的“道路运输经营许可证”和“道路运输营运证”的复印件。

105. 运输企业、驾驶员违规或者走私了怎么处理？

答：运输企业、驾驶员发生走私违规情事的，由海关按《海关法》和《海关行政处罚实施条例》的有关规定进行处罚。处罚分为警告、暂停、取消三种类型。构成犯罪的，依法追究刑事责任。

运输企业、驾驶员，有下列情形之一的，由海关责令改正或给予警告：

（1）承运海关监管货物的车辆不按照海关指定的路线或范围行进的；

（2）承运海关监管货物的车辆到达或者驶离设立海关的地点，未按照规定向海关如实填报交验“海关境内汽车载运海关监管货物登记簿”或者办理核销手续的；

（3）承运海关监管货物的车辆在运输途中出现故障，不能继续行驶，需换装其他运输工具时，驾驶员或其所属企业不向附近海关或货物主管海关报明情况而无正当理由的；

（4）不按照规定接受海关对车辆及其所载货物进行查验的；

（5）遗失、损毁、涂改、转借海关核发的“海关境内汽车载运海关监管货物登记簿”、“准载证”等相关证件，妨碍海关监管工作或者影响办理海关有关手续的；

（6）未经海关许可，擅自更换车辆（车辆发动机、车牌号码）和驾驶员、改装车厢或车体的；

（7）运输企业出让其名义供他人承运海关监管货物的。

运输企业、驾驶员，有下列情形之一的，可以给予警告并暂停其6个月内从事有关业务或者执业：

（1）有走私行为的；

（2）1年内有3次以上重大违反海关监管规定行为的；

（3）管理不善致使保管的海关监管货物多次发生损坏或者丢失的；

（4）未经海关许可，擅自开启或损毁海关加施于车辆的封志的；

（5）未经海关许可，对所承运的海关监管货物进行开拆、调换、改装、留置、转让、更换标志、移作他用或进行其他处理的；

（6）有其他需要暂停从事有关业务或者执业情形的。

运输企业、驾驶员，有下列情况之一的，海关可以撤销其注册登记或者停止其从事有关业务：

（1）构成走私犯罪被司法机关依法处理的；

（2）1年内有2次以上走私行为的；

（3）管理不严，1年内3人次以上被海关暂停执业、停止从事有关业务的；

（4）因违反规定被海关暂停从事有关业务或者执业，恢复从事有关业务或者执业后1年内再次发生违反规定的暂停从事有关业务或者执业情形的；

（5）有其他需要撤销其注册登记或者取消从业资格情形的。

106. **运输企业、车辆需要年审吗？没参加年审或者年审不合格怎么办？**

答：运输企业、车辆必须按期参加年审，年审工作于每年5月底前完成。对逾期不办理年审或年审不合格的运输企业、车辆，海关暂停其办理承运海关监管货物的手续；逾期3个月未年审的，海关视其自动放弃承运海关监管货物资格，并予注销，收回有关证件。

107. 什么是长江驳运船舶?

答：长江驳运船舶是指航行长江承运海关监管货物的机动和非机动船舶。

108. 长江驳运船舶从事承运海关监管货物是否需要在海关登记?

答：经营进出口货物转运业务的驳船，必须具备海关加封条件的货仓，符合海关监管条件，并由船方或其代理人向船籍港海关申请登记。

109. 长江驳运船舶负责人转运海关监管货物时，需要在口岸和目的地办理哪些手续?

答：驳船在口岸过驳前，应将其注册登记证书、关封和有关单证交口岸海关审验，经海关核准后方可装卸货物。进口货物运达目的地后，驳船负责人应立即将关封递交指运地海关，经海关审核同意并开拆封志后方可卸货。

除散装大宗等货物并经海关特准的外，如驳船无加封设施口岸海关不准予转运。

110. 驳船在同一航次中，可以同船运输海关监管货物与非海关监管货物吗?

答：驳船在同一航次中，未经海关同意，不得将海关监管货物与非监管货物同舱混装。驳船在承载海关监管货物期间，未经海关同意，不得在未设海关港口加载、装卸货物。

111. 驳船在运输过程中发生故障、水损等意外事故怎么处理?

答：驳船装载的进出口货物，在运输途中如遇水损或发生意外事故，船方应向到达地海关书面报告。海关在查明情况后，由海关处理。

112. 驳船可以为国际航行船舶携带个人物品吗?

答：驳船及其工作人员不得为国际航行船舶船员运带未经海关放行的个人物品。

第八节　集装箱和集装箱式货车车厢

113. 海关对用于海上国际运输的集装箱有何要求？

答： 用于海上国际运输的集装箱，应当符合《关务公约》中规定的国际集装箱标准化组织规定的集装箱技术条件与标准，有加封装置，并符合海关的监管条件。

114. 集装箱在投入国际运输时还需办理海关手续吗？

答： 集装箱投入运营时，应当安装海关批准牌照。集装箱外部标志的序列号应当与安装的海关批准牌照所标记的序列号一致。境内生产的集装箱及我国营运人购买进口的集装箱在投入国际运输前，营运人应当向其所在地海关填报登记手续。境内生产的集装箱已经办理出口及国内环节税出口退税手续的，不在海关登记；已经登记的，予以注销。

115. 集装箱在我国批准牌照如何办理注册登记和核发手续？

答： 境内制造的集装箱可以申请我国海关批准牌照，也可以向加入联合国《一九七二年集装箱关务公约》的境外有关国家当局申请外国海关的批准牌照。

境内制造的集装箱的所有人申请我国海关批准牌照的，相关部门按照本规定的标准，对集装箱图纸进行审查，并按照规定进行实体检验。检验合格的，核发"按定型设计批准证明书"或者"按制成以后批准证明书"。集装箱的海关批准牌照申请人在取得"按定性设计批准证明书"或者"按制成以后批准证明书"后，应当在经批准的集装箱上按规定安装中国船级社核发的海关批准牌照，并在厢体外部规定位置标记序列号，其应当与安装的海关批准牌照所标记的序列号一致。

116. 境外制造的国际集装箱，如在国内申请核发海关批准牌照，如何

办理批准手续?

答: 境外制造的集装箱，可以申请我国海关的批准牌照。海关总署授权中国船级社统一办理集装箱我国海关批准牌照。境外制造的集装箱的所有人申请我国海关批准牌照的，制造厂或者所有人应当提交集装箱有关图纸，经中国船级社审查并现场确认后核发“按制成以后批准证明书”。集装箱的海关批准牌照申请人在取得“按定性设计批准证明书”或者“按制成以后批准证明书”后，应当在经批准的集装箱上按规定安装中国船级社核发的海关批准牌照，并在厢体外部规定位置标记序列号。

117. **集装箱和集装箱式货车车厢序列号变更怎么办?**

答: 集装箱和集装箱式货车车厢序列号变更的，应当重新申请检验并办理海关批准牌照。

118. **集装箱和集装箱式货车车厢报废后怎么处理?**

答: 集装箱和集装箱式货车车厢报废时，营运人凭登记或者注册资料向所在地海关办理注销手续。

119. **海关对集装箱和集装箱式货车车厢结构的技术标准有哪些规定?**

答: 用于装载海关监管货物的集装箱和集装箱式货车车厢［以下简称箱（厢）］应当符合下列标准的规定和要求:

（1）箱（厢）体结构严密、完整，箱（厢）体密封部分可以施加海关封志。如采用非法手段取出或者装入货物，将会损坏海关封志，或者在箱（厢）体外留下开拆痕迹。

①箱（厢）体各组成部分（端壁、侧壁、底板、门、顶板、角柱、纵桁、横梁等）的装配方式，应当保证无法从箱（厢）体外面移动或者调换其各组成部分，或者改变其结构，否则将会留下明显可见的痕迹。

②当箱（厢）体顶板、侧壁、底板、门由不同部件组成时，这些部件应当符合上述规定，并且具有足够的强度。

（2）海关封志可以简便而有效地施加在箱（厢）体上。

①箱（厢）门和其他关闭部分（包括截止旋塞、人孔盖、法兰等），

应当配有可以简便而有效地施加海关封志的装置，其结构设计应当保证无法从箱（厢）体外部打开箱门和其他一切关闭装置，否则将会破坏海关封志。

②箱（厢）体的通气孔和排水孔，应当装有防护罩等类似装置，用以防止由通气孔和排水孔进入箱（厢）体内部。该防护罩等类似装置无法从箱（厢）体外部被移动或者调换，否则将会留下明显可见的痕迹。

（3）箱（厢）体应无可供藏匿货物的隐蔽部位。

①凡组合部件在结构上必须留有必要空隙的部位（例如双层壁板之间的空隙），但为了防止这些部位用于藏匿货物，箱（厢）体内部的衬板应当无法被移动或者调换，否则将会留下明显可见的痕迹。

②为便于海关查验，上述留有空隙的结构数量应当控制在最少限度。

（4）箱（厢）体装载货物空间，应当便于海关检查。

（5）如使用连接紧固配件（如铆钉、螺钉、螺栓和螺帽等）装配箱（厢）体构件（如门板、侧壁等）时，应当采用将连接紧固配件由外向内穿入，在箱（厢）内部紧固的装配方式，并能保证这些连接紧固配件无法从箱（厢）体外部被拆除或者调换（如将螺母焊接在螺栓上）。凡是可以从一面拆除或者更换而不留下明显痕迹的连接紧固配件（如膨胀螺栓、螺丝和暗钉等），均不得使用。

（6）用于固定箱（厢）门的对接铰链、板条铰链、铰链钉和其他装置，必须保证箱门一旦关闭并施加海关封志后即无法拆换，否则将会留下明显痕迹。箱（厢）门如具有两个以上铰链的，则只需最靠近箱（厢）门上下两端的两个铰链符合上述要求即可。

120. 如果集装箱和集装箱式货车车厢的结构改变了怎么办？

答：未经海关许可，任何人不得擅自改变集装箱和集装箱式货车车厢的结构。维修后的集装箱和集装箱式货车车厢结构应保持原状，如发生箱（厢）体特征变更的，集装箱和集装箱式货车车厢的所有人或者申请人必须拆除海关批准牌照，同时应当向中国船级社提出书面检验申请，并重新办理海关批准牌照。

121. 对暂时进境的外国集装箱和集装箱式货车车厢，可以在国内停留多久？

答：暂时进境的外国集装箱和集装箱式货车车厢应于入境之日起 6 个月内复运出境。如因特殊情况不能按期复运出境的，营运人应当向暂时进境地海关提出延期申请，经海关核准后可以延期，但延长期不得超过 3 个月，逾期应按规定向海关办理进口及纳税手续。

122. 新造的出口集装箱如何办理出口退税手续？

答：海关对用于出口的新造集装箱，在生产企业按规定运抵指定堆场并持有关单证办理报关和出口核销手续后，予以签发出口报关单退税证明联。出口报关单不填写运输工具名称、航次和离境日期，仅注明堆场名称。生产企业所在地主管出口退税的税务机关凭海关签发的上述出口报关单退税证明联和其他退税凭证，按现行有关规定办理集装箱退税手续。

123. 海关对进出境的空集装箱如何监管？

答：海关根据承载集装箱或者集装箱式货车车厢的运输工具在进出境时，承运人、营运人或者其代理人应当向海关申报并递交的载货清单（舱单）进行监管，并依据舱单信息进行空箱查验。

第九章　舱单

第一节　舱单概述

1. 海关接受舱单申报时间是不是以舱单申报人发送数据的时间为准?

答: 不是，海关接受舱单申报时间并非舱单申报人发送数据的时间。目前，海关接收舱单申报人传输数据后，先运用计算机进行数据的完整性校验和逻辑校验，之后，海关计算机自动发送接受舱单申报回执。在这里，海关计算机发出确认接受申报时间才是海关接受舱单传输的时间。

2. 进出口舱单海关舱单传输时间的认定有什么不同?

答: 海关舱单传输时间的认定不是以舱单申报人发送数据时间为准，而是以海关确认接受舱单传输为确认申报时间：一是进口舱单电子数据的传输时间是以海关接受原始舱单主要数据传输的时间为准；二是出口舱单电子数据的传输时间是以海关接受预配舱单电子数据传输的时间为准。

3. 企业在舱单及相关数据传输时应当注意什么?

答: (1) 进出境运输工具负责人、无船承运业务经营人、货运代理企业、船舶代理企业、邮政企业以及快件经营人等舱单电子数据传输义务人应当按照海关备案的范围在规定时限向海关传输舱单电子数据。

(2) 海关监管场所经营人、理货部门、出口货物发货人等舱单相关电子数据传输义务人应当在规定时限向海关传输舱单相关电子数据。

(3) 因计算机故障等特殊情况无法向海关传输舱单及相关电子数据的，经海关同意，可以采用纸质形式在规定时限向海关递交有关单证。

海关提醒 对未按照《中华人民共和国海关进出境运输工具舱单管理办法》（海关总署令第172号）（以下简称《舱单管理办法》）规定传输舱单及相关电子数据的，海关可以暂不予办理运输工具进出境申报手续。

4. 舱单涉及商业秘密且必须向海关提出保密要求的，应该怎样办理?

答：企业申报的舱单涉及商业秘密且必须向海关提出保密要求的，舱单传输人可以书面向所在地海关提出为其保守商业秘密的要求，并具体列明需要保密的内容。海关收到此文件后会按照国家有关规定承担保密义务，妥善保管舱单传输人及相关义务人提供的涉及商业秘密的资料。

5. 舱单编号能否乱编或者重复使用?

答：舱单中的提（运）单编号应该符合一定的规则，便于识别，舱单中的舱单和提（运）单编号在2年内不得重复。

6. 舱单通过电子申报后，传输人是否需要保存纸质舱单？如果需要，保存期限有多长?

答：需要，舱单通过电子申报后，传输人必须保存纸质舱单。海关对舱单保存以及期限的规定为：自海关接受舱单等电子数据之日起3年内，舱单传输人、海关监管场所经营人、理货部门应当妥善保管纸质舱单、理货报告、运抵报告以及相关账册等资料。

7. 由于计算机系统故障等原因造成单艘（次、票）无法进行舱单数据传输的，企业应当怎么办?

答：可以通过递交纸质舱单进行申报。如果企业由于计算机系统故障等原因造成单艘（次、票）无法进行舱单数据传输的，可以经过直属海关或直属海关授权的隶属海关批准，递交纸质舱单申报。但在故障排除后，应当按照海关要求补传输舱单数据。

8. 有人说“纸质舱单”具有法律效力，而“电子数据舱单”不具有法律效力，这句话对不对，为什么？

答：此话是错误的。电子数据舱单具有与纸质舱单相同的法律效力。因为根据《舱单管理办法》第四条规定，海关对于舱单管理的要求是以舱单电子数据传输为主，如果企业由于计算机系统故障等原因造成单艘（次、票）无法进行舱单数据传输的，可以经过直属海关或直属海关授权的隶属海关批准，递交纸质舱单申报。但在故障排除后，应当按照海关要求传输舱单数据。采用纸质舱单申报，客观上是一种应急或补救操作。电子数据舱单具有与纸质舱单相同的法律效力。

9. 《舱单管理办法》只规定了舱单电子数据传输的时限，而纸质舱单的传输时限呢？

答：按照《舱单管理办法》所规定的舱单电子数据提交的时限，提交纸质单证。

10. 舱单传输人和舱单相关电子数据传输义务人可以通过哪些途径向海关传输电子数据？

答：舱单传输人和舱单相关电子数据传输义务人可以自主选择通过以下途径向海关传输电子数据：

（1）中国电子口岸数据中心（热线服务电话：010－65195656）；

（2）全国海关信息中心（热线服务电话：010－65195623）；

（3）各直属海关对外接入局域网（包括地方电子口岸）。

11. 海关对舱单管理依据的文件有哪些？

答：海关对舱单管理依据的文件有：

（1）《海关法》。

（2）《舱单管理办法》。

12. 企业舱单电子数据的格式是什么样的？

答：请查询海关总署发布的7个公告：

(1)《海关总署关于公布进出境水运和空运运输工具货运舱单等电子数据格式的公告》(2008 年第 54 号);

(2)《海关总署关于公布进出境和境内承运海关监管货物的水运、空运运输工具传输数据项的公告》(2008 年第 80 号);

(3)《海关总署关于公布进出境水运和空运运输工具货运舱单电子传输报文格式的公告》(2008 年第 81 号);

(4)《海关总署关于进出境船舶所载货物、物品舱单传输的有关问题的公告》(2008 年第 97 号);

(5)《海关总署关于进出境航空器载运货物、物品舱单传输的有关问题的公告》(2008 年第 101 号);

(6)《海关总署关于实施〈进出境运输工具舱单管理办法〉有关事宜的公告》(2008 年第 102 号);

(7)《海关总署关于进出境航空器所载旅客舱单传输有关问题的公告》(2009 年第 41 号)。

海关提醒 对未按照《舱单管理办法》规定传输舱单及相关电子数据的,海关可以暂不予办理运输工具进出境申报手续。违反《舱单管理办法》,构成走私行为、违反海关监管规定行为或者其他违反海关法行为的,由海关依照《海关法》和《海关行政处罚实施条例》的有关规定予以处理;构成犯罪的,依法追究刑事责任。

第二节　舱单备案

13. 舱单及相关数据传输人在没有办理备案手续的情况下能否传输舱单数据?

答: 不能,因为备案是舱单数据传输的必备条件,在没有备案的情况下不能传输舱单数据。

14. 舱单及相关数据传输人的备案程序有哪些?

答: 舱单及相关数据传输人的备案程序为:

(1)备案申请人向其经营业务所在地直属海关或者经授权的隶属海关申请备案,递交齐全且符合法定形式的备案文件;

(2)海关受理备案申请,经审核通过的,海关给予办理备案手续;

(3)办理备案手续时,提交复印件的,应当提供正本供海关验核。

15. 空运快件企业注册为监管场所经营人,除了需要基本资料外还需要哪些文件?

答: 快件企业租赁他人经营场所的,经营人应当提交租赁合同或租赁意向书(期限不得少于5年),分支机构申请注册登记的,还应当提交总公司的企业法人营业执照复印件。

16. 快件企业必须达到什么条件,海关才接受其传输理货报告和运抵报告?

答: 海关对快件企业提交的相关文件进行审核,审核通过后认定快件企业为监管场所经营人,海关才接受快件企业传输理货报告和运抵报告。

17. 快件经营人可以向海关传输原始舱单和预配舱单数据吗?

答: 快件经营人向海关申请办理备案手续,海关审核通过后,快件经营人可以向海关传输原始舱单和预配舱单数据。

18. 航空地面代理企业备案时需要提交哪些文件?

答: 航空地面代理企业备案时需要提交的文件有:

(1)备案登记表;

(2)提(运)单的样本;

(3)企业印章以及相关业务印章的印模;

(4)行政主管部门核发的许可证件或者资格证件的复印件;

(5)中华人民共和国组织机构代码证复印件;

(6)营业执照(正副本)复印件;

（7）航空公司授权的委托书和地面代理协议复印件；

（8）海关需要的其他文件。

19. 航空货运代理企业备案时需要提交哪些文件？

答：航空货运代理企业备案时需要提交的文件有：

（1）备案登记表；

（2）提（运）单的样本；

（3）企业印章以及相关业务印章的印模；

（4）国际货物运输代理企业批准证书复印件；

（5）中华人民共和国组织机构代码证复印件；

（6）营业执照（正副本）复印件；

（7）海关需要的其他文件。

20. 境内航空运输企业备案时需要提交哪些文件？

答：境内航空运输企业备案时需要提交的文件有：

（1）备案登记表；

（2）提（运）单的样本；

（3）企业印章以及相关业务印章的印模；

（4）公共航空运输企业经营许可证复印件；

（5）中华人民共和国组织机构代码证复印件；

（6）营业执照（正副本）复印件；

（7）海关需要的其他文件。

21. 境外航空运输企业备案时需要提交哪些文件？

答：境外航空运输企业备案时需要提交的文件有：

（1）备案登记表；

（2）提（运）单的样本；

（3）企业印章以及相关业务印章的印模；

（4）行政主管部门核发的许可证件或者资格证件的复印件；

（5）中华人民共和国组织机构代码证复印件；

（6）经营许可证复印件；

（7）外国企业常驻代表机构登记证复印件；

（8）境外航空运输企业总部法定代表人或者经其书面授权人员签发的申请书；

（9）海关需要的其他文件。

22. 空运监管场所经营人备案时需要提交哪些文件?

答：空运监管场所经营人备案时需要提交的文件有：

（1）备案登记表；

（2）企业印章以及相关业务印章的印模；

（3）行政主管部门核发的许可证件或者资格证件的复印件；

（4）中华人民共和国组织机构代码证复印件；

（5）中华人民共和国海关监管场所注册登记证书复印件；

（6）海关需要的其他文件。

23. 船舶代理公司备案时需要提交哪些文件?

答：船舶代理公司备案时需要提交的文件有：

（1）备案登记表；

（2）提（运）单和装货单的样本；

（3）企业印章以及相关业务印章的印模；

（4）行政主管部门核发的许可证件或者资格证件的复印件；

（5）中华人民共和国组织机构代码证复印件；

（6）营业执照（正副本）复印件；

（7）海关需要的其他文件。

24. 船舶负责人备案时需要提交哪些文件?

答：船舶负责人备案时需要提交的文件有：

（1）备案登记表；

（2）提（运）单和装货单的样本；

（3）企业印章以及相关业务印章的印模；

（4）行政主管部门核发的许可证件或者资格证件的复印件；
（5）中华人民共和国组织机构代码证复印件；
（6）营业执照（正副本）复印件。
（7）海关需要的其他文件。

25. 海运监管场所经营人备案时需要提交哪些文件？

答：海运监管场所经营人备案时需要提交的文件有：
（1）备案登记表；
（2）行政主管部门核发的许可证件或者资格证件的复印件；
（3）海关需要的其他文件。

26. 理货部门备案时需要提交哪些文件？

答：理货部门备案时需要提交的文件有：
（1）备案登记表；
（2）行政主管部门核发的许可证件或者资格证件的复印件；
（3）中华人民共和国组织机构代码证复印件；
（4）营业执照（正副本）复印件；
（5）海关需要的其他文件。

27. 无船承运人备案时需要提交哪些文件？

答：无船承运人备案时需要提交的文件有：
（1）备案登记表；
（2）提（运）单和装货单的样本；
（3）企业印章以及相关业务印章的印模；
（4）行政主管部门核发的许可证件或者资格证件的复印件；
（5）中华人民共和国组织机构代码证复印件；
（6）营业执照（正副本）复印件；
（7）海关需要的其他文件。

28. 舱单传输人在境内设有分支机构的企业，办理备案手续时有哪些

特殊要求?

答: 舱单传输人在境内设有分支机构的企业办理备案手续时，分支机构应当将分支机构地址、联系人和联系方式在经营业务所在地的直属海关或其授权的隶属海关登记。

29. **出口货物发货人需要备案吗?**

答: 不需要。海关在接受出口货物发货人首次传输装箱清单时，对出口货物发货人实施自动备案管理。

30. **企业办理备案变更的程序是怎样的?**

答: 经海关备案的舱单传输人及舱单相关数据传输人，备案信息发生改变的，应当在规定的期限内向备案地海关办理备案信息的变更手续。备案变更手续：舱单传输人及舱单相关数据传输人提交书面的变更申请，说明变更内容及原因，并提交相关的证明文件；海关审核后，变更备案资料。

小贴士 （1）因备案不是行政许可，如无虚假，海关应当予以变更。

（2）申请注销备案的，应当在所传输的舱单电子数据及舱单相关电子数据全部处理完结之后，才能办理注销手续。

第三节　进境舱单

31. **进境运输工具载有货物、物品的，海关对舱单数据传输的时限要求有哪些?**

答: 进境运输工具载有货物、物品的，舱单传输人应当在规定的时限向海关传输原始舱单主要数据，对于不同运输方式的规定时限是不一样的。舱单传输人应当在进境货物、物品运抵目的港以前向海关传输原始舱单的其他数据。海关对运输工具载有货物、物品的舱单数据传输时限规定如下：

（1）船舶运输的：

①集装箱货物，在开始装船的24小时以前；

②非集装箱货物，在抵达境内第一目的港的24小时以前；

③集装箱货物与非集装箱货物混装的，应当按照第①、②项分别传输；

④来往港澳小型船舶承载的货物，在开始装载货物的2小时以前；

⑤调拨进境的空箱，在船舶抵达目的港以前；

⑥临时计划转运货物进境，由进境地海关审核同意后，可在船舶抵港以前；

⑦进境航程24小时以内的近洋运输非集装箱船舶，在船舶抵达境内第一目的港以前；

⑧集装箱货物经境外港口转运的，在最后一个境外转运港装船的24小时以前。

（2）航空运输的：航程4小时以下的，航空器起飞前；航程超过4小时的，航空器抵达境内第一目的港的4小时以前。

（3）铁路运输的：铁路列车抵达境内第一目的站的2小时以前。

（4）公路运输的：公路车辆抵达境内第一目的站的1小时以前。

32. 舱单传输人接受到海关反馈信息应该如何处置？

当海关接收原始舱单及相关数据后，海关以电子数据方式向舱单传输人反馈审核结果。反馈结果包括接受、不接受及原因、不准予装载、不准予卸载、待海关人工审核等审核结果。海关因故无法以电子数据方式通知的，以传真、电话、当面通知等方式通知舱单传输人。

海关反馈审核结果是接受的，表示海关接受和审核原始舱单及相关数据未见异常，传输人不需要做任何处置。

（1）海关反馈审核结果是不接受及原因的，表示海关审核原始舱单及相关数据发现异常并说明原因，传输人应当根据原因进行核查、更正，并重新传输舱单数据。

（2）海关反馈审核结果是不准予装载的，表示海关审核原始舱单及相关数据所装载货物、物品等不符合国家管理规定，运输工具不得装载此类货物、物品等。

（3）海关反馈审核结果是不准予卸载的，表示海关审核原始舱单及相关数据所装载货物、物品等不符合国家管理规定，运输工具不得卸载此类货物、物品等。

（4）海关反馈审核结果是待海关人工审核等审核结果的，表示海关审核原始舱单及相关数据存在不确定的情况，传输人应当耐心等待审核结果。

海关提醒

（1）海关发现原始舱单中列有我国禁止进境的货物、物品，可以通知运输工具负责人不得装载进境。

（2）对于海关反馈审核结果是不准予装载或不准予卸载的，舱单传输人应当及时通知运输工具负责人不给予装载或卸载。

（3）如果运输工具负责人故意装载或卸载此类货物、物品等，违反《舱单管理办法》，构成走私行为、违反海关监管规定行为或者其他违反《海关法》行为的，由海关依照《海关法》和《海关行政处罚实施条例》的有关规定予以处理；构成犯罪的，依法追究刑事责任。

33. 对于在境外一个装货港装载运输工具承运至境内两个以上卸货港的，舱单传输人该如何向海关传输进口原始舱单电子数据？

答：对于在境外一个装货港装载运输工具承运至境内两个以上卸货港的，舱单传输人可以根据《舱单管理办法》的有关规定，一次传输境内所有卸货港的电子数据。

34. 在外贸实践中，经常提到的“大提单”和“小提单”是什么意思？它们之间有什么关系？

答：“总提（运）单”是指由运输工具负责人、运输工具代理企业所签发的提（运）单，有人习惯称之为“大提单”。“分提（运）单”，是指在总提（运）单项下，由无船承运业务经营人、货运代理人或者快件经营人等企业所签发的提（运）单，有人习惯称为“小提单”。

它们之间的关系是总分的关系，即总提（运）单与分提（运）单是一对多的关系。

35. 原始舱单同一总提单项下的所有分提单数据能否多次分批传输?

答：不可以分批多次传输，原始舱单同一总提单项下的所有分提单数据必须一次性传输。

36. 进境航空器所载货物、物品的原始舱单应当由谁来传输?

答：进境航空器所载货物、物品的原始舱单应当由航空运输企业或其地面代理企业向海关传输。

37. 航空运输企业接受货运代理企业委托承运的舱单应当由谁来传输?

答：航空运输企业接受货运代理企业委托承运的，货运代理企业向海关传输其所代理的货物总运单和分运单的预配电子数据舱单。

38. 境外航空运输企业经营不定期飞行，且未在海关备案的，舱单应当由谁来传输?

答：该航空运输企业应委托经海关备案的境内代理企业向海关传输舱单电子数据。

39. 航空运输的过境货物、转运货物、通运货物，是否应当传输舱单数据?

答：对于航空运输的过境货物，舱单及相关电子数据传输人应当按照《舱单管理办法》规定传输进境舱单及相关电子数据；对于转运货物，舱单传输人应当向海关传输原始舱单、理货报告等电子数据；对于通运货物，舱单及相关电子数据传输人暂不传输舱单及相关电子数据。

40. 如果没有载有货物、物品的航空器，是否应当传输舱单数据?

答：不需要，没有载有货物、物品的航空器不需向海关传输舱单及相关电子数据。

41. 进境船舶所载货物、物品舱单是过境货物的，是否应当传输舱单数据?

答：应当传输，对于过境货物，舱单及相关电子数据传输人应当按照《舱单管理办法》规定传输进境舱单及相关电子数据。

42. 进境船舶所载货物、物品舱单是临时计划转运货物进境的，是否应当传输舱单数据？如果需要，如何办理相关手续?

答：临时计划转运货物进境，舱单传输人可以向直属海关申请，经海关审核同意后，在运输工具抵港前传输原始舱单。

43. 进境船舶所载货物、物品舱单是通运货物的，是否应当传输舱单数据?

答：对于通运货物，舱单及相关电子数据传输人暂不需传输舱单及相关电子数据。

44. 进境船舶没有载有货物、物品的，是否应当传输舱单数据?

答：未载有货物、物品的船舶，不需向海关传输舱单及相关电子数据。

45. 进境船舶所载货物、物品舱单是多票货物集（拼）在同一集装箱中的进口货物的，应当怎样传输舱单数据?

答：对于多票货物集（拼）在同一集装箱中的进口货物，舱单传输人应当同时传输该集装箱内的所有分提单舱单的电子数据。

46. 进境船舶所载货物、物品舱单是同一船舶载有集装箱货物和非集装箱货物进境的，应当怎样传输舱单数据?

答：同一船舶载有集装箱货物和非集装箱货物进境的，舱单传输人应当按照《舱单管理办法》第九条第（一）项规定的集装箱船舶和非集装箱船舶传输时限分别传输原始舱单数据：对于集装箱货物，在开始装船的24小时以前传输舱单数据；对于非集装箱货物，在抵达境内第一目的港的24小时以前传输舱单数据。

47. 某公司进口一批铁矿，一部分是散装的，一部分是集装箱装的。该批货物仅有一份提单，船方出具的舱单也是这样，只有一个提单号。请问，在录入舱单时，需要因为包装方式有两种——散装和集装箱装而分单吗？如果不需要，是否可以把包装方式申报为“其他”？申报的件数应该怎样确认？

答：这种情况不需要分单；包装方式按照货物的实际包装情况申报，无外包装则为“散装”；“件数”按有外包装的货物实际件数申报，如无外包装则按“1＋集装箱数”申报，其中1代表散货。

48. 同一提运单的进口货物，因业务需要分成两份或两份以上报关单进行报关，系统提示“申报件数大于舱单件数”，怎么办？

答：根据《报关单填制规范》的要求，报关单“件数”栏不能为零，因此，当同一提运单的进口货物，因业务需要分成两份或两份以上报关单进行申报时，可能会出现两份或两份以上报关单件数累加值大于舱单件数值的情况。出现这种情况，根据不同的舱单管理模式分别进行处理：

（1）采用提运单与报关单一对一舱单管理模式的海关，报关单位提出申请，海关舱单管理部门进行审批后，根据报关单情况对舱单进行拆分，报关单位按拆分后的提运单号进行申报。

（2）采用提运单与报关单一对多舱单管理模式的海关，人工审单环节由审征关员根据申报情况判定是否属正常情况，决定是否允许通过审单，即在审核舱单核注数据时，如两份或两份以上报关单的申报总件数超过舱单总件数，但申报总重量等于或小于舱单总重量，审征关员根据报关单申报情况可以确定是属于分拆报关单申报情况的，在符合其他审核要求的情况下应予通过审单；否则，作退单处理。

（3）建议采用提运单与报关单一对多舱单管理模式的海关，对属于分拆报关单申报情况的，要求报关单位在“备注”栏注明“该报关单与××××报关单拼单”字样，作为海关审单关员判断的依据。

49. 进口货物，在舱单上的收货人是否可以按照提单上的收货人填制？还是说不一定要填写真正的收货人？

答：舱单上的收货人应当是提单上的收货人，应当是真实的收货人。因为“舱单”是指进出境船舶、航空器、铁路列车负责人或其他代理人向海关递交的真实、准确反映运输工具所载货物情况的纸质载货清单。

50. 境内无法人资格的船舶运输企业，应当怎样传输舱单数据？

答：应委托已在海关备案的境内船舶代理企业向海关传输舱单。

51. 进境旅客原始舱单传输的时限，海关有哪些要求？

答：舱单传输人应当在下列时限向海关传输原始舱单电子数据：

（1）船舶在境内有多个目的港的，在抵达境内第一目的港的 2 小时以前；

（2）航程在 1 小时以下的，航空器抵达境内第一目的港的 30 分钟以前；航程在 1 小时至 2 小时的，航空器抵达境内第一目的港的 1 小时以前；航程在 2 小时以上的，航空器抵达境内第一目的港的 2 小时以前；

（3）铁路列车抵达境内第一目的站的 2 小时以前；

（4）公路车辆抵达境内第一目的站的 1 小时以前。

52. 传输舱单数据后，传输人接收反馈结果后该如何处理？

答：海关接收原始舱单及相关数据后，以电子数据方式向舱单传输人反馈审核结果。反馈结果包括接受、不接受及原因、不准予下客、待海关人工审核等审核结果。海关以运单为单位向舱单传输人反馈原始舱单主要数据、其他数据的审核信息。海关因故无法以电子数据方式通知的，以传真、电话、当面通知等方式通知舱单传输人。

海关反馈审核结果是接受的，表示海关接收和审核原始舱单及相关数据未见异常，传输人不需要做任何处置。

海关反馈审核结果是不接受及原因的，表示海关审核原始舱单及相关数据发现异常并说明原因，传输人应当及时根据海关的反馈结果进行核实、变更，并重新传输舱单数据。

海关反馈审核结果是不准予下客的，表示海关审核原始舱单及相关数据不符合国家管理规定，运输工具不得准予下客。

海关反馈审核结果是待海关人工审核等审核结果的，表示海关审核原始舱单及相关数据存在不确定的情况，传输人应当耐心等待审核结果。

53. 如果长期没有收到海关的反馈结果，舱单传输人应当如何处置?

答：如果长期没有收到海关的反馈结果，传输人应当通过电话或当面咨询等方式查询没有收到反馈结果的原因，若海关因故无法以电子数据方式通知的，应当派人员实地办理告知的相关手续。

54. 所有的进境航空器所载旅客都必须传输舱单数据吗?

答：不是，除国家元首或政府首脑乘坐的专机（未装载普通客货的）以外，旅客舱单及相关数据传输义务人应按照《舱单管理办法》有关规定，向海关传输所有进境航空器所载旅客（包括过境旅客）舱单及相关电子数据。

55. 进境航空器没有载旅客的，是否需传输舱单数据?

答：不需要，对于航空器未载有旅客的，旅客舱单传输义务人不需传输旅客舱单电子数据。

56. 进境航空器载旅客的旅客原始舱单数据应当有谁来传输?

答：旅客原始舱单数据应由航空运输企业或其代理企业向海关传输。

57. 某公司通过海运进口货物一批，经报关单申报后被退单，海关查询后提示“提运单在进口舱单中找不到”，这样的情况应当怎样处理?

答：企业要找出海关提示信息中的“提运单在进口舱单中找不到”原

因，可以通过两种途径：一是查询该进口舱单在 H2000 系统中有没有确认，没有确认的则重新确认舱单，这个需要联系物流监控部门处理；二是检查报关单中的提运单号、航次、进口日期与 H2000 系统舱单的电子数据是否存在不符，如果不符则检查修改后重新申报。

58. 海关对于理货部门传输理货报告有什么时限要求？

答：海关监管场所经营人或者理货部门对进出境运输工具所载货物、物品的实际装卸情况予以核对、确认的记录就是理货报告。理货部门或者海关监管场所经营人应当在进境运输工具卸载货物、物品完毕后的 6 小时以内以电子数据方式向海关提交理货报告。

需要二次理货的，经海关同意，可以在进境运输工具卸载货物、物品完毕后的 24 小时以内以电子数据方式向海关提交理货报告。

59. 企业对于进境货物理货报告应当注意哪些？

答：对于进境货物理货报告，企业应当注意以下三点：

（1）对于有溢卸、短卸、理货异常情况的，海关要求运输工具负责人在卸载货物、物品完毕后的 48 小时内，向海关提交书面情况说明及相关证明材料，涉及理货报告错误的，应当收取理货部门的书面报告；

（2）海关接受理货报告后，原始舱单中未列名的进境货物、物品，可以责令原船舶负责人直接退运；

（3）理货正常的，方予办理货物、物品的查验、放行或分拨、疏港分流手续。

60. 海关核对舱单和理货报告后发现不符数据，企业应当怎么处置？

答：由于发现不符数据所涉及货物的处理问题，不符数据原因较多，需要甄别处理，归结起来可以视为两类：一是原始舱单数据错误；另一类是理货报告数据错误。

（1）原始舱单数据错误的，处理方式有三种：一是按照《舱单管理办法》第十五条明确责令直接退运；二是涉及走私的按照《舱单管理办法》第三十七条处理；三是其他按照《舱单管理办法》第四章的有关规定处理。

（2）理货报告数据错误的，有两种处理方式：一是按照《舱单管理办法》第三十七条规定处理；二是不符合《舱单管理办法》第三十七条规定的，可以直接变更理货报告数据。

61. 企业如何办理分拨手续？

答：分拨是指海关监管场所经营人将进境货物、物品从一个海关监管场所运至另一个海关监管场所的行为。分拨手续办理方法如下：

（1）舱单传输人向海关提出分拨货物、物品申请；

（2）海关审核同意后，实施分拨；

（3）海关监管场所经营人向海关提交分拨货物、物品运抵报告；

（4）理货部门或者海关监管场所经营人提交分拨货物、物品的理货报告。

海关提醒 分拨货物、物品提交理货报告后，海关才给予办理货物、物品的查验、放行等下一步手续。

62. 海关对于分拨货物、物品拆分完毕传输理货报告的时限要求是什么？

答：在分拨货物、物品拆分完毕后的2小时以内，理货部门或者海关监管场所经营人应当以电子数据方式向海关提交分拨货物、物品理货报告。

63. 监管场所经营人如何办理疏港分流手续？

答：为防止过多的货物、物品积压、阻塞港口，根据港口行政管理部门的决定，将相关货物、物品疏散到其他海关监管场所，监管场所经营人可以向海关提出疏港分流。办理疏港分流的程序如下：

（1）货物、物品需要疏港分流的，海关监管场所经营人应当以电子数据方式向海关提出疏港分流申请，经海关同意后方可疏港分流；

（2）疏港分流完毕后，海关监管场所经营人应当以电子数据方式向海关提交疏港分流货物、物品运抵报告。

海关提醒 疏港分流货物、物品提交运抵报告后，海关即可办理货物、物品的查验、放行手续。

64. 疏港分流与分拨有什么区别？

答：疏港分流与分拨都是货物在两个监管区之间的发生了位移。其区别在于：一是具有不同目的性，疏港分流是为了防止港口积压、堵塞，分拨是一种常规的位移；二是疏港分流的决定应当由监管场所向港务管理部门提出，港务管理部门作出疏港分流的决定，而分拨货物无须港务行政管理部门决定；三是分拨货物可以进行分拨后的拆箱作业，即按照集装箱内的实际收货人进行分票，而疏港分流不能进行拆分作业。

65. 如何办理进境旅客及其行李物品的结关手续？

答：进境旅客及其行李物品的结关手续按以下程序办理：

（1）运输工具负责人或者海关监管场所经营人向海关提交进境旅客及其行李物品结关申请；

（2）经海关核对无误的，可以办理结关手续；

（3）经海关核对原始舱单与结关申请不相符的，运输工具负责人或者海关监管场所经营人应当向海关报告不相符的原因。

66. 对进境旅客及其行李物品结关的，需要提供哪些数量？

答：办理结关申请手续时，应该提供实际下客人数、托运行李物品提取数量以及未运抵行李物品数量。

67. 对进境旅客及其行李物品结关的，海关有哪些时限要求？

答：进境运输工具载有旅客的，应当在进境运输工具下客完毕后 3 小时内向海关提交进境旅客及其行李物品结关申请；经海关核对原始舱单与结关申请无误的，可以办理结关手续；经海关核对原始舱单与结关申请不相符的，运输工具负责人或者海关监管场所经营人应当在进境运输工具下客完毕后24小时内向海关报告不相符的原因。

海关提醒 对于无人认领的托运行李物品，运输工具负责人或者海关监管场所经营人应当将无人认领的托运行李物品转交海关处理。

68. 我有一个朋友从国外乘机入境，该朋友及托运行李物品的结关申请应该由谁提出？

答：进境航空器所载旅客及托运行李物品结关申请数据应由航空运输企业或者海关监管场所经营人向海关传输；旅客及托运行李物品结关申请分纸质结关申请和电子数据结关申请两种，以海关接收到两种申请中最后到达申请的时间为准。

第四节　出境舱单

69. 出口货物发货人应当什么时候传输装箱清单电子数据？怎样传输？

答：以集装箱运输的货物、物品，出口货物发货人应当在货物、物品装箱以前，按照《舱单管理办法》规定的内容、格式向海关传输装箱清单电子数据。

小贴士 对于未向海关传输装箱清单电子数据的，可以在办理通关手续时，向海关递交纸质装箱清单。

70. 一个集装箱装载多票出口货物、物品的，出口货物发货人能否分多次传输装箱清单电子数据？

答：不行，对于一个集装箱装载多票出口货物、物品的，应当一次性向海关传输装箱清单电子数据；分多次传输装箱清单电子数据的，海关审核后的反馈结果是“不予接受”。

71. **出口货物在出境地海关办理申报手续的，出口货物发货人应当向哪里传输装箱清单电子数据？**

答：出口货物发货人应当向出境地海关传输装箱清单电子数据。

72. **出口转关货物，出口货物发货人应当向哪里传输装箱清单电子数据？**

答：对于出口转关货物，出口货物发货人应当向起运地海关传输装箱清单电子数据。

73. **海关对预配舱单数据的传输时限要求有哪些？**

答：海关对预配舱单数据传输时限规定如下：

（1）预配舱单主要数据的传输时限：出境运输工具预计载有货物、物品的，舱单传输人应当在办理货物、物品申报手续以前向海关传输预配舱单主要数据。

（2）预配舱单其他数据的传输时限：

①集装箱船舶装船的 24 小时以前；

②非集装箱船舶在开始装载货物、物品的 2 小时以前；

③同一船舶载有集装箱货物和非集装箱货物进境的，应当按照第①、②项分别传输；

④来往港/澳小型船舶在开始装载货物、物品的 4 小时以前；

⑤调拨出境的空箱，在空箱装船的 2 小时以前；

⑥临时计划转运货物出境，在转运货物出境装船前 2 小时以前；

⑦航空器在开始装载货物、物品的 4 小时以前；

⑧铁路列车在开始装载货物、物品的 2 小时以前；

⑨公路车辆在开始装载货物、物品的 1 小时以前；

（3）出境运输工具预计载有旅客的，舱单传输人应当在出境旅客开始办理登机（船、车）手续的 1 小时以前向海关传输预配舱单电子数据。

海关提醒

关于小型船舶，出境来往香港地区、澳门地区的小型船舶，舱单传输人在开始装载货物、物品的4小时以前向海关传输预配舱单电子数据。

74. **进出口的空船，是否需要传输舱单数据？**

答：未载有货物、物品的运输工具，不需要向海关传输舱单及相关电子数据。

75. **没有传输预配舱单主要以及其他数据的，能否办理出口货物、物品的报关手续？**

答：不行，只有海关接受预配舱单主要以及其他数据传输后，审核接受后，海关才给予办理出口货物、物品的报关手续。

76. **传输预配舱单电子数据后，接收到海关反馈信息应该如何处置？**

答：当海关接收到预配舱单主要数据和其他数据传输后，海关以总提单为单元向舱单传输人反馈审核结果。反馈的审核结果有接受传输、不接受传输、待海关人工审核等审核结果。

（1）海关反馈审核结果是接受传输的，表示海关接受和审核预配舱单及相关数据未见异常，传输人不需要做任何处置。

（2）海关反馈审核结果是不接受传输的，表示海关审核预配舱单及相关数据时发现异常并说明原因，传输人应当根据海关反馈的原因进行核查、更正，并重新传输舱单数据。

（3）海关反馈审核结果是待海关人工审核的，表示海关审核预配舱单及相关数据时存在不确定的情况，需转海关人工进行审核，传输人应当耐心等待审核结果。

海关提醒 海关接收预配舱单主要数据传输后，方予办理出口货物、物品的报关手续。海关接收预配舱单其他数据传输后，方予以办理出口货物、物品放行手续。

海关因故无法以电子数据方式通知传输人的，将以传真、电话、当面通知等方式通知舱单传输人。

77. 某企业将出口货物运抵出口监管仓，出口监管仓将该公司货物与其他入仓货物进行拼柜后，在申报出口中存在有以下问题：(1)《舱单管理办法》中的“海关监管场所”是否主要指码头，有无包括出口监管仓？(2)《舱单管理办法》第22条规定“出境货物、物品抵海关监管场所时，海关监管场所经营人应当以电子数据方式向海关递交运抵报告”，因为该企业目前交货到出口监管仓时，未确定出仓后的船名、航次等资料。请问此条款是否适用出口监管仓？

答：《舱单管理办法》中所指海关监管场所并不包括出口监管仓，因此，出口监管仓经营人无须以电子数据方式向海关提交运抵报告。

78. 通运的出口货物，是否需要传输舱单及相关电子数据？

答：暂不需传输舱单及相关电子数据。

79. 过境的出口货物，是否需要传输舱单及相关电子数据？

答：对于过境的出口货物，舱单及相关电子数据传输人应当按照《舱单管理办法》规定传输进出境舱单及相关电子数据。

80. 出口转关货物，是否需要传输舱单及相关电子数据？

答：对于出口转关货物，除装箱清单外，舱单及相关电子数据传输人应当向出境地海关传输舱单及相关电子数据。

81. 进出口舱单是否全部必须是单票传输，海关也是逐票发送回执吗？

答：打包发送，系统在逻辑判别报文包时是逐条判别的，全部通过检查后一次性发送回执，如某条记录出错，即中止逻辑判别程序，发送错误回执。所以，企业要认真核对舱单数据的准确性和真实性，避免由于自身的错误影响货物的正常通关。

82. 出境货物应该由谁来递交运抵报告?

答: 监管场所经营人提交运抵报告。当出境货物、物品运抵海关监管场所时，海关监管场所经营人应当以电子数据方式向海关提交运抵报告，确认货物已经运抵监管场所。

83. 传输运抵报告后，接收到海关反馈信息应该如何处置?

答: 企业传输运抵报告后，海关接收运抵报告电子数据后与预配舱单电子数据进行校验，以电子数据方式向运抵报告传输人、预配舱单传输人反馈审核结果。反馈结果包括正常到货、核对不符等审核结果。

（1）海关反馈审核结果是正常到货的，传输人不需要做任何处置。

（2）海关反馈审核结果是核对不符的，舱单传输人或监管场所经营人提交书面情况说明及相关证明材料，经海关审核同意后进行修改或删除。

海关提醒

（1）运抵报告提交后，正常到货的，海关方予办理对应货物、物品的查验、放行手续。

（2）海关审核情况正常的，可接受舱单传输人或舱单相关数据传输义务人提出的申请，对相关电子数据进行修改或删除。

小贴士 （1）海关接受以提单为单位传输的运抵报告，以分提单传输的应当注明总提单号。

（2）对于集装箱货物，海关允许监管场所经营人以集装箱为单位分批传输运抵报告。

84. 出口货物采取边运抵边装船的，海关对传输运抵报告有哪些特别要求?

答: 对于出口货物采取边运抵边装船的，每一次运抵船边后，必须经过海关到达船边实际验核货物的实际运抵情况后，监管场所经营人才可以向海关传输运抵报告。

海关提醒 对于出口货物采取边运抵边装船的，传输运抵报告后，货物、物品应当在3日内装载完毕。

85. 出口货物没有实际运抵监管场所的，能否向海关申请办理放行或查验手续？

答：原则上，出口货物正常到货的，海关方予办理对应货物、物品的查验、放行手续。但是，部分直属海关对于AA类企业的出口有一定的便利措施，属于AA类企业的可以通过咨询的方式了解相关便利措施。

86. 海关对装（乘）载舱单数据传输时限的要求有哪些？

答：海关对装（乘）载舱单数据传输的时限要求有：

（1）舱单传输人应当在运输工具开始装载货物、物品的30分钟以前向海关传输装载舱单电子数据；

（2）舱单传输人应当在旅客办理登机（船、车）手续后、运输工具上客以前向海关传输乘载舱单电子数据。

海关提醒 海关接受旅客预配舱单主要数据传输后，运输工具方可为旅客办理登机（船、车）手续。

海关因故无法以电子数据方式通知的，将以传真、电话、当面通知等方式通知舱单传输人。

87. 装载舱单中没有总运单运抵报告电子数据的，海关是否接受装载舱单电子数据传输的？

答：不接受。

88. 装载舱单中总运单未经海关放行，海关是否接受装载舱单电子数据传输的？

答：不接受。

89. 装载舱单件数、重量大于运抵报告件数、重量，海关是否接受装载舱单电子数据传输的?

答：不接受。

90. 装载舱单未按规定时限传输，海关是否接受装载舱单电子数据传输的?

答：不接受。

91. 传输装载舱单后，接收到海关反馈信息应该如何处置?

答：海关接收装载舱单及相关数据后，以电子数据方式向舱单传输人反馈审核结果。反馈结果包括接受、不接受及原因、不准予装载、待海关人工审核等审核结果。

（1）海关反馈审核结果是接受传输的，表示海关接受和审核装载舱单及相关数据未见异常，准予运输工具装载货物、物品。

（2）海关反馈审核结果是不接受传输的，表示海关审核装载舱单及相关数据发现异常并说明原因，传输人应当根据海关反馈的原因进行核查、更正，并重新传输舱单数据。

（3）海关反馈审核结果是不准予装载货物、物品的，表示海关审核装载舱单及相关数据存在不符合相关规定，运输工具不得装载相关货物、物品。

（4）海关反馈审核结果是待海关人工审核的，表示海关审核装载舱单及相关数据存在不确定的情况，需转海关人工进行审核，传输人应当耐心等待审核结果。

海关提醒

有下列情形的，海关不接受装载舱单电子数据的传输：

（1）装载舱单中没有总运单运抵报告电子数据的；

（2）总运单未经海关放行；

（3）装载舱单件数、重量大于运抵报告件数、重量；

（4）装载舱单未按规定时限传输。

92. 对于船边直装危险品，如何保证承运人能够在装载舱单申报截止时间之前获得是否放行的信息，并通过其来决定是否加入装载舱单的申报?

答：发货人事先向海关申请，经“海关特准”可以允许码头公司提前发送运抵报告。

93. 是否进出口所有的分运单信息和分运单主运单对应关系都由无船承运人申报?

答：承运人申报主运单，无船承运人申报分运单，在申报分运单时要填写主运单提单号。接收分运单申报的时候，判断报文中的主运单号是否存在，不存在的反馈发送方“关联的主提运单号不存在”回执。

94. 出境来往香港地区、澳门地区的小型船舶，对其舱单及相关数据传输有什么要求?

答：出境来往香港地区、澳门地区的小型船舶，舱单传输人在开始装载货物、物品的4小时前向海关传输预配舱单电子数据。出境接受海关中途监管站监管的来往香港、澳门小型船舶，海关监管场所经营人、理货部门应当在船舶起航以前向海关传输理货报告电子数据。

95. 调拨出境空箱，舱单传输的时限要求是什么?

答：调拨出境空箱，舱单传输人应当在空箱装船的2小时前传输预配舱单的主要数据。

96. 出口转关货物，舱单是否向主管地海关传输?

答：出口转关货物，除装箱清单外，舱单及相关电子数据传输人应当向出境地海关传输舱单及相关电子数据。

97. 运输工具在什么时候可驶离、办理结关手续?

答: 运输工具驶离及办理结关手续的时间为:

(1) 运输工具负责人应当在运输工具驶离设立海关的地点2小时以前将驶离时间通知海关, 对临时追加的运输工具, 运输工具负责人应当在运输工具驶离设立海关的地点以前将驶离时间通知海关;

(2) 运输工具负责人应当在货物、物品装载完毕或者旅客全部登机(船、车) 后向海关提交结关申请, 经海关办结手续后, 出境运输工具方可离境。

98. 出境货物、物品在什么时候办理结关手续?

答: 海关对理货报告电子数据进行计算机自动审核。理货报告电子数据与舱单电子数据核对相符的, 海关以电子数据方式向理货报告提交人、舱单传输人反馈理货正常信息。理货正常的, 方予办理对应货物、物品的结关手续。

99. 同一航次下同一码头多次挂靠均有装卸的情况下, 海关能否区分申报时间节点?

答: 不允许, 如有此类情况发生, 第二次挂靠必须申报新的航次号。

100. 进出口舱单申报都提到舱单与理货资料核对, 不符点由承运人说明原因, 是否只核对箱号即可? 如果由于码头或者理货公司的数据有误, 导致舱单和理货报告不符的, 应该如何处理?

答: 对于集装箱货物, 理货部门只核对集装箱号; 对于散杂货物只核对重量。如果舱单和理货报告不一致, 由差错方报告差错原因并申请修改差错数据。

101. 乘载舱单与结关申请不相符的, 其核查原因的期限是多久?

答: 运输工具负责人应当在出境运输工具结关完毕后的24小时内向海关报告乘载舱单与结关申请不相符的原因。

第五节 舱单变更

102. 舱单变更的方式有几种？有什么主要区别？

答：舱单变更的方式主要有直接准予变更和海关审核变更两种。已经传输的舱单电子数据需要变更的，舱单传输人可以在原始舱单和预配舱单规定的传输时限以前直接予以变更；在原始舱单和预配舱单规定的传输时限后，需经海关审核同意，方可进行变更。

小贴士 在办理舱单及相关电子数据变更或删除手续时，可由传输人向海关提交变更或删除电子数据申请，由海关审核通过。也可根据实际情况由海关人员直接在舱单系统中手工更改、删除舱单电子数据，不需传输人提交电子数据变更或删除申请。

103. 申请舱单变更需提交哪些文件？

答：舱单传输人向海关申请变更货物、物品舱单时，应当提交下列文件：

（1）舱单变更申请表；

（2）提（运）单的复印件；

（3）加盖有舱单传输人公章的正确的纸质舱单；

（4）其他能够证明舱单变更合理性的文件。

舱单传输人向海关申请变更旅客舱单时，应当提交上述第（1）、（3）、（4）项文件。提交复印件的，应当同时出示原件供海关验核。

104. 承运人是否可以在发送各类舱单的同时提交主要数据和其他数据的全部字段？

答：原始舱单和预配舱单的主要数据项和其他数据项可以在申报主要数据项的时限内同时申报，主要数据项在舱单管理办法规定的时限内，并且没有被报关单核注的前提下，数据项可以使用舱单修改报文方式进行自由更改、覆盖。

105. **某木材进出口公司在预配或原始舱单中总提单的货物木材共3 001吨，但是还剩下2吨未被项下分提单核销核尽，企业应当怎么处置?**

答：只修改总提单货物重量时，无须反核注对应提单。舱单传输人向海关申请人工变更总提单货物重量。

海关提醒 修改后的总提单货物重量不得小于已被报关单证核注的重量。除上述情形外，已核注的提单申请更改的，海关应当在反核注提单后，方予办理舱单变更手续。

106. **货物、物品已实际进境的原始舱单电子数据能不能向海关申请删除?**

答：不得删除。

海关提醒 货物、物品已实际装船离境的预配舱单电子数据，也不得删除。

107. **对进境运输工具需要更改原始舱单卸货港的，是由入境地海关办理舱单更改手续吗?**

答：不是，应当由实际卸货港海关办理舱单更改手续。

未向实际卸货港海关申报运输工具动态的，海关不接受舱单传输人的更改申请。

原始舱单已被核注的，在原卸货港海关办理反核注手续后方予办理卸货港更改手续。

更改手续只允许以总运单为单位办理。

108. **船公司已将舱单资料传输后，需要对舱单数据进行更改，海关方**

面是否要收费？标准是多少？

答：对于舱单数据的修改，海关不收取任何费用。

109. **“属地申报，口岸验放”舱单的修改、撤销应当在属地海关还是口岸海关办理？**

答：报关单的修改或撤销由收发货人或其代理人在属地海关办理。出口货物因航班等原因落装、改配，需更换航空舱单的，由收发货人或其代理人向口岸海关申请办理更改航空舱单手续。进口货物收货人或其代理人在属地海关提前申报后，发现进口航空舱单数据有误的，需到属地海关申请办理报关单撤销手续，再到口岸海关办理进口航空舱单数据的修改。

第十章　海关监管场所

1. 我公司从事物流业务，位于内陆地区，所在地既无沿海码头，又无国际机场，是否也能申请设立监管场所?

答：可以。《中华人民共和国海关监管场所管理办法》（总署171号令）（以下简称《办法》）对“监管场所”作如下定义：“监管场所是指进出境运输工具或者境内承运海关监管货物的运输工具进出、停靠，以及从事进出境货物装卸、储存、交付、发运等活动，办理海关监管业务，符合海关设置标准的特定区域。”因此内陆地区也可以设立监管场所。

监管场所分成码头类监管场所、公路转关监管点、陆路边境口岸监管场所、货栈类监管场所、堆场类监管场所、仓库类监管场所、储罐类监管场所、快件类监管场所、边民互市贸易类监管场所、台轮停泊点类监管场所、旅客通关类监管场所、国际邮件类监管场所十二大类。其中多数类型监管场所可以在内陆地区设立。

2. 申请设立监管场所的企业（以下简称“申请企业”）一定要经工商行政管理部门注册登记，具有独立企业法人资格吗?

答：是的。

3. 我公司申请设立监管场所，提供“中华人民共和国海关监管场所注册登记申请书”就可以了吗?

答：企业申请设立监管场所除了“中华人民共和国海关监管场所注册登记申请书”外，还需要提供其他相关材料。

申请企业需要提供的相关材料：

（1）中华人民共和国海关监管场所注册登记申请书（见《中华人民共和国海关监管场所管理办法》附件）；

（2）企业法人营业执照复印件；

（3）税务登记证复印件；

（4）法定代表人身份证件复印件；

（5）场地所有权或者使用权证明复印件；

（6）存放液/气体化工品、易燃易爆危险品等特殊许可货物的，应当提供特殊经营许可批件的复印件；

（7）场所平面图和建筑设计图。

小贴士 提交上述材料复印件的，应当同时提供原件供海关验核。

4. 监管场所除了名字外，还有统一编码吗？

答：海关对监管场所进行统一编码管理，全国每个监管场所都有唯一编码。

5. 我公司管理的码头在开放水域非开放口岸，时有进出境运输工具临时停靠、修船、海上过鲜等海关监管业务，是否适用于本《办法》？

答：不适用。《办法》所定义的监管场所应理解为经海关批准同意的法人长期经营、场所相对固定且按照相关设置标准建设的特定区域，问题中所述的区域不具备这些条件，因此此类开放水域海关非监管区管理不适用本《办法》。

6. 我公司打算申请设立监管场所，将来该如何对监管场所进行计算机联网管理？

答：计算机联网主要有两个范围：一是监管场所经营企业应当对监管场所的日常管理实施计算机管理，便于海关进入计算机系统，查询和统计该场所的运输工具、货物的停靠、存储位置及相关处理情况；二是监管场所经营企业应按照海关的监管需要，设置卡口和配备相应设备，并与海关计算机联网，按照海关要求的格式实现相关电子数据的传送、交换，使监管场所卡口可按海关电子放行信息放行货物，以及不同监管场所间互相进出的运输工具和货物、物品信息可以实行比对，进而实现自动验放。

7. 我公司经营的监管场所该按照什么标准建设?

答：应按照《办法》的附件《中华人民共和国海关监管场所设置标准》（以下简称《设置标准》）的要求建设。

海关监管场所的设立是以海关监管业务的存续为必要条件，随海关监管业务的中止而撤销。海关监管场所的设立，无论是哪一种类型的，都必须依据有关法律法规的规定，经过特定的程序予以确认。因此，从实现海关有关管理职能，完善监管场所管理的需要出发，不同类型的海关监管场所的设置应符合一定条件。

考虑到海关监管场所的业务类型比较复杂，相应的设置标准也不尽相同，因此《办法》在附件中根据不同类型的监管场所的业务特点分类制订了《设置标准》作为监管场所建设和验收的标准和依据。监管场所经营企业必须按照《设置标准》提供，达到《办法》第三章监管管理的要求。同时还应提供办公、查验和生活的场地和设施，包括办公、查验、休息和生活场地，提供水、电、网络、通讯、取暖降温、配合查验和检查的工具等设施。

小贴士 监管场所分为 12 大类，每个大类下面还有细分的小类。每一类设置标准不尽相同。如果申请企业确定监管场所分类有困难，可以向主管地海关咨询。

8. 我公司经营的监管场所因业务增长需要增加监管仓库，需要办理监管场所变更手续吗?

答：需要。

9. 我公司经营的监管场所业务范围和监管场所面积有变化，如何办理监管场所变更手续?

答: 经营企业需要变更企业业务范围、监管场所面积等的，要在“注册登记书”有效期内，填写“中华人民共和国海关监管场所变更申请书”（以下简称“变更申请书”），向直属海关提出申请，并提交有关材料。直属海关收到“变更申请书”后，对材料进行审查，并组织人员进行实地验收，对符合法定条件，应当准予变更；对不符合条件的，不予变更。有关验收及审核情况，要如实填写在“变更申请书”上，一份给申请企业，一份由海关留存。海关对变更申请进行审查，并做出是否准予变更决定的，最长不得超过做出海关行政许可决定的法定期限。

10. 我公司经营一家海关监管场所，目前需要跟另一家公司合并，请问需要向海关办理什么手续?

答: 企业发生合并或分立的情况，如原经营人仍保留法人地位且其他项目没发生变化的，可以不用向海关办理变更手续；如企业名称发生变化，需要办理监管场所变更手续；因合并而终止的企业应当申请注销登记，因合并而新成立的企业要按照《办法》的有关规定重新向海关申请注册。

11. 我公司经营的监管场所要异地迁建，需要办理变更手续还是重新注册登记手续?

答: 监管场所是经营企业从事经营活动的必要条件，也是海关管理的前提和基础，如果场所异地迁建，原批准设立的条件如办公、查验、仓储场地和海关管理要求配置的设备等项目都发生变更，应当重新办理注册登记手续。

12. 我公司经营内外贸同船运输业务，集装箱货物中的内贸货物能否在监管场所内装货、储存?

答:《办法》第 17 条规定：“监管场所内只能存放海关监管货物”，因此从集装箱卸下的内贸货物要移走，不能储存在监管场所内。对于当日无法发运的内贸货物，应指定区域暂存，并规定时限提离。

13. 监管场所货物进出和存储等情况的纸质单证的保存期限多长?

答：参照报关单纸制单证保存期限，应至少为 3 年。

相关的电子账册也是至少 3 年。

行邮篇

第一章　进出境旅客通关

第一节　旅客申报

1. 我去中国港澳台地区旅游，为什么也叫“出境”?

答：此处所称“境”，是指关境而非国境，两者概念是不同的。关境是指实施同一海关法规和关税制度的境域，即国家（地区）行使海关主权的执法空间。由于历史的原因，我国的香港地区和台湾地区目前都有其自己的海关法，我国的《海关法》在这些地区不能适用。这就使我国（内地）的关境小于我国的国境。

2. 我可以向海关口头申报吗?

答：海关申报仅限书面申报，目前海关不接受口头申报。

3. 什么是“申报”通道和“无申报”通道通关制度?

答：申报或无申报通道（亦称“红绿通道”）通关制度，是国际上许多国家的海关对旅客行李通用的一种验放制度，是进出境旅客在海关规定范围内自行申报并选择通道办理海关手续的一种制度。实施红绿通道通关制度的海关，在旅客行李物品检查场所设置通道，在通道前，用中英文分别标明申报通道（“红色通道” Goods to Declare）和无申报通道（“绿色通道” Nothing to Declare）。实施这一通关制度的目的是简化海关手续，方便旅客进出境。目前，在我国主要空港海关和旅客流量大的其他口岸海关，均实施这种验放制度。

4. 旅客应如何选择通道?

答:（1）进出境旅客没有携带应向海关申报物品的，无须填写“申报单”，选择“无申报通道”（又称“绿色通道”）通关。

（2）除海关免于监管的人员以及随同成人旅行的 16 周岁以下旅客以外，进出境旅客携带有应向海关申报物品的，须填写“申报单”，向海关书面申报，并选择“申报通道”（又称“红色通道”）通关。

（3）旅客不明海关规定或不知如何选择通道的，应选择“申报”通道，向海关办理申报手续。

5. 我通关时误选了绿色通道但向海关提交了申报单，是否属于有效申报方式?

答: 由于书面申报是唯一有效的申报方式，旅客虽然选择了错误的通道，不过只要在您被海关选查之前，及时递交申报单向海关书面申报，该申报还是有效的。

海关提醒 申报是旅客通关的第一个程序，是进出境物品所有人或其代理人在通关时向海关申明规定事项的一种法律行为。申报与否是海关判别是否走私、违规的重要依据之一。其包含三重含义：（1）申报是进出境旅客应尽的义务；（2）旅客申报的内容为携运进出境的行李物品；（3）书面申报是唯一有效的申报方式，进出境旅客对其携运的物品以其他任何方式或在其他任何时间、地点所作出的申明，海关均不视为申报。

6. 进出境物品的自用合理数量是如何认定的?

答: 依照规定，进出境旅客行李物品，应以“自用合理数量”为原则，超出自用、合理数量的，视为货物。其中“自用”，指旅客本人自用、馈赠亲友而非为出售或出租等。“合理数量”，指海关根据旅客的情况、旅行目的和居留时间所确定的正常数量。

7. 我可以委托他人进行申报吗?

答: 申报手续应由旅客本人填写申报单证向海关办理，如委托他人办理，应由本人在申报单证上签字，接受委托办理申报手续的代理人应当遵守进出境旅客通关规定对其委托人的各项规定，并承担相应的法律责任。

第二节 查验

8. 入境时我已经在边检交验过护照了，为什么过海关时仍会再次被要求出示护照呢?

答: 首先，边防与海关是不同的国家执法部门。其次，《海关法》第一章第六条第二项的规定："海关可以行使查阅进出境人员证件，查问违反本法或者其他有关法律的嫌疑人，调查其违法行为的权力。"进出境人员通关时应主动出示护照等身份证件，以供海关查阅，并配合海关检查。

9. 通关时，为何有些旅客的行李被要求检查，而有些旅客却可以直接通关?

答: 海关查验是为了核对申报是否属实，检查有无违反规定之物品，确定物品的征、免、扣、退、放等的正常监管程序。除享受免验待遇者外，海关均可进行必要的查验。海关对旅客行李物品的查验是采取抽查的方式，被抽查的旅客有义务配合海关的检查。

10. 海关查验旅客行李物品时，旅客有哪些义务?

答: 根据《海关法》的有关规定，查验进出境旅客行李物品的时间和场所由海关指定，海关查验行李物品时，物品所有人应当到场，并负责搬移物品，开拆和重封物品的包装。海关认为必要时，可以单独查验。

鉴于上述规定，因此有些旅客认为海关要求旅客自行开拆、重封包装，是对自己的刁难，这种看法是不正确的。

11. 我携带的所有物品海关都能查验吗?

答: 根据《海关法》第一章第六条第一项的规定，海关可以行使检查进出境运输工具，查验进出境货物、物品的权力，对违反海关法或者其他有关法律、法规的，可以扣留。海关依法执行职务时，相关当事人应予以配合。

海关提醒 只有当旅客本人或其委托之人在场的情况下，海关方可开箱查验行李物品，因此，旅客不必担心自己的行李物品被海关擅自开验的情况存在。

12. 在通关过程中，海关对旅客的查问，旅客可否不予回答?

答: 根据《海关法》第一章第六条第十二项的规定，海关具有查阅进出境人员的证件，查问违反本法或者其他有关法律、行政法规的嫌疑人，调查其违法行为的权力。对于违反《海关法》和其他有关法律、行政法规的嫌疑人，海关有对其进行查问的权力，并有调查其违法行为的权力，这就是海关对进出境的有违法行为的嫌疑人具有查问权、调查权。

海关依法执行职务，尤其是办理案件时需要了解情况，查清事实，搜集证据，在这个过程中，有时需要以询问的方式，找有关单位和个人了解有关情况，进行交谈，目的是查明案情真相。在这种情况下，被询问的单位和个人应当予以配合，如实回答询问，将所知道的真实情况如实提供。对于海关依法执行职务所进行的询问，任何单位和个人都不得阻挠，若有阻挠则要承担妨碍海关执行职务的法律责任。

海关提醒 《海关法》中的询问与查问是有区别的，询问的对象是知道案件情况的证人，被询问的人并非是参与走私犯罪活动的嫌疑人；而查问的对象是有违法行为的嫌疑人。被询问的单位和个人所以要配合海关执行公务，因为每个单位和每个公民都有义务协助国家机关与违法犯罪行为作斗争，提供所知道的情况。

13. 海关是否可以复印我的个人资料?

答: 根据《海关法》第一章第六条第三项的规定，海关查阅、复制与进出境运输工具、货物、物品有关的合同、发票、账册、单据、记录、文件、业务函电、录音录像制品和其他资料，对其中与违反本法或者其他有关法律、行政法规的进出境运输工具、货物、物品有牵连的，可以扣留。

14. 海关加施的封志，物品所有人可否开启?

答: 海关在进出境物品上加施的封志，任何人，包括物品所有人不得擅自开启或者损毁。擅自开启、损毁海关加施于物品的封志的，将承担法律责任。

15. 什么是免验? 对享受免验的人员有什么要求?

答: 免验是根据有关国际公约，我国法律和海关法规，对进出境人员携运的物品给予免予查验的礼遇。

免验人员，免填“旅客行李物品申报单”，海关对其行李物品不予查验。但是，当有重大理由推定免验人员的行李中装有我国法律和政府规章规定禁止进出境或者检疫法规规定管制的物品的，海关可以进行查验。海关查验时，行李物品所有人或者其授权的代理人必须到场。

免验人员进出境时，应主动向海关出示本人护照（或其他有效进出境证件）和身份证件。

16. 享受免验礼遇的外籍人员主要有哪些?

答: 根据通常规定和国际惯例，持有我国驻外签证机关给予外交签证或礼遇签证的人员，海关对其行李物品，免予查验放行。

17. 海关对过境旅客的行李物品有什么监管规定?

答: 过境旅客不离开海关过境监管区域直接携带货物货样至境外的，无须填写海关申报单；过境旅客如需离开海关过境监管区域的，且所携带的行李物品超出旅途自用范围的或携带货物货样的，应填写海关申报单向海关办理申报手续，并由旅客自行委托经海关批准或指定报关运输公司代理承运，比照海关监管货物，由海关予以加封并在申报单上批注，出境地海关核对放行。

第三节　征税

18. 海关对于我所携带应税物品的估价，为何按照完税价格而不按照我在国外购买该物品时的价格?

答:《海关法》规定："进出境物品完税价格由海关确定。"根据这条原则，我国海关通常参照香港地区市场零售价格确定进口行李物品、邮递物品的完税价格，目的是照顾个人进口自用物品的合理需要，简化计税手续，加速物品通关。为了便于执行，统一估价尺度，海关总署编制了《入境旅客行李物品和个人邮递物品完税价格表》（以下简称《完税价格表》），将常见的行李、邮递物品的完税价格列于表中供征税时使用，并在一个时期内根据市场价格变动情况对价格表进行调整。

海关总署关于修订《〈中华人民共和国进境物品归类表〉和〈中华人民共和国进境物品完税价格表〉的公告》（海关总署公告［2012］15 号）已发布并于 2012 年 4 月 15 日实施 。

19. 海关估价的定价原则是怎样的?

答:（1）完税价格是指海关在计征关税时使用的计税价格。完税价格是指海关根据有关规定对进出口货物进行审定或估定后通过估价确定的价格，它是海关征收关税的依据。通常完税价格就是发票上表明的成交价格，但只有当进出口商申报的价格被海关接受后才能成为进出口货物的完税价格。

（2）对《完税价格表》中未列名物品和明确另行确定完税价格的物品，仍实行估价制度。估价依次参考：相同物品相同来源地最近时间市场零售价格、行邮物品资料管理子系统中价格资料、有效购物凭证。相同物品按就低不就高原则选用。

（3）如果物品审定价格是列明的完税价格的 2 倍以下或 1/2 倍以上，

需按完税价格计征行邮税；反之，如果物品审定价格是列明的完税价格的2倍及以上或1/2倍及以下，需将审定价格作为该物品的完税价格。

（4）正确看待有可能存在的物品完税价格与实际购买价格差距的问题，是为保证通关的快捷和征税的简化。考虑到物品种类及来源的多样性和价格确定的复杂性，海关已充分参考了当前国内、国外有关物品的实际价格状况，尽可能使用“就低不就高”、“价格确定前瞻性”等原则来确定物品的完税价格，以尽可能保障管理相对人的利益。

20. 我购买的东西已经在国外缴税了，为何回国之后还要再缴税？

答：您在国外购买物品所缴纳的是当地的消费税以及增值税等，是缴纳给当地税务机关的。您回国之后向中国海关缴纳的是关税，与上述缴纳的税费性质不同，收缴机关也不同。旅客携带应税物品入境向中国海关缴纳关税是应尽的义务。

21. 征税的时候，我可以用外币支付税金吗？

答：征税所收币种只限人民币，不可以使用外币支付税金。

22. 我在境外购买的物品发票价格是以欧元计的，要以此价格为参考换算成人民币支付税款的话，汇率怎么折算？

答：物品价格来源以外币计价的，按照海关总署每月转发的国家外汇管理局《各种货币对美元折算率表》折算为人民币。

23. 进境的时候如果海关多征税，怎么办？

答：进境物品放行后，海关发现少征或者漏征税款，自纳税义务人缴纳税款或者物品放行之日起1年内，向纳税义务人补征。因纳税义务人违反规定而造成的少征或者漏征税款，海关在3年以内可以追征。海关多征的税款，纳税义务人自缴纳税款之日起1年内，可以申请退还关税，并应当以书面形式向海关说明理由，提供原缴款凭证及相关资料；海关应当自受理退税申请之日起30日内查实并通知纳税义务人办理退还手续。纳税义务人应当自收到通知之日起3个月内办理有关退税手续。

24. 我对海关估定的完税价格存有疑义，想申请复议，能否等到有了复议结果之后再按章纳税？

答：纳税义务人应当在海关放行应税个人物品之前缴纳税款。纳税义务人同海关发生纳税争议时，应当先按海关核定的税额缴纳税款，然后自海关填发税款缴纳证之日起30内，向海关书面申请复议。逾期申请的，海关不予受理。

25. 我可以委托他人办理申报纳税手续吗？

答：进出境旅客可以自行办理申报纳税手续，也可以委托他人办理申报纳税手续。接受委托办理申报纳税手续的代理人，应当按照《中华人民共和国海关对进出境旅客行李物品监管办法》对其委托人的各项规定办理海关手续，承担各项义务和责任。

对故意瞒报价格或提供假发票的，经现场带班科长同意按完税价格表所列价格进行征税。

26. 国家规定的应当征税的20种商品有哪些？

答：国家规定应当征税的20种商品包括：电视机、摄像机、录像机、放像机、音响设备、空调器、电冰箱（柜）、洗衣机、照相机、复印机、程控电话交换机、微型计算机、电话机、无限寻呼系统、传真机、电子计算器、打印机及文字处理机、家具、灯具和餐料。

海关提醒 以上20种商品，不享有免税额度。

27. 我是中国籍居民旅客，在境外购买了一台手提电脑，入境时是否需要征税？

答：首先，按照规定居民旅客在境外获取的总值超过5 000元人民币的物品，应向海关申报并办理纳税手续，此处所指的5 000元人民币限值是海关审定的行李物品完税价格，并非旅客境外购买的价格。

其次，手提电脑属于国家规定征税的 20 种商品之一，并不包括在 5000 元人民币的限值范畴内。除居民旅客出境时向海关办理过申报手续且复带进境以及非居民旅客作为旅途自用暂时免税进境，并按规定须复带出境的情况以外，进境手提电脑应向海关申报并缴纳关税。

28. **我入境带了几瓶酒，但都不是 750 毫升一瓶的，海关要怎么计税呢？**

答：根据海关规定，对旅客携带超出 750 毫升/瓶的酒类，每满 750 毫升按照 1 瓶计征关税，超出部分不足 750 毫升的不予计算。对旅客携带不超出 750 毫升/瓶的酒类，按瓶计算，不得累计毫升数。

29. **个人携带出境物品是否征税？**

答：海关准予出境的个人自用物品，根据现行规定，不征收出口税。

第二章　特定人员通关

第一节　留学回国人员购买国产免税汽车

1. 我从国外留学回国，准备带进一辆汽车，请问是否允许？国家对留学人员购车有什么优惠政策？

答：按照现行规定，留学人员还不能从境外带进机动车辆。不过凡在境外正规大学（学院）注册学习和进修一学年以上（含一学年）学成回国工作的留学人员，经海关审核，符合有关条件的，可以在本人免税限量内，购买国产免税小汽车一辆，享受免进口环节零部件关税和车辆购置税等的优惠政策。

2. 我在美国留学，现已毕业并准备回国创业。请问海关对留学人员购买国产免税汽车如何计算免税指标？

答：留学人员是国家暂予保留免税指标的 6 类人员之一。留学回国人员购买的国产免税汽车计入其免税指标。海关对留学回国人员免税限量的计算，是按其实际在外学习时间（从注册入学之日起至毕结业之日止）予以验放。但最多连续免税 4 年。留学人员连续在外满 180 天可免税携带海关估价价值人民币 1 000 元以上，5 000 元以下（含 5 000 元）的生活用品一件。对在外学习期间临时进出境的留学回国人员，其在境内停留时间不超过 30 天的，按连续在境外计算验放时间。对上述人员学成回国时最后半年不满 180 天但超过 150 天的，也可按 180 天验放。

按照规定，留学人员学成回国后，应该在 2 年之内回国，并自入境之日起 1 年内向海关提出购买国产免税小汽车的申请。

3. 我已学成回国，现准备购买一辆免税国产小汽车，需要准备哪些材料？

答：留学人员办理购买免税国产小汽车的申请手续，须向海关提交以下单证：

（1）本人有效护照；

（2）我驻外使领馆出具的留学回国人员证明；

（3）公安部门出具的境内居留证明；

（4）备案地海关要求提供的其他证明文件（毕结业证书，或者进修证明等）；

（5）填写进出境自用物品申请表。

海关提醒

根据海关总署2010年第81号“关于启用有关计算机管理系统”的公告的要求，自2011年1月1日起，留学人员购买国产免税汽车手续，纳入计算机系统管理，申请时，除提交相关书面材料外，还需要进行电子数据的录入，并发送至主管海关。

4. 我在国外学习毕业了，请问我在国外使用过的个人物品是否有通关时限？

答：按照海关现行规定，旅客如果有进境分离运输行李物品，应在入境时填写“进出境旅客行李申报单”向海关申报，并自入境之日起6个月内办理海关手续。

5. 我正在国外留学，毕业后可能还要继续实习和工作一段时间，我应在多长时间内回国并办理购买免税汽车的申请？

答：按照规定，留学人员学成后在境外停留时间应该不超过2年，并自入境之日起一年内向海关提出购买免税国产汽车的申请，如果超过上述期限，海关可不予受理。

6. 我留学毕业回国，准备购买一辆免税汽车。但是我所在的城市规定，没有取得号牌指标，即使买了车也上不了牌照。我现在一直在等待摇号结果，请问我应该怎么办?

答：按照规定，留学人员毕业后，应当自入境之日起一年内向海关提出购买免税汽车的申请，如果选择购买免税国产小汽车，一定要在规定期限内向海关提交相关材料，否则，过期后海关将不予受理。

第二节　非居民长期旅客进出境物品

7. 我是一名中国台湾籍居民，现准备到内地投资办厂，我能携安家物品进境吗?

答：可以，但是你在取得境内长期居留证明前，海关只能按照短期旅客验放你随身携带的旅途自用物品。

按照规定，台湾同胞以及港澳同胞、华侨都属于中国籍非居民旅客，其在内地因设厂或设立企业代表机构，或受聘在境内长期工作等，时间在一年以上者，可以比照《中华人民共和国海关对非居民长期旅客进出境自用物品监管办法》（以下简称《非居民长期旅客进出境自用物品监管办法》）的相关规定，在取得中华人民共和国政府主管部门出具的长期居留许可及其他相关证件后，可向主管海关申请进境自用物品，在规定的范围内，海关准予免税或征税放行。

上述旅客在取得长期居留证件之前和在工作、学习期间临时进出境，海关按短期旅客的规定验放其行李物品。

8. 我是一名德国人，准备在中国做生意，但现在只取得了多次出入境签证，长期居留许可正在申请之中，我属于哪一类旅客，可否申请进境自用物品?

答：按照你所提供的信息，你现在不属于非居民长期旅客，故不能申请进境自用物品。

海关对非居民旅客一般以公安部门签发的长期居留许可区分长期旅客

和短期旅客。非居民长期旅客，一般是指经中国公安部门批准进境并在境内连续居留一年以上（含一年）的旅客，如境外常驻人员，留学生等；非居民短期旅客，是指获准进境但居留不超过一年的旅客，如境外旅游者。您在取得长期居留证件之前，都属于短期旅客。对于短期旅客，海关只放行其旅途自用物品。

9. 我们是一家合资企业，公司现准备聘请一名外籍人员来华工作，海关对他携带进境个人行李有什么规定，以分离运输方式进境物品有什么规定？

答：外国籍长期旅客，也就是通常所说的除台、港、澳和华侨以外的非居民长期旅客。非居民长期旅客在中国居住一年以上（含一年）者，在签证有效期内初次来华携带进境的个人自用的家用摄像机、照相机、便携式收录机、便携式激光唱机、便携式计算机，报经所在地主管海关审核，在每个品种一台的限量内，予以免征进口税，超出部分照章征税。非居民长期旅客在取得中国政府主管部门签发的长期居留证件后，可以向主管海关申请进境自用物品。

10. 我是一名在中国工作的日本人，已经办好了劳动就业证和外国人长期居留许可，我准备把在日本国内的自用生活物品运到中国来使用，请问怎么办理海关手续？

答：您的身份属于《非居民长期旅客进出境自用物品监管办法》中规定的常驻人员。您在办理好外国人居留许可和其他相关证件后，即可向主管海关申请进境自用物品。办理时，应向海关交验本人身份证件、长期居留证件，填写“进出境自用物品申请表”。

11. 我是一名日本人，受聘于一家中国企业，是否算是来华专家？是否可以申请进境个人安家物品？

答：您是否属于专家，要看是否符合以下条件：是否为来华执行联合国等国际组织和政府间多边、双边援助项目的外国技术人员，引进技术和设备的来华技术和管理人员，包括文教专家，取得中国政府主管部门，也就是国家外国专家局或其授权的单位颁发的“外国专家证”。如果取得了外国专家证和长期居留证，即可以按照《非居民长期旅客进出境物品监管办法》的有关规定申请进境自用物品。

12. 我是德国政府派遣来华工作的专家，已经办理好长期居留证明和“外国专家证”，请问我携运进境的行李物品，如何办理海关手续?

答：按照规定，来华工作的国外专家进出境时，随身携带的行李物品中有应税物品时，应在入境时填写“旅客行李申报单”向海关申报，并将全部行李物品交海关查验。

来华专家在中国居留期间以分离运输方式运进自用物品或安家物品，应向主管海关提出书面申请，海关凭本人的有效护照、中华人民共和国政府主管部门签发的长期居留证件、外国专家证，填写的“进出境自用物品申请表”等办理审批手续。

13. 我来自美国，是一名来华工作的专家。我的进出境的行李物品海关如何验放?

答：按照规定，来华工作的外国专家进出境时，对初次来华的专家携带进境的个人自用的家用摄像机、照相机、便携式收录机、便携式计算机在每个品种的数量限制内予以免征进口税，超出部分照章征税。持有长期居留证件的外国专家可以向主管海关申请进境自用物品，首次申请进境物品，海关予以免税放行，但国家规定应当征税的20种商品和机动车辆除外。

外国专家在华工作期间，短期出境（包括去港澳地区），回程时携带入境的行李物品，海关按对短期旅客的规定办理，只免税放行旅途需用物品。

外国专家进出境向海关申报的属于中国海关禁止进出口的物品，海关予以扣留，并限本人在规定的期限内退运国外或国内。但对政治、经济、文化、道德、卫生有害而被扣留的物品，由海关按规定处理，不予发还。

14. 我是一名在西安学习的外国留学生，已经取得了中国公安机关签发的长期居留许可。现在，我的私人行李已经运抵北京首都机场，请问我

应该在哪里报关?

答: 按照海关规定，你应该先向你的主管海关——西安海关提出进境自用物品的申请，提交你的护照等身份证件、提（运）单和装箱清单，填写“进出境自用物品申请表”。西安海关受理并审核通过后，将“进出境自用物品申请表”制作关封，同时会将你的申报信息通过海关计算机管理系统发送到北京的首都机场海关。电子数据显示发送成功后，你就可以持关封（或全权委托代理公司）到首都机场海关办理物品的征、免税及通关手续了。

15. **我是一名到内地留学的中国香港学生，学制四年。请问我该怎么办理行李物品进境申报手续?**

答: 根据你的描述，你应该属于“非居民留学生”。非居民留学生系指在我境内正规大学（学院）注册以学习、进修为目的，在校时间一学年以上（含一学年)，并取得中华人民共和国政府主管部门签发长期居留证件的外国留学生和华侨及港、澳、台学生。非居民留学生进出境自用物品应比照《海关对非居民长期旅客进出境自用物品监管办法》的规定办理海关手续。申请时，应向海关提交本人的入出境证件、公安部门出具的境内长期居留证明、提（运）单和装箱清单，填写“进出境自用物品申请表”。

第三节　定居旅客行李物品

16. **我持有美国护照，在美国居住了 50 多年，现在准备回国定居，能否把我在美国家里的东西运回来? 怎么办理海关手续?**

答: 就您而言，可能有以下两种情况。一个是您保留美国国籍，仅是回中国居住；另一个是您放弃了美国国籍，重新加入中国国籍后回国定居。因此，你一定要弄清楚“回国定居”和“回中国居住”的含义，这是两个不同的概念。

所谓“定居旅客”是指取得中华人民共和国政府主管部门签发的进境或出境定居证明或批准文件，移居境内或境外的旅客。这里的移居境内

"定居"，一般是指申请人放弃原来的身份，重新加入中华人民共和国国籍，并取得中国政府主管部门签发的定居证明。而回国居住则不用放弃境外身份，只需在中国政府主管部门申请长期居留的证明即可，也就是所说的"非居民长期旅客"。回国定居和回中国居住，允许带进的自用物品也是有很大区别的。

17. 我准备移居加拿大生活，海关对出国定居旅客的个人物品如何办理通关手续？

答：按照规定，获准出（国）境定居的旅客携运出境的安家物品，只要不是国家禁止或限制出境的物品，海关均可予以放行。你只要将中国政府主管部门签发的出国定居的证明文件准备齐全，到物品出境地海关办理申报手续即可。

18. 我已获准回国定居，请问我的安家物品如何申报进境？

答：按照规定，获准进境定居的中国籍非居民旅客携运进境其在境外拥有并使用过的自用物品及车辆，应在获准定居后3个月内持中华人民共和国政府有关主管部门签发的定居证明，向定居地主管海关一次性提出申请。上述自用物品中除规定应税物品需征税外，经海关审核在合理数量范围内的准予免税进境。其中完税价格在人民币1 000元以上5 000元以下（含5 000元）的物品每种限一件。自用小汽车和摩托车准予每户进境各一辆，超出部分海关照章征税。

获准进境的自用物品及车辆，应自海关批准之日起6个月内从批准的口岸运进，物品进境地海关凭定居地主管海关的批准文件，对其中的机动交通工具，同时凭旅客填具的"进口货物报关单"办理验放手续。

海关提醒

请注意，按照有关规定，进境定居旅客自进境之日起，居留时间不满两年，再次出境定居的，其免税携运进境的安家物品应复运出境，或向海关补税。

19. 我已获准在中国定居，请问安家物品中属于应税范围的物品有哪些？

答：根据规定，获准进境定居旅客，可以进境安家物品。自用及安家物品中属应税范围的物品包括：电视机、摄像机、录像机、放像机、音响设备、空调器、电冰箱、电冰柜、洗衣机、照相机、传真机、打字机及文字处理机、微型计算机及外设、电话机、家具、灯具、餐料（含饮料、酒）、小汽车、摩托车。

第四节　常驻机构公用物品和常驻人员自用物品

20. 我们是一家总部设在美国的公司，刚刚在中国成立了一家常驻代表机构，是否需要进行海关备案？备案时需提交什么材料？

答：根据规定，常驻机构在取得中华人民共和国政府主管部门签发的批准文件及注册登记证件后，可以向机构所在地主管海关办理备案手续。经海关备案的常驻机构及常驻人员方可向主管海关申请进出境、自用物品。

常驻机构办理备案手续应递交下列文件：

（1）设立常驻机构审批机关批准文件的正本及复印件；

（2）主管部门颁发的注册证明正本和复印件；

（3）常驻机构报关印章的式样；

（4）常驻机构负责人签字式样、身份证件正本和复印件；

（5）常驻机构中常驻人员名册，名册含常驻人员姓名、性别、国籍、有效进出境证件号码、到任时间、任期、职务及在中国境内的住址等内容。

《中华人民共和国海关对常驻机构进出境公用物品监管办法》（海关总署令第115号）（以下简称《常驻机构监管办法》）中有关设立常驻机构的审批机关的批准文件，是根据不同的主管部门而定的。比如，一般的经贸企业、机构，其审批机关就是商务部主管部门，而航空公司的常驻机构，则需要由民航总局审批，旅游机构的常驻机构由国家旅游局审批，律师事务所则需由司法部主管部门审批，保险公司、银行、证券机构的常驻机构分别由保监会、银监会和证监会等相关部门的主管单位审批。

21. 我们是一家常驻机构，要进境办公用品，请问如何办理海关手续?

答：首先你们要确定是否已经在主管海关办理了机构备案，如果还没有，则应当首先向主管海关办理备案手续。备案后即可申请进境公用物品。

按照《常驻机构监管办法》的解释，公用物品是指常驻机构开展业务所必需的办公设备、办公用品及机动车辆。

常驻机构申请进境的公用物品，应向主管海关提出书面申请，经海关核准在自用合理数量范围内的，准予征税放行。

常驻机构申请进境公用物品，应向主管海关交验下列单证："常驻机构海关备案证"，"进出境公用物品申请表"，提（运）单、发票和装箱单等相关单证。

常驻机构申请进境机动车辆时，除交验以上单证外，还应当交验本机构所有常驻人员的有效身份证件。主管海关自接受申请之日起5个工作日内答复。

进境公用物品的申请获准后，常驻机构可到物品进境地海关办理物品的报关手续。常驻机构应当填写或委托报关企业填写"进口货物报关单"，提交主管海关审批的"申请表"，并交验提（运）单、发票、装箱单等相关单证。

22. 我们是一家外商驻华代表处，现在准备关闭，代表处的公用物品如何办理出境手续?

答：根据规定，常驻机构将原进境的公用物品复运出境，应当持"海关备案证"、"进出境公用物品申请表"等有关单证向主管海关提出申请，主管海关批准后，常驻机构持主管海关的批准文件在出境地海关办理公用物品报关手续。办理报关手续时，应当填写"出口货物报关单"，并提交经主管海关批注的"进出境公用物品申请表"等相关单证。

23. 我是一个外商投资企业中的一名常驻人员，如何办理个人物品的通关手续?

答：按照规定，常驻人员在取得公安部门签发的长期居留许可证明后，方可进境自用物品。你如果已经取得长期居留许可，即可持居留证件、本人身份证件及其他相关证件，填写“进出境自用物品申请表”，向所在地主管海关提出进出境自用物品的书面申请。

进境自用物品的申请获得批准后，你可持主管海关制作的关封，到物品进境地海关办理物品的征免税、通关手续。

24. 我们是一家常驻机构，按总公司要求现在准备关闭。机构内的办公用品和常驻人员自用物品以及机动交通工具，是否可出售、转让？

答：按照规定，常驻机构进境的办公用品、常驻人员进境的自用物品以及机动交通工具，只限自用，未经许可不准在中华人民共和国境内私自转让、出售、出租、抵押。如需转让、出售，应事先向主管海关提出申请，经批准后，按海关规定办理有关手续。违者，海关依法处理。

25. 我是一名美国人，在一个常驻代表处担任首席代表，为解决日常出行不便，准备从美国购买一辆汽车，我的相关证件齐全，请问如何办理申请手续？

答：按照《非居民长期旅客进出境自用物品监管办法》的相关规定，常驻人员可以申请征税进境自用机动车辆。但是，根据海关总署2010年第32号公告要求，你所申请进境的车辆只能是新车。机动车辆是指摩托车、小轿车、越野车、9座及以下的小客车。

申请时，你应向主管海关交验本人身份证件，中华人民共和国政府主管部门签发的长期居留证件、所在常驻机构的“常驻机构备案证”，填写“进出境自用物品申请表”。主管海关受理通过后，制作关封并将相关电子申报信息发送至车辆进境地海关。之后你就可以到进境地海关办理车辆征税和通关手续了。

26. 我是一名常驻人员，我3年前经海关批准，征税进境了一辆汽车，现在是否可以转让过户？

答：可以，但要先办理相关手续。根据海关有关规定，常驻人员征税进境的机动车辆，自向公安交通管理部门办结车辆登记手续之日起一年后，方可准予转让过户。你的征税车辆已经使用超过一年，符合海关总署有关规定，现在可以向主管海关提出签发“解除监管证明书”和办理过户转让的申请了。

27. 我的征税车辆已经进境使用超过一年，现在准备转让他人，如何办理申请签发“解除监管证明书”手续？需提交哪些材料？

答：根据规定，常驻人员征税进境的机动车辆，自向公安交通管理部门办结车辆登记手续之日起一年后方可准予转让过户。你征税进境的机动车辆符合规定，请持本人有效身份证件、长期居留证件、机动车辆行驶证明及所在机构的海关报关注册登记证明书，填写“解除监管申请书”，到主管海关办理相关手续。办理手续时，还应同时将车辆驶到海关进行核查。

28. 我是一名德国专家，应该属于中德两国政府间协议的那一类专家。去年来中国工作时，我免税进境一辆小汽车。请问车辆的监管期是多少年？到期后如何办理解除监管手续？

答：根据海关规定，按照政府间协议批准免税进境的机动车辆属于海关监管车辆，监管期限为自海关放行之日起6年。海关同时对监管车辆实行年审制度，车辆所有人应当根据主管海关的公告，在规定时间内，将进境监管机动车辆驶至指定地点，持本人身份证件、长期居留证件、“监管车辆登记证”、“机动车辆行驶证”到主管海关办理机动车辆海关年审手续。年审合格后，主管海关在“监管车辆登记证”上加盖年审印章。

监管期限届满的，车辆所有人应当持“中华人民共和国海关公/自用车辆解除监管申请表”、本人身份证件、长期居留证件、“监管车辆登记证”和“机动车辆行驶证”向主管海关申请解除监管。主管海关核准后，开具“中华人民共和国海关监管车辆解除监管证明书”，凭此向公安交通管理部门办理有关手续。

第五节　驻外使领馆工作人员携运车辆进境手续

29. 我是一家国内企业派驻国外常驻的人员，是否能够带进车辆？

答：您不能带进车辆。按照规定，只能是我驻外使领馆享受常驻人员待遇的工作人员（含在联合国机构工作的外交人员），离任回国时可以带进其任期使用的车辆。

经国务院批准，我驻外使领馆车辆管理制度自2005年2月1日起试行改革，新管理制度允许驻外使领馆人员离任回国时将所购自用车辆携带回国，并给予适当税收优惠。此政策不包括其他派驻国外机构的人员，如国企在国外开设的办事机构等。

30. 驻外使馆馆员，需要在外任职多长时间，离任时可以带进汽车？我已赴外任职3年，是否符合规定？

答：按照《驻外使领馆工作人员离任回国所携自用车辆进口税收的暂行规定》，馆员在第一至第二个任期内，且累计任职时间2年以上（含2年），可进境1辆小轿车（含越野车）；自第三个任期开始，每个标准任期（4年）任满离任可进境1辆小轿车。你如果此次是首次出国任职，已经符合规定，可以带进汽车。

31. 我是驻国外大使馆的外交人员，现在离任回国。但是我所在的驻在国是使用右舵车的国家。但我又无法带右舵车回国使用，我应该怎么办？

答：根据《驻外使领馆工作人员离任回国所携自用车辆进口税收的暂行规定》，在使用右舵车国家或地区工作的馆员，其将任内所购右舵车处置后所购买的左舵小轿车带进境内，不受在任内使用年限的限制。

32. 我是驻外馆员现已离任回国，请问应如何办理自用车辆进境的申

请手续?

答：按照规定，馆员应当自本人入境后 6 个月内向其国内居住地的直属海关或者经直属海关授权的隶属海关（以下简称“主管海关”）提出书面申请，并提交下列单证：

（1）护照、居民身份证；

（2）我驻外使领馆出具的“驻外使领馆人员身份证明”；

（3）国内外派主管部门出具的“我国驻外使领馆人员离任回国证明书”；

（4）提（运）单、购车发票、装箱单等相关单证；

（5）中华人民共和国海关进出境自用物品申请表。

33. **我是驻外馆员，带进的免税车辆是否可以转让他人?**

答：按照规定，馆员离任回国进境的免税车辆属于海关监管车辆，监管期限为自海关放行之日起 3 年。在监管期限内，馆员进境的海关监管车辆不得擅自转让、出售或者进行其他处置。

34. **我马上又要赴外任职，监管车辆应如何处置?**

答：按照海关现行规定，馆员进境的免进口关税汽车属于海关监管车辆，监管年限 3 年。在监管期限内，馆员进境的海关监管车辆不得擅自转让、出售或者进行其他处置。您如果即将再次赴外任职，需转让、出售或者处置进境的海关监管车辆，应报经主管海关批准，并持本人身份证和“机动车行驶证”向主管海关提交书面申请。主管海关审核并对有关车辆依法补征税款后，开具“中华人民共和国海关监管车辆解除监管证明书”，您可以凭此依法在公安机关交通管理部门办理有关手续。

35. **我的车辆已经进境满 3 年了，如何办理解除监管手续?**

答：按照规定，馆员进境车辆监管期为自海关放行之日起 3 年。办理解除海关监管手续时，您应持“中华人民共和国海关公/自用车辆解除监管申请表”、本人身份证件和“机动车行驶证”向主管海关提出解除监管的申请。主管海关核准后，开具“解除监管证明书”，凭此依法在公安交通管理部门办理有关手续。

第六节　高层次人才进出境物品

36. 我单位聘用了一名留学回国人员，有国家外国专家局发的“专家证”，他能算是高层次人才吗？高层次人才的身份如何确定？

答：根据有关规定，高层次人才的身份一律由国家人力资源和社会保障部、中华人民共和国教育部（以下简称教育部）或者其授权的各省、自治区和直辖市人民政府人事、教育主管部门认定。您单位聘请的这位人士只能算是普通专家，不属于高层次人才。

37. 我单位有一名高层次人才，请帮助解释他能够进境自用物品的种类与范围？

答：根据规定，回国定居或者来华工作连续一年以上（含一年）的高层次人才可以进境个人生活物品。高层次人才进境下列范围内合理数量的自用物品，海关依据有关规定予以免税验放：

（1）首次进境的个人生活、工作自用的家用摄像机、照相机、便携式收录机、便携式激光唱机和便携式计算机等；

（2）日常生活用品，如衣物、床上用品和厨房用品等；

（3）其他自用物品（国家规定应当征税的20种商品除外）。

38. 高层次人才可否进境科研、教学物品？

答：按照《高层次人才管理办法》的有关规定，回国定居或者来华工作连续一年以上（含一年）的高层次人才进境的下列范围内合理数量的科研、教学物品，海关依据有关规定予以免税验放：

（1）科学研究、科学试验和教学用的少量和小型检测、分析、测量、检查、计量、观测、发生信号的仪器、仪表及其附件；

（2）为科学研究和教学提供必要条件的少量的小型试验设备；

（3）各种载体形式的图书、报刊、讲稿、计算机软件；

（4）标本、模型；

（5）教学用幻灯片；

（6）实验用材料。

39. 高层次人才如何办理自用物品和科研教学物品的进境手续？

答：高层次人才进境自用物品和科研教学物品，除应当向海关提交国家人力资源和社会保障部、教育部或者其授权部门出具的高层次人才身份证明外，还应当按照下列规定办理海关手续：

（1）以随身携带、分离运输方式进境科研、教学用品的，应当如实向海关书面申报，并提交本人有效入出境身份证件；

（2）以邮递、快递方式进境科研、教学用品的，应如实向海关申报，并提交本人有效入出境身份证件；

（3）回国定居或者来华工作连续一年以上的高层次人才进境自用物品的，应当填写“中华人民共和国海关进出境自用物品申请表”，并提交本人有效入出境身份证件、境内长期居留证件或者“回国（来华）定居专家证”，由本人或者委托他人向主管海关提出书面申请。

40. 我单位聘请了一名高层次人才，他可否进境自用机动车辆？对进境的车辆有什么要求呢？

答：根据规定，高层次人才可以申请从境外运进自用机动车辆一辆（限小轿车、越野车、9座及以下小客车），海关依据有关规定予以征税放行。高层次人才进境的自用车辆没有要求必须是新车，其在境外使用过的车辆也可以申请。

41. 我去年以高层次人才身份进境了一辆机动车辆，请问可以转让吗？

答：高层次人才进境的机动车辆属于海关监管车辆，应依法接受海关监管。未经海关许可不得转让、出售或者进行其他处置。

高层次人才可以在机动车辆自海关放行之日起一年后向主管海关提出解除海关监管的申请，主管海关按照《非居民长期旅客进出境自用物品监管办法》的有关规定办理。

42. **我单位聘请了一名高层次人才，请问海关对其进境自用物品及通关方面有什么优惠政策?**

答：为充分体现国家对高层次人才回国（来华）工作的鼓励，海关的《高层次人才管理办法》对高层次人才进境物品通关手续进行了简化，并给予通关便利。其中高层次人才进境个人物品，海关不限制次数，每次均按照规定办理征免税审批、验放手续；对其所携物品，情况正常的，海关均不予以开箱查验。

第三章　进出境邮递物品通关

1. 个人邮寄物品有没有限值？是如何规定的？

答：有。目前，个人寄自或寄往中国港、澳、台地区的物品，每次限值为800元人民币；寄自或寄往其他国家和地区的物品，每次限值为1 000元人民币。

个人邮寄进出境物品超出规定限值的，会被要求办理退运手续或者按照货物规定办理通关手续，所以一定要特别注意。

2. 这些都是朋友寄给我的礼物，为什么海关要对个人的东西进行限制呢？

答：海关对进出境个人邮递物品的管理原则是：既方便正常往来，照顾个人合理需要，又要限制走私违法活动。据此原则，海关规定了个人每次邮寄物品的限值、免税额和禁止、限制邮寄物品的品种。进出境个人邮递物品应以自用、合理数量为限。对邮寄进出境的物品，海关会依法进行查验，并按章征税或免税放行。

3. 邮寄哪些东西海关要进行管理，信也要拆吗？

答：海关对中华人民共和国境内的用户与其他国家或者地区的用户通过国际邮政渠道邮寄进出境的个人物品（包括包裹、小包邮件和印刷品）、货物等进行监管，私人信件不在海关管辖范围内，不会开拆。

4. 邮寄进境的邮包有没有免税优惠？

答：为照顾收件人、寄件人的合理需要，个人邮寄进境物品，海关依法征收进口税，但应征进口税税额在人民币50元（含50元）以下的，海关予以免征。

进口税50元以上的，须全额缴纳。

5. 进出境邮递物品的价值是如何确定的?

答:进境邮递物品的价值由海关依法遵循以下原则确定:(1)“完税价格表”已列明完税价格的物品,按照“完税价格表”确定;(2)“完税价格表”未列明完税价格的物品,按照相同物品相同来源地最近时间的主要市场零售价格确定其完税价格;(3)实际购买价格是“完税价格表”列明完税价格的2倍及以上,或是“完税价格表”列明完税价格的1/2及以下的物品,进境物品所有人应向海关提供销售方依法开具的真实交易的购物发票或收据,并承担相关责任。海关可以根据物品所有人提供的上述相关凭证,依法确定应税物品完税价格。

出境邮递物品的价值按照国内法定商业发票所列的价格来确定。

边疆地区民族特需商品的完税价格按照海关总署另行审定的完税价格表执行。

6. 海关对于进出境的私人信件是否也要检查?

答:《中华人民共和国宪法》规定:公民的通信自由和通信秘密受法律保护。因此,一般情况下海关对进出境的私人信件不作检查,除非信件中夹带其他物品。

7. 邮寄进境的个人物品应如何办理海关手续?

答:邮寄进境的个人物品,应由收件人到邮局向派驻邮局的海关办理进境报关手续。收件人亲自到海关办理手续确有困难的,可委托他人或委托邮局向海关办理报关等手续。具体海关手续如下:

(1)收件人向海关递交包裹通知单、本人身份证件。如果是分离运输行李,收件人还需向海关交验护照、口岸海关批注的“中华人民共和国海关进/出境旅客行李物品申报单”等相关单证,并在本人入境之日起的6个月内至海关办理手续。

(2)海关审核包裹通知单和其他所需单证。

(3)海关查验确定包裹在限值、自用合理数量范围内,并无国家禁止或限制进境物品的,照章征税或免税后予以放行。

（4）包裹内所装物品属于国家禁止或限制出境物品的，根据有关法律、法规处理。

8. 邮寄出境物品需要办理哪些手续？

答：寄件人在邮寄出境邮包时，应填写报关单、绿色验关标签等单据，如实填报内装物品的品名、数量、价值（如邮寄大包裹应另填写发寄单，免填绿色验关标签），向派驻邮局的海关申报，经海关验放后，交由邮局投寄。在未设海关的地区，可按上述手续直接向邮局投寄，由邮局交驻出口邮件交换局的海关验放。具体海关手续如下：

（1）寄件人向海关如实申报出境物品，并递交出境包裹报关单，接受海关对物品的查验。

（2）经海关确定包裹在限值、自用合理数量范围内，并无国家禁止或限制出境物品后，海关予以放行；经海关确定包裹价值超过限值或超出自用合理数量的，予以退运。

（3）包裹内所装物品属于国家禁止或限制出境物品的，根据有关法律、法规处理。

9. 申请退寄的进出境物品如何办理手续？

答：进口邮件由收件人或其代理人申请退寄原寄地，出境邮件由寄件人或其代理人领回或退寄。过期不退或不领回的，由邮局送交海关变卖，所得价款上缴国库。

10. 化妆品允许邮寄进境的数量是多少？如果数量很大可以分批邮寄进境吗？

答：进出境个人邮递物品，以自用合理数量为限。如果收、寄件人用冒名顶替、分散寄递和其他方式逃避海关监管，以及有逃汇、套汇行为的，由海关依照《海关法》及相关规定按走私处理。

11. 邮寄进出境货物如何办理海关手续？

答：邮寄进出境货物应按海关对进出境货物的规定办理报关、纳税或减免税手续，并提交各种所需文件。

邮寄进出境的货物，应当由收、发货单位或者他们的代理人在设有海关的邮局向海关申报，并按进出口货物的海关规定办理相关手续。

邮寄进出境的货样、广告品，以及我国政府机关、人民团体、国有企业等与国外相互赠送的礼品，分别按照货样、广告品和礼品监管规定办理海关手续。

（1）进口货物具体通关程序：

①由预录入公司录入报关数据并将电子数据通过电子口岸发送到海关审单中心；

②海关审单中心通过审单后，由预录入公司打印出纸本报关单；

③报关员持纸面单证向海关进行申报，提交报关单、发票、装箱清单、包裹通知单及其他相关单证；

④海关审核纸本报关单证，并进入 H2000 系统进行接单操作，审核是否单单相符、单证相符；

⑤海关打印出税款缴纳证及行政事业收费缴纳证等单证；

⑥报关单位到银行缴纳税款；

⑦海关凭银行加盖已缴纳税款章的税款缴纳证，在 H2000 系统中进行税费核销；

⑧海关对进口货物进行查验、放行；

⑨确定单货相符后，进入 H2000 系统通过放行、结关程序，最后在包裹通知单加盖放行章，对货物予以放行；

⑩对需对外付汇的报关单出具进口货物报关单付汇证明联。

（2）出口货物具体通关程序：

①由预录入公司录入报关数据并将电子数据通过电子口岸发送到海关审单中心；

②海关审单中心通过审单后，由预录入公司打印出纸本报关单；

③报关员向海关报关，提交报关单、外汇核销单、发票、包裹单及相关单证；

④海关审核纸本报关单证，并进入 H2000 系统进行电子审单，审核是否单单相符，单证相符；

⑤海关对出口货物进行查验，确定单货相符后，在H2000系统中通过查验程序；

⑥如出口货物需征收出口关税，由海关打印出税款缴纳证单，报关单位到银行缴纳税款后，海关凭银行加盖已缴纳税款章的税款缴纳证，进行查验放行；

⑦进入H2000系统通过放行结关程序，在包裹单上加盖放行章对货物予以放行；

⑧报关单位将包裹交邮局发运；

⑨货物出口后，由海关给予报关单位签发出口退税联报关单。

12. 对于放弃的进境邮递物品，海关如何处理？

答：进境的邮递物品，如果超过规定的保管期限，收件人仍未办理海关手续并领取的，由邮局退回寄件人；无法退回的，由海关依法变卖，所得价款上缴国库。

13. 如果我把海关说不能寄的东西放在衣服里寄出去，海关能怎么办？

答：所有进出境邮件均在海关监管下，经查验，发现有藏匿国家禁止、限制进出境物品的，对于禁止进出境的个人邮递物品，由海关扣留，并按《海关法》及《中华人民共和国海关行政处罚实施条例》的相关规定进行处理。

《中华人民共和国海关行政处罚实施条例》规定：违反《海关法》及其他有关法律、行政法规，逃避海关监管，偷逃应纳税款、逃避国家有关进出境的禁止性或者限制性管理，经过设立海关的地点，以藏匿、伪装、瞒报、伪报或者其他方式逃避海关监管，运输、携带、邮寄国家禁止或者限制进出境的货物、物品或者依法应当缴纳税款的货物、物品进出境的是走私行为；走私国家禁止进出境的物品的，没收走私物品及违法所得，可以并处10万元以下罚款；个人运输、携带、邮寄超过规定数量但仍属自用的国家限制进出境物品进出境，未向海关申报但没有以藏匿、伪装等方式逃避海关监管的，予以警告，可以处物品价值20%以下罚款，有违法所得的，没收违法所得。

第四章　禁限物品及其他特殊物品通关

1. 禁止进境物品有哪些?

答: 禁止进境物品包括:

(1) 各种武器、仿真武器、弹药及爆炸物品;

(2) 伪造的货币及伪造的有价证券;

(3) 对中国政治、经济、文化、道德有害的印刷品、胶卷、照片、唱片、影片、录音带、录像带、激光视盘、计算机存储介质及其他物品;

(4) 各种烈性毒药;

(5) 鸦片、吗啡、海洛因、大麻以及其他能使人成瘾的麻醉品、精神药物;

(6) 带有危险性病菌、害虫及其他有害生物的动物、植物及其产品;

(7) 有碍人畜健康的、来自疫区的以及其他能传播疾病的食品、药品或其他物品。

2. 禁止出境物品有哪些?

答: 禁止出境物品包括:

(1) 列入禁止进境范围的所有物品;

(2) 内容涉及国家秘密的手稿、印刷品、胶卷、照片、唱片、影片、录音带、录像带、激光视盘、计算机存储介质及其他物品;

(3) 珍贵文物及其他禁止出境的文物;

(4) 濒危的和珍贵的动物、植物(均含标本)及其种子和繁殖材料。

3. 海关对携有禁止进出境物品的情况如何处理?

答: 旅客携运属于禁止进出境物品范围内的物品进出境,在海关检查以前主动报明的，分别予以没收或者责令退回，并可酌情处以罚款。凡责令退回的，应由旅客在规定期限内向海关办理退回手续。逾期不退的，由海关按有关规定予以没收。由于对中国政治、经济、文化、道德、卫生有害而被扣留的物品，均不予发还，由海关按国家有关规定处理。旅客携运属于禁止进出境的物品藏匿不报的，应负法律或行政责任。

4. 国家限制进境物品包括哪些?

答：国家限制进境物品包括：

（1）无线电收发信机、通信保密机；

（2）烟、酒；

（3）濒危的和珍贵的动物、植物（均含标本）及其种子和繁殖材料；

（4）国家货币；

（5）海关限制进境的其他物品。

5. 国家限制出境物品包括哪些?

答：国家限制出境物品包括：

（1）金银等贵重金属及其制品；

（2）国家货币；

（3）外币及其有价证券；

（4）无线电收发信机、通信保密机；

（5）贵重中药材；

（6）一般文物；

（7）海关限制出境的其他物品。

6. 受国家保护的文物包括哪些?

答：根据《文物保护法》的规定，在中华人民共和国境内，下列具有历史、艺术、科学价值的文物，受国家保护：

（1）具有历史、艺术、科学价值的古文化遗址、古墓葬、古建筑、石窟寺和石刻；

（2）与重大历史事件、革命运动和著名人物有关的，具有重要纪念意义、教育意义和史料价值的建筑物、遗址、纪念物；

（3）历史上各时代珍贵的艺术品、工艺美术品；

（4）重要的革命文献资料以及具有历史、艺术、科学价值的手稿、古旧图书资料等；

（5）反映历史上各时代、各民族社会制度、社会生产、社会生活的代表性实物。

具有科学价值的古脊椎动物化石和古人类化石同文物一样受国家的保护。

7. 我想了解国家对文物出境有什么管制？

答：按规定，珍贵文物禁止出境，一般文物限制出境。旅客携带和个人邮寄文物出境前，需经国家文化行政管理部门指定的文物鉴定站或省、自治区、直辖市文化行政管理部门进行鉴定，并发给许可出口凭证。对经鉴定不能出境的文物，国家可以征购。具有重要历史、艺术、科学价值的文物，除经国务院批准运往国外展览的以外，一律禁止出境。文物通关时，旅客或者寄件人必须事先向海关申报，并出示出口许可证和文物出境火漆标志，或者出示文物古籍外销统一发货票。

8. 国家禁止和限制进出境物品表中的珍贵文物，其他禁止出境的文物以及一般文物，分别指什么？

答：珍贵文物是指一、二、三级文物；其他禁止出境的文物，是指有损国家荣誉、有碍民族团结、在政治上有不良影响的文物。上述以外的，为一般文物。

9. 禁止出境文物的种类有哪些？

答：禁止出境文物的种类有：

（1）凡在1949年以前（含1949年）生产、制作的具有一定历史、艺术、科学价值的文物，原则上禁止出境。其中，1911年以前（含1911年）生产、制作的文物一律禁止出境。

（2）凡在1966年以前（含1966年）生产、制作的有代表性的少数民族文物禁止出境。

（3）凡有损国家、民族利益，或者有可能引起不良社会影响的文物，不论年限，一律禁止出境。

（4）《文物出境审核标准》中规定禁止出境的文物。

10. 我想携带文物进境，应怎样报关？

答：旅客个人携带进境的文物，填写申报单并选择“申报通道”向海关书面申报，海关按照自用、合理数量原则验放。如果超出自用、合理数量的，海关则要求旅客应按一般货物办理进口手续或予以退运。

11. 我带文物暂时进境，以后要复带出境的，该怎么办手续？

答：如果文物是暂时进境需要复带出境的，旅客应在入境时向海关详细书面申报，海关加封后交由当事人送至当地国家文物进出境审核管理处办理暂进手续，旅客申报内容包括文物品名、数量、年代、规格、质地、款式等，必要时要提供照片，经海关核查无讹后，登记备核。复带文物出境时，海关凭入境时的申报登记、文物局出境许可证、火漆印鉴标志核放。

12. 我想带我的家存文物出境，可以吗？若不可以，经海关检查会没收吗？

答：携带、邮寄、托运个人家存文物（含已故现代著名书画家的作品）出口，必须向海关申报，并交验国家文物鉴定站开具的文物出境许可证或文物古籍外销统一发货票，海关凭证明文件核查文物上钤盖的鉴定标志放行。已向海关申报，但不能交验文化行政管理部门开具的“文物出境许可证”和钤盖的鉴定标志的，不准出口，应予退运。限3个月内（来往港澳地区的旅客限1个月）由当事人或其代理人领回，过期不领，海关依法予以处理。携运、邮寄文物出口，不向海关申报，不论是否藏匿，海关都将依法处理。

13. 国内哪些部门具有进出境文物审核资质?

答: 国家文物局授予北京、天津、河北、上海、江苏、浙江、安徽、福建、山东、河南、湖北、广东、云南、陕西14个国家文物进出境审核管理处以进出境文物审核资质，分别负责所在省市各口岸申报出境和临时进境文物的审核事项。

14. 我在指定文物商店购买的文物可否携带出境? 是否还需要鉴定?

答: 入境旅客在指定的文物商店用带进的外汇购买的文物可以携带出境，不需要再到文化行政管理部门申请鉴定。上述旅客携带文物出境时，需向海关申报，海关凭“文物古籍外销统一发货票”和文物出境火漆标识验放。

15. 我是否可以携带新中国成立以来制作的文物仿制品、复制品出境? 如何办理海关手续?

答: 新中国成立以来制作的文物仿制品和复制品不属于文物范围。携运文物仿制品和复制品，除国家另有规定外，在自用、合理数量范围以内的准予出境。对于文物复仿制品出境，海关可以凭文物复仿制品证明和文物复仿制品出境标识放行。

16. 我是否能携带或邮寄现代书画家作品出境?

答: 已故现代书画家的作品，除经国家文物局进出境审核管理处鉴定准予出境的外，不准携运出境；对一般现代书画作品，旅客携带出境的，在自用、合理数量范围内，邮寄的在规定限值内，海关准予作为个人物品出口，但超出自用、合理数量范围或超邮寄规定限值的，要按一般货物办理出口手续。

17. 我可以携带中药材、中成药出境吗?

答: 在限值内可以。旅客携带中药材、中成药出境，海关按以下限值验放：前往国外的，总价值限人民币300元；前往中国港澳地区的，总价值限人民币150元。含麝香、虎骨等濒危动物成分的除外。

18. 我可以邮寄中药材、中成药出境吗?

答: 在限值内可以。个人邮寄中药材、中成药出境,海关按以下限值验放:寄往国外的,总价值限人民币200元;寄往中国港澳地区的,总价值限人民币100元。含麝香、虎骨等濒危动物成分的除外。

19. 个人能否携带、邮寄卫星电视接收设备进境?

答: 禁止任何个人携带、邮寄卫星电视接收设备,包括天线、高频头、接收机、编码器、解码器、解压及接收一体化装置(统称卫星电视解码器)入境。

对旅客携运上述设备进境并向海关申报的,海关一律不予放行,限期由物品所有人退运出境,逾期由海关依法处理;对未向海关申报的,按《中华人民共和国海关法行政处罚实施细则》有关规定处理。

20. 我携带或邮寄动植物进境,海关都要检疫吗?

答: 海关根据《海关法》的规定,对进出境物品进行监管。但关于检疫,根据《进出境动植物检疫法》的规定,由国务院设立动植物检疫机关统一管理全国进出境动植物检疫工作。不是海关负责。

旅客携带动植物、动植物产品和其他检疫物进境的,进境时必须向海关申报,海关会将申报或者查获的动植物、动植物产品和其他检疫物及时交由口岸动植物检疫机关检疫并进一步处理。

邮寄进境的动植物、动植物产品和其他检疫物,由口岸动植物检疫机关在国际邮件互换局(含国际邮件快递公司及其他经营国际邮件的单位,以下简称"邮局")实施检疫。经现场检疫合格的,由口岸动植物检疫机关加盖检疫放行章,交邮局运递。需要作实验室检疫或者隔离检疫的,口岸动植物检疫机关应当向邮局办理交接手续;检疫合格的,加盖检疫放行章,交邮局运递。

简而言之,国家质检总局下属的各出入境检验检疫部门是一般动植物及其产品和其他检疫物的主管部门,也是在各进出境口岸的联检部门之一,个人携带、邮寄动植物及其产品进境,海关一般交其处理。您要是想带上述物品进出境，最好先向该部门详细咨询一下。

21. 我可以带象牙入境吗?

答：根据野生动物保护法的规定，进出口中国所参加国际公约限制进出口的野生动物或者其产品的，必须经国务院野生动物行政主管部门或者国务院批准，并取得国家濒危物种进出口管理机构核发的允许进出口证明书。海关凭允许进出口证明书查验放行。

我国是《濒危野生动植物种国际贸易公约》的成员国。非洲象、亚洲象属于公约保护的种类。进出口非洲象、亚洲象及其任何产品，必须由出口国政府和进口国政府，发给“允许出口证明书”和“允许进口证明书”。因而，进出境象牙制品都要经主管部门审查同意并经我国濒危物种进出口管理办公室核发“允许进口证明书”、“允许出口证明书”。进出境时，海关凭上述证明书核放。没有取得上述证明书或者物证不符的，海关不予放行，予以查扣。

22. 我可以携带金丝猴标本出境吗?

答：根据野生动物保护法的规定，出口国家重点保护野生动物或者其产品的，必须经国务院野生动物行政主管部门或者国务院批准，并取得国家濒危物种进出口管理机构核发的允许进出口证明书。海关凭允许进出口证明书查验放行。

对于金丝猴等濒危和珍贵动植物（均含标本）及其种子和繁殖材料在出口报关时，都应向海关递交允许出口证明书。无允许出口证明书，则不准携带、邮寄、托运出口。

海关提醒 凡来我国旅游、访问及其他活动的旅客，不准擅自采集我国自然资源标本。违法携带出境的物品，海关一经发现予以扣留处理。个人携带、邮寄出境动植物标本，如蝴蝶标本等，要经我国主管部门审核批准并出具证明，没有证明的不准出口。

23. 我是否可以把我在国外养的宠物猫带进境?

答: 旅客携带动物进境的，必须持有输出动物的国家或者地区政府动植物检疫机关出具的检疫证书，携带犬、猫等宠物进境的还必须持有疫苗接种证书，且每人限一只，经检疫合格后放行。海关接受旅客带进伴侣犬、猫的申报后，应验明有关证书，并通知口岸动植物检疫机关将有关犬、猫进行隔离检疫。口岸动植物检疫机关向旅客出具截留检疫凭证，检疫时间一律为 30 天。

24. 我是否能携带治疗我抑郁症的药品出入境?

答: 如果抗抑郁症药品中含有列入麻醉药品目录、精神药品目录的药品和其他物质（该目录由国务院药品监督管理部门会同国务院公安部门、国务院卫生主管部门制定、调整并公布），则抗抑郁药就按照麻醉药品、精神药品监管。

因治疗疾病需要，个人凭医疗机构出具的医疗诊断书、本人身份证明，可以携带单张处方最大用量以内的麻醉药品和第一类精神药品；携带麻醉药品和第一类精神药品出入境的，由海关根据自用、合理的原则放行。

25. 我是医务人员，是否可以携带麻醉药品出入境?

答: 医务人员为了医疗需要携带少量麻醉药品和精神药品进出境的，应当持有省级以上人民政府药品监督管理部门发放的携带麻醉药品和精神药品证明。海关凭携带麻醉药品和精神药品证明放行。

26. 哪些印刷品、音像制品禁止进出境?

答: 有下列内容之一的印刷品、音像制品，禁止进境：反对宪法确定的基本原则的；危害国家统一、主权和领土完整的；危害国家安全或者损害国家荣誉和利益的；攻击中国共产党，诋毁中华人民共和国政府的；煽动民族仇恨、民族歧视，破坏民族团结，或者侵害民族风俗、习惯的；宣扬邪教、迷信的；扰乱社会秩序，破坏社会稳定的；宣扬淫秽、赌博、暴力或者教唆犯罪的；侮辱或者诽谤他人，侵害他人合法权益的；危害社会公德或者民族优秀文化传统的；国家主管部门认定禁止进境的；法律、行政法规和国家规定禁止的其他内容。

有以下内容的印刷品音像制品禁止出境：有禁止进境内容的，涉及国家秘密的，国家主管部门认定禁止出境的。

27. 哪些印刷品音像制品是属于淫秽、色情的，海关是如何认定的?

答：淫秽印刷品及音像制品是指：在整体上宣扬淫秽行为，具有下列内容之一，挑动人们的性欲，足以导致普通人腐化堕落，而又没有艺术价值或科学价值的。淫秽性地具体描写性行为、性交及其心理感受；公然宣扬色情淫荡形象；淫亵性地描述或者传授性技巧；具体描写乱伦、强奸或其他性犯罪的手段、过程或者细节，足以诱发犯罪的；具体描写少年儿童的性行为；淫亵地具体描写同性恋的性行为或者其他性变态行为，或者具体描写与性变态有关的暴力、虐待、侮辱行为；其他令普通人不能容忍的对性行为的淫亵性描写。

色情印刷品及音像制品是指：在整体上不是淫秽的，但其中一部分有淫秽内容，对普通人特别是未成年人的身心健康有毒害，而缺乏艺术价值或者科学价值的。

28. 携带有违禁内容的印刷品及音像制品，海关如何处理?

答：运输、携带、邮寄国家禁止进出境的印刷品及音像制品进出境，如实向海关申报的，予以收缴，或者责令退回，或者在海关监管下予以销毁或者进行技术处理。

运输、携带、邮寄国家限制进出境的印刷品及音像制品进出境，如实向海关申报，但是不能提交许可证件的，予以退运。

29. 海关监管的进出境印刷品主要有哪些?

答：海关监管的进出境印刷品主要指：

印刷品是指通过将图像或者文字原稿制为印版，在纸张或者其他常用材料上翻印的内容相同的复制品。进出境摄影底片、纸型、绘画、剪贴、手稿、手抄本、复印件及其他含有文字、图像、符号等内容的货物、物品的，海关按照有关进出境印刷品的监管规定进行监管。

30. 海关监管的进出境音像制品主要有哪些？

音像制品，是指载有内容的唱片、录音带、录像带、激光视盘、激光唱盘等。进出境载有图文声像信息的磁、光、电存储介质的，海关按照有关进出境音像制品的监管规定进行监管。

海关监管的印刷品音像制品，不但包括常见的书籍、报纸、期刊、DVD、录像带等，还包括印有文字图案的货物物品、公司广告宣传页、计算机光盘、U 盘、移动硬盘等。

海关提醒

电影胶片不在此管理范围内，主要是因为电影是音像制品的上位产品，国家对电影进出口业务采取专营的管理办法，有别于对进出境印刷品及音像制品的管理，国家专门制定、公布、实施了《电影管理条例》和《音像制品管理条例》。

31. 我从美国回来带了音乐 CD，进境时是否要申报？

答：需要申报。进出境印刷品及音像制品的收发货人、所有人及其代理人，应向海关如实申报，并接受海关监管。

32. 我可以免税携带多少书进境？

答：个人自用的进境印刷品及音像制品在下列规定数量以内的，免税验放：单行本发行的图书、报纸、期刊类出版物，每人每次 10 册（份）以下；单碟（盘）发行的音像制品，每人每次 20 盘以下；成套发行的图书类出版物，每人每次 3 套以下；成套发行的音像制品，每人每次 3 套以下。

33. 留学生的回国行李里有很多书，是否需要征税？

答：留学人员行李中带回的印刷品音像制品按海关对留学人员进出境

物品监管规定进行管理。

34. 个人携带超过免税规定数量的书刊进出境，海关如何征税?

答：超过免税规定的数量，但是仍在合理数量以内的个人自用进境印刷品及音像制品，不属于下列规定情形的，海关应当按照有关进境物品进口税的征收规定对超出规定数量的部分予以征税放行。

有下列情形之一的，海关对全部进境印刷品及音像制品按照进口货物依法办理相关手续：个人携带、邮寄单行本发行的图书、报纸、期刊类出版物进境，每人每次超过50册（份）的；个人携带、邮寄单碟（盘）发行的音像制品进境，每人每次超过100盘的；个人携带、邮寄成套发行的图书类出版物进境的，每人每次超过10套的；个人携带、邮寄成套发行的音像制品进境，每人每次超过10套的；其他构成货物特征的。

35. 单位进口印刷品应该办理什么手续?

答：印刷品及音像制品的进口业务，由国务院有关行政主管部门批准或者指定经营。未经批准或者指定，任何单位或者个人不得经营印刷品及音像制品进口业务。

其他单位或者个人进口印刷品及音像制品，应当委托国务院相关行政主管部门指定的进口经营单位向海关办理进口手续。

除国家另有规定外，进口报纸、期刊、图书类印刷品，经营单位应当持国务院新闻出版行政主管部门的进口批准文件、目录清单、有关报关单证及其他需要提供的文件向海关办理进口手续。

36. 携带邮寄进出境印刷品、音像制品应注意什么事项?

答：进出境印刷品、音像制品应当向海关如实申报，以藏匿、伪装、瞒报、伪报的等手法逃避海关监管的，海关将依据《海关法》以及其他有关规定予以处罚。

37. 海关对进境宗教类印刷品及音像制品有哪些规定?

答：个人携带、邮寄进境的宗教类印刷品及音像制品在自用、合理数量范围内的，准予进境。

超出个人自用、合理数量进境或者以其他方式进口的宗教类印刷品及音像制品，海关凭国家宗教事务局、其委托的省级政府宗教事务管理部门或者国务院其他行政主管部门出具的证明予以征税验放。无相关证明的，海关按照《中华人民共和国海关行政处罚实施条例》的有关规定予以处理。

散发性宗教类印刷品及音像制品，禁止进境。

38. **哪些印刷品具有文物价值，海关如何验放?**

答：古旧书籍、名人字画、地方志、家谱、族谱等具有文物价值，除经文物主管部门鉴定准予出境外，不准出境。个人携带或邮寄出境时，应按照海关对文物出境的有关规定办理手续。

39. **我想给海外的亲戚邮寄家族谱，是否可以呢?**

答：不属于国家文物部门认定禁止出境的家族谱，对不涉及我国边界的地方志的复制件和本人家族谱的复制件可以出境。

40. **海关对集邮邮票进出口（境）有何规定?**

答：个人不得经营进出口集邮邮票业务。个人携带和邮寄集邮邮票进出境以自用合理数量为限，只要不属于文物，无禁止进出境内容的，准予进出境。

41. **盗版 DVD 海关怎么验放?**

答：侵犯受中华人民共和国法律、行政法规保护的知识产权的印刷品、音像制品，禁止进出口。

对个人携带、邮寄进出境，超出自用、合理数量的，按《中华人民共和国知识产权海关保护条例》处理。

42. **国家秘密文件、资料及其物品的范围是什么?**

答：国家秘密文件、资料及其物品的范围是指以文字、符号、图形、声音等形式载有国家秘密的物件和直接含有国家秘密信息的设备或产品。

43. 我想邮寄一些单位内部刊物给在英国的儿子，帮助他完成毕业论文，可以吗？

答：国家秘密文件、资料和其他物品禁止邮寄或非法携带出境。邮寄或携运出境印刷品虽无密级标志，但海关认为其内容涉嫌涉及国家秘密时，有权予以查扣，并移交查扣地的地市级（含）以上政府保密工作部门，由有密级鉴定权的保密工作部门或机构进行鉴定。

经鉴定属于国家秘密的，依照有关规定处理。对不属于国家秘密的，由保密工作部门出具证明，海关凭以放行。

44. 我在保密单位工作，近期公派去日本，能将工作文件携带出境吗？

答：旅客携运国家秘密文件、资料和其他物品出境，需凭有关保密工作部门或机构签发"中华人民共和国国家秘密载体出境许可证"，并由"中华人民共和国国家秘密载体出境许可证"签发部门对携运出境的国家秘密文件、资料和其他物品包装并铅封（特大物品或不便包装的，可要求携运人进行包装），"中华人民共和国国家秘密载体出境许可证"用签发部门公用信封封装，在信封上写明出境地海关名称，由携运人连同铅封的文件、资料和其他物品一并交出境地海关查验。

携运出境的国家秘密文件、资料和其他物品，如需再带回境内的，办证时应同时为其开具入境证明信，以便海关识别。绝密级国家秘密文件、资料和其他物品不得办理"中华人民共和国国家秘密载体出境许可证"。

45. 海关对非法邮寄和携运国家秘密文件、资料及其物品出境的，如何处理？

答：构成走私行为、违反海关监管规定行为或者其他违反《海关法》行为的，由海关依照《海关法》和《中华人民共和国海关法行政处罚实施细则》的有关规定予以处理；构成犯罪的，依法追究刑事责任。

46. 国外友好大学捐赠给我高校的图书怎么办理海关手续？

答：境外赠送进口的印刷品及音像制品，受赠单位应当向海关提交赠送方出具的赠送函和受赠单位的接受证明及有关清单。

接受境外赠送的印刷品超过 100 册或者音像制品超过 200 盘的，受赠单位除向海关提交上述单证外，还应当提交国务院有关行政主管部门的批准文件。

连同报关所需其他相关单证，按照海关有关管理规定办理征免税验放手续。

47. 国外大学与我校用于学术交流的图书，怎么办理海关手续？

答：进口用于学术、文化交流等活动的印刷品及音像制品，海关凭举办单位和省级以上（含省级）相关主管部门出具的证明，按照海关有关征免税管理规定办理征免税验放手续。

48. 境外公司进境参加展览会，需要进口宣传单，如何办理手续？

答：用于展览、展示的印刷品及音像制品进出境，主办或者参展单位应当按照国家有关规定向海关办理暂时进出境手续。

49. 我是一家外资家具公司，要进口一些广告宣传的光盘，需办理什么海关手续？

答：非经营音像制品性质的单位进口用于本单位宣传、培训及广告等目的的音像制品，应当按照海关的要求交验“中华人民共和国新闻出版总署进口音像制品批准单”（以下简称“批准单”）、合同、有关报关单证及其他需要提供的文件；数量总计在 200 盘以下的，可以免领批准单。

50. 我是一家音像出版公司，要进口母盘，需办理什么海关手续？

答：进口音像制品成品或者用于出版的音像制品母带（盘）、样带（盘），经营单位应当持新闻出版总署批准单、有关报关单证及其他需要提供的文件向海关办理进口手续。

51. 我是一家机械厂，进口设备中的技术光盘如何办理海关手续？

答：随机器设备同时进口，以及进口后随机器设备复出口的记录操作系统、设备说明、专用软件等内容的印刷品及音像制品进口时，进口单位应当按照海关的要求交验合同、发票、有关报关单证及其他需要提供的文件，但是可以免领批准单等批准文件。

52. 个人携带、邮寄美术品进出境，应如何办理通关手续?

答：个人携带、邮寄美术品进出境，应主动向海关申报。超过自用、合理数量的，应当委托美术品进出口单位向美术品进出口口岸所在地省、自治区、直辖市文化行政部门申请批准后办理进出口手续。

53. 是否所有题材或内容的美术品都能携带入境?

答：不是。含有以下内容的美术品禁止进出境：

（1）违反宪法确定的基本原则的；

（2）危害国家统一、主权和领土完整的；

（3）泄露国家秘密、危害国家安全或者损害国家荣誉和利益的；

（4）煽动民族仇恨、民族歧视，破坏民族团结，或者侵害民族风俗习惯的；

（5）宣扬或者传播邪教、迷信的；

（6）扰乱社会秩序，破坏社会稳定的；

（7）宣扬或者传播淫秽、色情、赌博、暴力、恐怖或者教唆犯罪的；

（8）侮辱或者诽谤他人、侵害他人合法权益的；

（9）蓄意篡改历史、严重歪曲历史的；

（10）危害社会公德或者有损民族优秀文化传统的；

（11）法律、行政法规和国家规定禁止的其他内容。

54. 对个人携带进出境的美术品的内容难以确定时怎么办?

答：对个人携带、邮寄美术品进出境，海关认为内容性质难以确定时，可要求携带人、收件人将拟进出境美术品的相关材料送美术品进出口口岸所在地省、自治区、直辖市文化行政部门审查，海关根据其审查意见决定是否验放。

55. 旧衣服、旧床上用品可以携运进境吗?

答: 为了防止国外疾病传入，损害人民健康，不准任何外贸单位订购旧服装进口。旅客携进旧服装、旧床上用品除少量旅途必须换用的外，不准进口，予以扣留，限期退运。对个人邮寄进境有碍卫生的旧衣物或者携带进境已霉变、腐烂的旧衣物，海关予以扣留，不予以发还，按国家有关规定处理。

56. 海关对印有反动字样或反动图案的物品，怎样处理?

答: 旅客携带入境印有反动字样或反动图案的物品，应由旅客将反动字样、图案除掉或涂掉。如旅客不愿意除掉或无法除掉，对有关物品，海关予以收缴；如属印在物品的包装上的，旅客应将包装主动交海关处理，对有关物品，海关按规定核放。

57. 我最多可以免税带进境多少烟和酒?

答: 对烟、酒，海关根据旅客来自地区、来往次数，规定了不同限量。

对来往港澳地区旅客（包括港澳地区居民和因私往来港澳地区的内地居民），带进香烟的免税限量是 200 支，或雪茄 50 支，或烟丝 250 克，酒的免税限量是 1 瓶（不超过 0.75 升）。

对短期内多次来往港澳地区旅客，经常进出境人员以及边境地区居民带进香烟的免税限量为 40 支，或雪茄 5 支，或烟丝 40 克；不准免税带进酒。

对其他进境旅客，海关准予免税携带进境的香烟为 400 支，或雪茄 100 支，或烟丝 500 克；酒的免税限量为 2 瓶（不超过 1.5 升）。

对上述各类旅客带进征税烟酒的数量，与免税限量相同。

海关提醒 不满 16 岁者不得带进烟酒。

58. 我要将国外亲人的骨灰带回国内安葬，应如何办理海关手续?

答: 旅客应主动、如实地向海关申报，并提交出入境检验检疫机构签发的“尸体/棺柩/骸骨/骨灰入出境许可证”，海关凭该证办理验放手续。

海关提醒 骨灰出境，以及殡葬遗体、棺柩、骸骨出入境等都比照以上手续办理。

59. 我单位因医学科研原因要带一具遗体入境，应办什么手续？

答：对属医学科研原因出入境的，海关凭出入境检验检疫机构签发的“出入境货物通关单”办理验放手续；对涉及我国人类遗传资源的出境尸体，海关加验中国人类遗传资源管理办公室核发的“人类遗传资源材料出口、出境证明”。

60. 普通公民是否能携带枪支入出境？

答：枪支、弹药属国家禁止进出境物品。旅客如有特殊需要携带进出境的，必须事先报经有关部门批准同意，旅客携带获准进境的枪支、弹药，必须向海关申报，由边防检查站审核发给携运证，海关凭证放行。未获批准同意的枪支、弹药，入境时向海关申报，由边防检查站封存，出境时发还本人或退运出境。携运枪支、弹药进出境，未向海关申报的，按非法运输枪支、弹药论处。

61. 仿真武器有哪些？

答：仿真武器是指具有攻击、防卫等性能的下列物品：

（1）各种类型仿真手枪式电击、催泪器；

（2）各种类型的仿真枪械及弹药；

（3）具有攻击、防卫性能的其他仿真武器、弹药；

（4）上述以外的其他类似械具。

62. 我是否能邮寄血液样本到国外？

答：禁止进口的血液制品，主要品种有血浆、VIII 因子制剂、纤维蛋白原、具有传播 AIDS 病危险的制品，如浓缩血小板等。人体血液（包括全血、血浆等）进出口，由国家药物监督局统一归口管理。旅客携带和个人邮寄、快递人体血液和血液制品进出境，海关严格凭国家药物监督局的批件或证书办理验放手续。旅客携带或个人邮寄、快递人体血液及其制品进出境，不能提供批准文件或证书的，海关应将有关人体血液及其制品扣留，并及时移交或通知口岸卫生检疫机关处理。凡经口岸检疫机关检疫允许进出境的，海关凭其出具的证明放行。

63. 我能否携带或邮寄药用羚羊角进出境?

答：旅客携带或邮寄药用羚羊角进境，限50克。50克内的由旅客自行填报后海关予以免税放行；超出50克的，海关凭中华人民共和国濒危物种进出口管理办公室的批件，按照《税则》予以征税放行。

对旅客携带或邮寄羚羊角出境，一律验凭中华人民共和国濒危物种进出口管理办公室核发的"允许出口证明书"放行。

64. 我能否以携带、邮寄或快递、货运等方式运输DNA样本出境?

答：人类遗传资源是指含有人体基因组、基因及其产物的器官、组织、细胞、血液、制备物、重组脱氧核糖核酸（DNA）构建体等遗传材料及相关的信息资料。以携带、邮寄或快递、货运等方式运输人类遗传资源出口（境），海关凭中国人类遗传资源管理办公室核发的"人类遗传资源材料出口、出境证明"办理验放手续。未经批准，私自携带、邮寄、运输人类遗传资源材料出口、出境的，由海关没收其携带、邮寄、运输的人类遗传资源材料，视情节轻重，给予行政处罚直至移送司法机关处理；未经批准擅自向外方机构或者个人提供人类遗传资源材料的，没收所提供的人类遗传资源材料并处以罚款；情节严重的，给予行政处罚直至追究法律责任。

65. 运动员、教练员能携带兴奋剂进入中国国境吗?

答：根据国家的规定，严禁运动员、教练员携带兴奋剂进入中国国境（经批准获得治疗用药豁免的除外）。

66. 个人因医疗需要是否可以携带或邮寄兴奋剂进出境?

答: 个人因医疗需要携带或邮寄进出境自用合理量范围内的兴奋剂，海关按照卫生主管部门有关处方的管理规定，凭医疗机构处方予以验放。

67. 我是美国常驻中国记者，我带入境的采访器材要办什么手续?

答: 外国常驻新闻机构、外国常驻记者所用的采访器材进出境，海关按照《常驻机构监管办法》办理相关手续。

68. 我是临时进境采访的美国记者，我的摄影摄像等采访器材有中国银行开具的担保函，还要办什么海关手续?

答: 外国记者携带采访器材进境时，应选择“申报通道”（又称“红色通道”），填写“申报单”，出示记者 J－2 签证，提交经海关认可具备出具担保函资质的单位或经海关认可的银行或非银行金融机构的担保函、器材清单，以供海关办理相关手续。

记者应将收到的海关关封妥善保管，凭以办理采访器材复运出境手续。

记者出境时，应当向出境地海关出具进境地海关关封。

当记者将从同一口岸出境时，在出境地海关验核并确认采访器材已全部复运出境后，在原保函上批注签章，由海关收存办理后续核销手续。

当记者将从异地出境时，在出境地海关验核并确认采访器材已全部复运出境后，在原保函上批注签章，并封入关封交还给记者（或出具保函的单位），以供其到原进境地海关办理保函核销手续。

69. 我是临时进境采访的美国记者，我携带的摄影摄像器材没有担保函，该怎样办理海关手续?

答: 外国记者本人可自行向海关提供相关单证，办理缴纳保证金暂时进境手续以及采访器材全部复运出境后办理保证金提取手续。具体如下：

（1）进境手续：

①记者携带采访器材进境时，应选择“申报通道”（又称“红色通

道”），填写“申报单”，向海关出示记者J－2签证，并提交器材清单，以供进境地海关办理手续。记者应同时声明是否会从异地出境。

②记者应当按照海关开具的海关保证金、风险担保金、抵押金收据上的（相当于税款的）保证金金额，缴纳保证金（人民币现金）。

③如果记者将从同一口岸出境，则在办结完入境通关手续后，应妥善保管海关制发的海关关封和保证金收据联，以备出境时办理相关手续。如果记者将从异地出境，则需向进境地海关领取并填写“记者采访器材保证金异地返还申请书”，连同进境地海关制发的海关关封、保证金收据联和出境地海关工作日联系电话及传真号码一并妥善保存，以备出境时办理相关手续。

（2）出境手续及保证金返还手续

①记者应在四天前将申请书和海关保证金、风险担保金、抵押金收据收据联传真至出境地海关并确认，提出采访器材保证金异地返还申请。

②记者携带采访器材出境时，向出境地海关提交“申请书”和进境地海关制发的海关关封。

出境地海关验核并确认进境采访器材已全部复运出境后，退还与原收取数额等额的人民币现金或现金支票。

记者未能按照规定期限向出境地海关提出采访器材保证金异地返还申请或者提交单据不全的，海关不予办理采访器材保证金异地返还手续。

70. 我是常驻内地的香港记者，携带专业摄影摄像及采访器材进出境，需要办理什么海关手续?

答：香港、澳门地区的新闻机构在内地常驻记者站及常驻记者所用采访器材进出境时，海关按照《常驻机构监管办法》办理相关手续。

71. 我是临时进境采访的香港记者，携带专业摄影摄像及采访器材进出境，需要办理什么海关手续?

答：（1）临时来内地采访大型会议、活动等或者内地单位邀请的香港、澳门记者携带采访器材进境时，须向进出境地海关提交中华全国新闻工作者协会（或省部级邀请单位主管部门）及各省（自治区、直辖市）、副省级城市港澳事务办公室（外事办公室、新闻办公室）出具的担保函、采访器材清单，并出示中华全国新闻工作者协会制发的“港/澳记者采访证”。

采访活动结束后，记者应及时将采访器材复运出境，并在原进境地海关办理担保函核销手续。

（2）其他临时来内地采访的香港、澳门地区记者携带采访器材进境时，须向进境地海关提交“港/澳记者采访证”、采访器材清单，并缴纳相当于税款的保证金。采访活动结束后，应及时将采访器材复运出境，并办理保证金退还手续。

海关对香港、澳门地区记者的异地退还保证金手续比照外国短期记者的相关规定办理。

海关提醒 因采访报道需要暂时进口无线电通信设备的，在办理采访器材进境手续时，还应向进境地海关提交有关主管部门的批准文件。

72. **我是进境采访的中国台湾地区记者，携带有专业摄影摄像及采访器材进境，需要办理什么海关手续？**

答：来内地采访的台湾地区记者携带采访器材进境时，须向进境地海关提交中华全国新闻工作者协会或各省（自治区、直辖市）及深圳市、新疆生产建设兵团台办开具的“器材通关批准书”、担保函以及采访器材清单。

采访活动结束后，记者应及时将采访器材复运出境，并在原进境地海关办理担保函核销手续。

所有上述入境器材，在复出境时须先主动向海关申报，由海关监管出境，在退还保证金时，记者须按照海关要求在相关单证上签收。

海关提醒 因采访报道需要暂时进口无线电通信设备的，还应向进境地海关提交有关主管部门的批准文件。

73. 我带了一条金项链、一个银手镯出境，都是自己戴的，海关对金银出入境有什么规定?

答：金银及其制品属于国家限制出境物品。旅客带进金银及其制品，入境时应向海关申报，在自用合理数量范围内的，海关查验放行，超出自用合理数量范围的视同进口货物，应向海关交验中国人民银行总行的批准件，由海关依照《税则》予以征税放行。

海关核准免税进境的金银及其制品可以留在境内；如复带出境，海关凭原入境时填写的旅客行李申报单登记的数量、重量查核放行。

旅客携带金银制品出境，黄金饰品50克（含50克）、白银饰品500克（含500克）、银制器皿1 000克（含1 000克）以下的，放行。超出的，凭中国人民银行出具的证明或者原入境时的申报单登记的数量查验放行。

入境旅客用带进的外汇在中华人民共和国境内购买的金银饰品（包括镶嵌饰品、器皿等新工艺品）携带、托运、邮寄出境，海关凭国内经营金银制品的单位开具的“特种发货票”（由中国人民银行统一印制，各地分行分发）查核放行。不能交验“特种发货票”的，不许携运、邮寄出境。

74. 我携带外币现钞出境，海关有什么限制规定吗?

答：旅客出境每人每次可携带不超过折合5 000美元外币。超过折合5 000美元以上的应事先向外汇指定银行或国家外汇管理局申领“外汇携带出境许可证”，并在许可证有效期内携带许可限额以内的外币现钞出境。在出境通关时选择走海关申报通道（红色通道），书面向海关办理申报手续，并提交相关凭证，由海关查验放行。

出入境口岸现场的银行一般无“外汇携带出境许可证”的申领业务，因此旅客需提前办理好该单证，以免通关时遇到麻烦。

75. 我携带超过折合5 000美元的外币现钞入境，并有可能复带出境，入境通关时需要向海关办理哪些手续?

答：根据规定，旅客携带外币现钞折合超过5 000美元进境或出境的，必须向海关申报并办理相关手续。

如您需要将进境申报的外币现钞复带出境，需要凭您本人最近一次入境时向海关申报并经海关签章的“申报单”办理出境通关手续。

海关提醒 外币现钞进境未申报的，一旦行政立案，将会受到罚款等行政处罚，所以建议旅客积极主动申报。

76. 我携带了超过 20 000 元的人民币现钞进、出境，需要向海关申报吗？

答：国家货币属于限制进出境物品，旅客携带人民币现钞进出境的限量是 20 000 元。旅客携带超过 20 000 元的人民币进出境时应该向海关申报。主动向海关申报的，海关将对超出部分办理退运手续。未如实向海关申报的，将承担法律责任。

77. 我此次进境时申报的现金未在此次出境时复带出境，能否在下次来华时再携带出去？

答：不可以。旅客应在海关对其所携带的进出境行李物品监管时限内办结物品进出境的海关手续。“旅客进出境行李物品监管时限”是指非居民本次进境之日始至最近一次出境之日止，或居民本次出境之日始至最近一次进境之日止的时间。旅客向海关申报时所填写的海关“申报单”是一次进出境有效的，因此对于旅客携带的暂时进出境物品必须凭出、入境时填写并由海关批注、签章的海关“申报单”在同一次入、出境时由本人复带入境或出境。

78. 我是否能携带无线电收发信机及其器材进境？

答：旅客携运进出境无线电收发信机及其器材，包括无线电话机、无线电通信和遥控设备等，都要事前报经省（自治区、直辖市）无线电管理委员会批准。携带上述物品入境时，必须向海关申报并交验批准文件，海关凭批准文件办理验放手续。

第五章　特殊免税及退税政策

1. 我是海南岛人，是否可以享受离岛免税购物?

答: 符合条件就可以。离岛旅客，系指年满18周岁、乘坐飞机离开海南本岛但不离境的境内外旅客，包括海南岛内居民。

2. 离岛免税品有哪些品种，可以购买手提电话等20种国家不予减免税的商品吗?

答: 免税商品限定为进口品。试点期间，具体商品品种限定为：首饰、工艺品、手表、香水、化妆品、笔、眼镜（含太阳镜）、丝巾、领带、毛织品、棉织品、服装服饰、鞋帽、皮带、箱包、小皮件、糖果、体育用品共18种。国家规定禁止进口的以及20种不予减免税的商品除外。

3. 我在离岛免税店购买免税品，需要什么身份证件?

答: 身份证件，包括境内旅客居民身份证、港澳居民来往内地通行证、台湾居民来往内地通行证和外国旅客护照等。

4. 我每年可离岛购物几次?

答: 非岛内居民旅客每人每年最多可以享受2次离岛免税购物政策，岛内居民旅客每人每年最多可以享受1次。旅客购物后乘机离岛记为1次免税购物。

5. 哪些离岛旅客在3年内不得享受离岛免税购物政策?

答: 有以下情形之一的旅客：未按照规定将免税品携运离岛的，提供虚假身份证件或者离岛航班等信息的，违反其他规定的。

6. 离境退税退的是什么税？是关税吗？

答：不是关税。离境退税税种为增值税，退税率统一为 11%。

7. 我是国内居民，可以办理海南岛购物离境退税手续吗？

答：不可以，只有符合以下条件的境外旅客才可以：

（1）在我国境内连续居住不超过 183 天的外国人和港澳台同胞；

（2）同一日在同一退税定点商店购买退税物品金额达到人民币 800 元，并且按规定取得“境外旅客购物离境退税申请单”；

（3）离境日距退税物品购买日不超过 90 天。

8. 哪些情形不能办理境外旅客购物离境退税签章手续？

答：（1）“境外旅客购物离境退税申请单”所列物品与交验物品不相符的；

（2）单证不相符的；

（3）超出自用、合理数量范围的；

（4）不符合本公告第一条规定条件的；

（5）其他不符合离境退税规定的。

附　录

附表一　运输方式代码表

代码	运输方式名称
0	非保税区
1	监管仓库
2	水路运输
3	铁路运输
4	公路运输
5	航空运输
6	邮件运输
7	保税区
8	保税仓库
9	其他运输
A	全部运输方式
H	边境特殊海关作业区
W	物流中心
X	物流园区
Y	保税港区
Z	出口加工区

附表二 监管方式代码表

代码	监管方式简称	监管方式全称
0110	一般贸易	一般贸易
0130	易货贸易	易货贸易
0139	旅游购物商品	用于旅游者 5 万美元以下的出口小批量订货
0200	料件放弃	主动放弃交由海关处理的来料或进料加工料件
0214	来料加工	来料加工装配贸易进口料件及加工出口货物
0245	来料料件内销	来料加工料件转内销
0255	来料深加工	来料深加工结转货物
0258	来料余料结转	来料加工余料结转
0265	来料料件复出	来料加工复运出境的原进口料件
0300	来料料件退换	来料加工料件退换
0314	加工专用油	国营贸易企业代理来料加工企业进口柴油
0320	不作价设备	加工贸易外商提供的不作价进口设备
0345	来料成品减免	来料加工成品凭征免税证明转减免税
0400	成品放弃	主动放弃交由海关处理的来料及进料加工成品
0420	加工贸易设备	加工贸易项下外商提供的进口设备
0444	保区进料成品	按成品征税的保税区进料加工成品转内销货物
0445	保区来料成品	按成品征税的保税区来料加工成品转内销货物
0446	加工设备内销	加工贸易免税进口设备转内销
0456	加工设备结转	加工贸易免税进口设备结转
0466	加工设备退运	加工贸易免税进口设备退运出境
0500	减免设备结转	用于监管年限内减免税设备的结转
0513	补偿贸易	补偿贸易
0544	保区进料料件	按料件征税的保税区进料加工成品转内销货物
0545	保区来料料件	按料件征税的保税区来料加工成品转内销货物
0615	进料对口	进料加工（对口合同）
0642	进料以产顶进	进料加工成品以产顶进
0644	进料料件内销	进料加工料件转内销

续表

代码	监管方式简称	监管方式全称
0654	进料深加工	进料深加工结转货物
0657	进料余料结转	进料加工余料结转
0664	进料料件复出	进料加工复运出境的原进口料件
0700	进料料件退换	进料加工料件退换
0715	进料非对口	进料加工（非对口合同）
0744	进料成品减免	进料加工成品凭征免税证明转减免税
0815	低值辅料	低值辅料
0844	进料边角料内销	进料加工项下边角料转内销
0845	来料边角料内销	来料加工项下边角料内销
0864	进料边角料复出	进料加工项下边角料复出口
0865	来料边角料复出	来料加工项下边角料复出口
1139	国轮油物料	中国籍运输工具境内添加的保税油料、物料
1200	保税间货物	海关保税场所及保税区域之间往来的货物
1215	保税工厂	保税工厂
1233	保税仓库货物	保税仓库进出境货物
1234	保税区仓储转口	保税区进出境仓储转口货物
1300	修理物品	进出境修理物品
1427	出料加工	出料加工
1500	租赁不满一年	租期不满一年的租赁贸易货物
1523	租赁贸易	租期在一年及以上的租赁贸易货物
1616	寄售代销	寄售、代销贸易
1741	免税品	免税品
1831	外汇商品	免税外汇商品
2025	合资合作设备	合资合作企业作为投资进口设备物品
2225	外资设备物品	外资企业作为投资进口的设备物品
2439	常驻机构公用	外国常驻机构进口办公用品
2600	暂时进出货物	暂时进出口货物

续表

代码	监管方式简称	监管方式全称
2700	展览品	进出境展览品
2939	陈列样品	驻华商业机构不复运出口的进口陈列样品
3010	货样广告品 A	有经营权单位进出口的货样广告品
3039	货样广告品 B	无经营权单位进出口的货样广告品
3100	无代价抵偿	无代价抵偿进出口货物
3339	其他进出口免费	其他进出口免费提供货物
3410	承包工程进口	对外承包工程进口物资
3422	对外承包出口	对外承包工程出口物资
3511	援助物资	国家和国际组织无偿援助物资
3611	无偿军援	无偿军援
3612	捐赠物资	进出口捐赠物资
3910	军事装备	军事装备
4019	边境小额	边境小额贸易（边民互市贸易除外）
4039	对台小额	对台小额贸易
4139	对台小额商品交易市场	进入对台小额商品交易专用市场的货物
4200	驻外机构运回	我驻外机构运回旧公用物品
4239	驻外机构购进	我驻外机构境外购买运回国的公务用品
4400	来料成品退换	来料加工成品退换
4500	直接退运	直接退运
4539	进口溢误卸	进口溢卸、误卸货物
4561	退运货物	因质量不符、延误交货等原因退运进出境货物
4600	进料成品退换	进料成品退换
5000	料件进出区	料件进出海关特殊监管区域
5010	特殊区域研发货物	海关特殊监管区域与境外之间进出的研发货物
5014	区内来料加工	海关特殊监管区域与境外之间进出的来料加工货物
5015	区内进料加工货物	海关特殊监管区域与境外之间进出的进料加工货物
5034	区内物流货物	海关特殊监管区域与境外之间进出的物流货物

续表

代码	监管方式简称	监管方式全称
5100	成品进出区	成品进出海关特殊监管区域
5300	设备进出区	用于区内外非实际进出境货物
5335	境外设备进区	海关特殊监管区域从境外进口的设备及物资
5361	区内设备退运	海关特殊监管区域设备及物资退运境外
6033	物流中心进出境货物	保税物流中心与境外之间进出仓储货物
9600	内贸货物跨境运输	内贸货物跨境运输
9639	海关处理货物	海关变卖处理的超期未报货物，走私违规货物
9700	后续补税	无原始报关单的后续补税
9739	其他贸易	其他贸易
9800	租赁征税	租赁期一年及以上的租赁贸易货物的租金
9839	留赠转卖物品	外交机构转售境内或国际活动留赠放弃特批货
9900	其他	其他

附表三 征免性质代码表

代码	征免性质简称	征免性质全称
101	一般征税	一般征税进出口货物
118	整车征税	构成整车特征的汽车零部件纳税
119	零部件征税	不构成整车特征的汽车零部件纳税
201	无偿援助	无偿援助进出口物资
299	其他法定	其他法定减免税进出口货物
301	特定区域	特定区域进口自用物资及出口货物
307	保税区	保税区进口自用物资
399	其他地区	其他执行特殊政策地区出口货物
401	科教用品	大专院校及科研机构进口科教用品
403	技术改造	企业技术改造进口货物
406	重大项目	国家重大项目进口货物
412	基础设施	通信、港口、铁路、公路、机场建设进口设备
413	残疾人	残疾人组织和企业进出口货物
417	远洋渔业	远洋渔业自捕水产品
418	国产化	国家定点生产小轿车和摄录机企业进口散件
419	整车特征	构成整车特征的汽车零部件进口
420	远洋船舶	远洋船舶及设备部件
421	内销设备	内销远洋船用设备及关键部件
422	集成电路	集成电路生产企业进口货物
423	新型显示器件	新型显示器件生产企业进口物资
499	ITA 产品	非全税号信息技术产品
501	加工设备	加工贸易外商提供的不作价进口设备
502	来料加工	来料加工装配和补偿贸易进口料件及出口成品
503	进料加工	进料加工贸易进口料件及出口成品
506	边境小额	边境小额贸易进口货物
510	港澳 OPA	港澳在内地加工的纺织品获证出口
601	中外合资	中外合资经营企业进出口货物

续表

代码	监管方式简称	监管方式全称
602	中外合作	中外合作经营企业进出口货物
603	外资企业	外商独资企业进出口货物
605	勘探开发煤层气	勘探开发煤层气
606	海洋石油	勘探、开发海洋石油进口货物
608	陆上石油	勘探、开发陆上石油进口货物
609	贷款项目	利用贷款进口货物
611	贷款中标	国际金融组织贷款、外国政府贷款中标机电设备零部件
789	鼓励项目	国家鼓励发展的内外资项目进口设备
799	自有资金	外商投资额度外利用自有资金进口设备、备件、配件
801	救灾捐赠	救灾捐赠进口物资
802	扶贫慈善	境外向我境内无偿捐赠用于扶贫慈善的免税进口物资
888	航材减免	经核准的航空公司进口维修用航空器材
898	国批减免	国务院特准减免税的进出口货物
997	自贸协定	
998	内部暂定	享受内部暂定税率的进出口货物
999	例外减免	例外减免税进出口货物

附表四　结汇方式代码表

代码	结汇方式名称	说明
1	信汇	1—3 为汇付
2	电汇	
3	票汇	
4	付款交单	D/P，4—5 为托收
5	承兑交单	D/A
6	信用证	L/C
7	先出后结	
8	先结后出	
9	其他	

附表五 国家（地区）代码及可适用的关税税率表

代码	国家（地区）中文名称	国家（地区）英文名称	2字母代码	3字母代码	可适用关税的税率	船舶吨税优/普标记
100	亚洲	Asia				
101	阿富汗	Afghanistan	AF	AFG	特惠税率或最惠国税率	H
102	巴林	Bahrian	BH	BHR	最惠国税率	H
103	孟加拉国	Bangladesh	BD	BGD	亚太税率、特惠税率或最惠国税率	L
104	不丹	Bhutan	BT	BTN	普通税率	H
105	文莱	Brunei	BN	BRN	东盟税率或最惠国税率	H
106	缅甸	Myanmar	MM	MMR	东盟税率、特惠税率或最惠国税率	L
107	柬埔寨	Cambodia	KH	KHM	东盟税率、特惠税率或最惠国税率	H
108	塞浦路斯	Cyprus	CY	CYP	最惠国税率	L
109	朝鲜	Korea，DPR	KP	PRK	最惠国税率	L
110	中国香港	Hong Kong	HK	HKG	零税率或最惠国税率	L
111	印度	India	IN	IND	亚太税率或最惠国税率	L
112	印度尼西亚	Indonesia	ID	IDN	东盟税率或最惠国税率	H
113	伊朗	Iran	IR	IRN	最惠国税率	L
114	伊拉克	Iraq	IQ	IRQ	最惠国税率	H
115	以色列	Israel	IL	ISR	最惠国税率	L
116	日本	Japan	JP	JPN	最惠国税率	L
117	约旦	Jordan	JO	JOR	最惠国税率	H
118	科威特	Kuwait	KW	KWT	最惠国税率	H
119	老挝	Laos，PDR	LA	LAO	东盟税率、亚太税率、特惠税率或最惠国税率	L
120	黎巴嫩	Lebanon	LB	LBN	最惠国税率	L
121	中国澳门	Macau	MO	MAC	零税率或最惠国税率	L
122	马来西亚	Malaysia	MY	MYS	东盟税率或最惠国税率	L

续表

代码	国家（地区）中文名称	国家（地区）英文名称	2 字母代码	3 字母代码	可适用关税的税率	船舶吨税优/普标记
123	马尔代夫	Maldives	MV	MDV	最惠国税率	H
124	蒙古	Mongolia	MN	MNG	最惠国税率	L
125	尼泊尔	Nepal	NP	NPL	最惠国税率	H
126	阿曼	Oman	OM	OMN	最惠国税率	L
127	巴基斯坦	Pakistan	PK	PAK	中巴税率或最惠国税率	L
128	巴勒斯坦	Palestine	PS	PSE	普通税率	H
129	菲律宾	Philippines	PH	PHL	东盟税率或最惠国税率	L
130	卡塔尔	Qatar	QA	QAT	最惠国税率	H
131	沙特阿拉伯	Saudi Arabia	SA	SAU	最惠国税率	H
132	新加坡	Singapore	SG	SGP	东盟税率、中新税率或最惠国税率	L
133	韩国	Korea Rep.	KR	KOR	亚太税率或最惠国税率	L
134	斯里兰卡	Sri Lanka	LK	LKA	亚太税率或最惠国税率	L
135	叙利亚	Syrian	SY	SYR	最惠国税率	H
136	泰国	Thailand	TH	THA	东盟税率或最惠国税率	L
137	土耳其	Turkey	TR	TUR	最惠国税率	L
138	阿联酋	United Arab Emirates	AE	ARE	最惠国税率	H
139	也门共和国	Republic of Yemen	YE	YEM	特惠税率或最惠国税率	L
141	越南	Vietnam	VN	VNM	东盟税率或最惠国税率	L
142	中国	China	CN	CHN	最惠国税率	L
143	中国台澎金马关税区	Taiwan prov.	TW	TWN	最惠国税率	H
144	东帝汶	East Timor	TP	TMP	特惠税率或最惠国税率	H
145	哈萨克斯坦	Kazakhstan	KZ	KAZ	最惠国税率	H
146	吉尔吉斯斯坦	Kirghizia	KG	KGZ	最惠国税率	H

续表

代码	国家（地区）中文名称	国家（地区）英文名称	2字母代码	3字母代码	可适用关税的税率	船舶吨税优/普标记
147	塔吉克斯坦	Tadzhikistan	TJ	TJK	最惠国税率	H
148	土库曼斯坦	Turkmenistan	TM	TKM	最惠国税率	H
149	乌兹别克斯坦	Uzbekistan	UZ	UZB	最惠国税率	H
199	亚洲其他国家（地区）	Oth. Asia nes				
200	非洲	Africa				
201	阿尔及利亚	Algeria	DZ	DZA	最惠国税率	L
202	安哥拉	Angora	AO	AGO	特惠税率或最惠国税率	H
203	贝宁	Benin	BJ	BEN	特惠税率或最惠国税率	H
204	博茨瓦那	Botswana	BW	BWA	最惠国税率	H
205	布隆迪	Burundi	BI	BDI	特惠税率或最惠国税率	H
206	喀麦隆	Cameroon	CM	CMR	最惠国税率	H
207	加那利群岛	Canary Is.			普通税率	H
208	佛得角	Cape Verde	CV	CPV	特惠税率或最惠国税率	H
209	中非共和国	Central African Rep.	CF	CAF	特惠税率或最惠国税率	H
210	塞卜泰（休达）	Ceuta			普通税率	H
211	乍得	Chad	TD	TCD	特惠税率或最惠国税率	H
212	科摩罗	Comoros	KM	COM	特惠税率或普通税率	H
213	刚果	Congo	CG	COG	特惠税率或最惠国税率	L
214	吉布提	Djibouti	DJ	DJI	特惠税率或最惠国税率	H
215	埃及	Egypt	EG	EGY	最惠国税率	H
216	赤道几内亚	Eq. Guinea	GN	GNQ	特惠税率或最惠国税率	H
217	埃塞俄比亚	Ethiopia	ET	ETH	特惠税率或最惠国税率	L
218	加蓬	Gabon	GA	GAB	最惠国税率	H
219	冈比亚	Gambia	GM	GMB	最惠国税率	H

续表

代码	国家（地区）中文名称	国家（地区）英文名称	2 字母代码	3 字母代码	可适用关税的税率	船舶吨税优/普标记
220	加纳	Ghana	GH	GHA	最惠国税率	L
221	几内亚	Guinea	GN	GIN	特惠税率或最惠国税率	H
222	几内亚（比绍）	Guinea Bissau	GW	GNB	特惠税率或最惠国税率	H
223	科特迪瓦	Côte d'lvoire	CI	CIV	最惠国税率	H
224	肯尼亚	Kenya	KE	KEN	最惠国税率	L
225	利比里亚	Liberia	LR	LBR	特惠税率或最惠国税率	H
226	利比亚	Libyan Arab Jm	LY	LBY	最惠国税率	H
227	马达加斯加	Madagascar	MG	MDG	特惠税率或最惠国税率	H
228	马拉维	Malawi	MW	MWI	特惠税率或最惠国税率	H
229	马里	Mali	ML	MLI	特惠税率或最惠国税率	H
230	毛里塔尼亚	Mauritania	MR	MRT	特惠税率或最惠国税率	H
231	毛里求斯	Mauritius	MU	MUS	最惠国税率	H
232	摩洛哥	Morocco	MA	MAR	最惠国税率	L
233	莫桑比克	Mozambique	MZ	MOZ	特惠税率或最惠国税率	H
234	纳米比亚	Namibia	NA	NAM	最惠国税率	H
235	尼日尔	Niger	NE	NER	特惠税率或最惠国税率	H
236	尼日利亚	Nigeria	NG	NGA	最惠国税率	H
237	留尼汪	Reunion	RE	REU	普通税率	H
238	卢旺达	Rwanda	RW	RWA	特惠税率或最惠国税率	H
239	圣多美和普林西比	Sao Tome & Principe	ST	STP	普通税率	H
240	塞内加尔	Senegal	SN	SEN	特惠税率或最惠国税率	H
241	塞舌尔	Seychelles	SC	SYC	普通税率	H
242	塞拉利昂	Sierra Leone	SL	SLE	特惠税率或最惠国税率	H
243	索马里	Somalia	SO	SOM	特惠税率或最惠国税率	H
244	南非共和国	S. Africa	ZA	ZAF	最惠国税率	H

续表

代码	国家（地区）中文名称	国家（地区）英文名称	2 字母代码	3 字母代码	可适用关税的税率	船舶吨税优/普标记
245	西撒哈拉	Western Sahara	EH	ESH	普通税率	H
246	苏丹	Sudan	SD	SDN	特惠税率或最惠国税率	L
247	坦桑尼亚	Tanzania	TZ	TZA	特惠税率或最惠国税率	H
248	多哥	Togo	TG	TGO	特惠税率或最惠国税率	H
249	突尼斯	Tunisia	TN	TUN	最惠国税率	L
250	乌干达	Uganda	UG	UGA	特惠税率或最惠国税率	H
251	布基纳法索	Burkina Faso	BF	BFA	最惠国税率	H
252	刚果民主共和国	Congo, DR	CD	COD	最惠国税率	L
253	赞比亚	Zambia	ZM	ZMB	特惠税率或最惠国税率	H
254	津巴布韦	Zimbabwe	ZW	ZWE	最惠国税率	H
255	莱索托	Lesotho	LS	LSO	特惠税率或最惠国税率	H
256	梅利利亚	Melilla			普通税率	H
257	斯威士兰	Swaziland	SZ	SWZ	最惠国税率	H
258	厄立特里亚	Eritrea	ER	ERI	特惠税率或最惠国税率	H
259	马约特岛	Mayotte	YT	MYT	最惠国税率	H
260	南苏丹共和国	Republic of South Sudan			普通税率	H
299	非洲其他国家（地区）	Oth. Afr. nes				
300	欧洲	Europe				
301	比利时	Belgium	BE	BEL	最惠国税率	L
302	丹麦	Denmark	DK	DNK	最惠国税率	L
303	英国	United Kingdom	GB	GBR	最惠国税率	L
304	德国	Germany	DE	DEU	最惠国税率	L
305	法国	France	FR	FRA	最惠国税率	L

续表

代码	国家（地区）中文名称	国家（地区）英文名称	2 字母代码	3 字母代码	可适用关税的税率	船舶吨税优/普标记
306	爱尔兰	Ireland	IE	IRL	最惠国税率	H
307	意大利	Italy	IT	ITA	最惠国税率	L
308	卢森堡	Luxembourg	LU	LUX	最惠国税率	L
309	荷兰	Netherlands	NL	NLD	最惠国税率	L
310	希腊	Greece	GR	GRC	最惠国税率	L
311	葡萄牙	Portugal	PT	PRT	最惠国税率	H
312	西班牙	Spain	ES	ESP	最惠国税率	H
313	阿尔巴尼亚	Albania	AL	ALB	最惠国税率	L
314	安道尔	Andorra	AD	AND	普通税率	H
315	奥地利	Austria	AT	AUT	最惠国税率	H
316	保加利亚	Bulgaria	BG	BGR	最惠国税率	L
318	芬兰	Finland	FI	FIN	最惠国税率	L
320	直布罗陀	Gibraltar	GI	GIB	普通税率	L
321	匈牙利	Hungary	HU	HUN	最惠国税率	H
322	冰岛	Iceland	IS	ISL	最惠国税率	H
323	列支敦士登	Liechtenstein	LI	LIE	最惠国税率	H
324	马耳他	Malta	MT	MLT	最惠国税率	L
325	摩纳哥	Monaco	MC	MCO	最惠国税率	H
326	挪威	Norway	NO	NOR	最惠国税率	L
327	波兰	Poland	PL	POL	最惠国税率	L
328	罗马尼亚	Romania	RO	ROM	最惠国税率	L
329	圣马力诺	San Marino	SM	SMR	最惠国税率	H
330	瑞典	Sweden	SE	SWE	最惠国税率	L
331	瑞士	Switzerland	CH	CHE	最惠国税率	H
334	爱沙尼亚	Estonia	EE	EST	最惠国税率	H
335	拉脱维亚	Latvia	LV	LVA	最惠国税率	H

续表

代码	国家（地区）中文名称	国家（地区）英文名称	2字母代码	3字母代码	可适用关税的税率	船舶吨税优/普标记
336	立陶宛	Lithuania	LT	LTU	最惠国税率	L
337	格鲁吉亚	Georgia	GE	GEO	最惠国税率	L
338	亚美尼亚	Armenia	AM	ARM	最惠国税率	H
339	阿塞拜疆	Azerbaijan	AZ	AZE	最惠国税率	H
340	白俄罗斯	Byelorussia	BY	BLR	最惠国税率	H
343	摩尔多瓦	Moldavia	MD	MDA	最惠国税率	H
344	俄罗斯联邦	Russia	RU	RUS	最惠国税率	L
347	乌克兰	Ukraine	UA	UKR	最惠国税率	L
349	塞尔维亚和黑山	Serbia and Montenegro			普通税率	H
350	斯洛文尼亚	Slovenia Rep	SI	SVN	最惠国税率	H
351	克罗地亚	Croatia Rep	HR	HRV	最惠国税率	L
352	捷克共和国	Czech Rep	CZ	CZE	最惠国税率	H
353	斯洛伐克	Slovak Rep	SK	SVK	最惠国税率	H
354	马其顿	Macedonia Rep	MK	MKD	最惠国税率	H
355	波斯尼亚-黑塞哥维那共和国（波黑）	Bosnia & Hercegovina	BA	BIH	最惠国税率	H
356	梵蒂冈城国	Vatican City State	VA	VAT	普通税率	H
357	法罗群岛	the Faroe Islands		FRO	最惠国税率	H
358	塞尔维亚	the Republic of Serbia			最惠国税率	H
359	黑山	Montenegro			最惠国税率	H
399	欧洲其他国家（地区）	Oth. Eur. nes				
400	拉丁美洲	Latin America				

续表

代码	国家（地区）中文名称	国家（地区）英文名称	2字母代码	3字母代码	可适用关税的税率	船舶吨税优/普标记
401	安提瓜和巴布达	Antigua & Barbuda	AG	ATG	最惠国税率	H
402	阿根廷	Argentina	AR	ARG	最惠国税率	L
403	阿鲁巴岛	Aruba	AW	ABW	普通税率	H
404	巴哈马	Bahamas	BS	BHS	普通税率	L
405	巴巴多斯	Barbados	BB	BRB	最惠国税率	H
406	伯利兹	Belize	BZ	BLZ	最惠国税率	H
408	多民族玻利维亚国	Estado Plurinacional de Bolivia	BO	BOL	最惠国税率	H
409	博内尔	Bonaire			普通税率	H
410	巴西	Brazil	BR	BRA	最惠国税率	L
411	开曼群岛	Cayman Is	KY	CYM	普通税率	L
412	智利	Chile	CL	CHL	中智税率或最惠国税率	L
413	哥伦比亚	Colombia	CO	COL	最惠国税率	H
414	多米尼亚共和国	Dominica	DM	DMA	最惠国税率	H
415	哥斯达黎加	Costa Rica	CR	CRI	中哥税率或最惠国税率	H
416	古巴	Cuba	CU	CUB	最惠国税率	L
417	库腊索岛	Curacao			普通税率	H
418	多米尼加共和国	Dominican Rep.	DO	DOM	最惠国税率	H
419	厄瓜多尔	Ecuador	EC	ECU	最惠国税率	H
420	法属圭亚那	French Guyana	GF	GUF	普通税率	H
421	格林纳达	Grenada	GD	GRD	最惠国税率	H
422	瓜德罗普	Guadeloupe	GP	GLP	普通税率	H
423	危地马拉	Guatemala	GT	GTM	最惠国税率	H
424	圭亚那	Guyana	GY	GUY	最惠国税率	H

续表

代码	国家（地区）中文名称	国家（地区）英文名称	2字母代码	3字母代码	可适用关税的税率	船舶吨税优/普标记
425	海地	Haiti	HT	HTI	最惠国税率	H
426	洪都拉斯	Honduras	HN	HND	最惠国税率	H
427	牙买加	Jamaica	JM	JAM	最惠国税率	H
428	马提尼克	Martinique	MQ	MTQ	普通税率	H
429	墨西哥	Mexico	MX	MEX	最惠国税率	L
430	蒙特塞拉特	Montserrat	MS	MSR	普通税率	H
431	尼加拉瓜	Nicaragua	NI	NIC	最惠国税率	H
432	巴拿马	Panama	PA	PAN	最惠国税率	H
433	巴拉圭	Paraguay	PY	PRY	最惠国税率	H
434	秘鲁	Peru	PE	PER	最惠国税率	L
435	波多黎各	Puerto Rico	PR	PRI	最惠国税率	H
436	萨巴	Saba			普通税率	H
437	圣卢西亚	Saint Lucia	LC	LCA	最惠国税率	H
438	圣马丁岛	Saint Martin Is			普通税率	H
439	圣文森特和格林纳丁斯	Saint Vincent & Grenadines	VC	VCT	最惠国税率	H
440	萨尔瓦多	El Salvador	SV	SLV	普通税率	H
441	苏里南	Suriname	SR	SUR	最惠国税率	H
442	特立尼达和多巴哥	Trinidad & Tobago	TT	TTO	最惠国税率	H
443	特克斯和凯科斯群岛	Turks & Caicos Is	TC	TCA	普通税率	H
444	乌拉圭	Uruguay	UY	URY	最惠国税率	H
445	委内瑞拉	Venezuela	VE	VEN	最惠国税率	H
446	英属维尔京群岛	Br. Virgin Is	VG	VGB	普通税率	H
447	圣其茨 - 尼维斯	St. Kitts - Nevis			最惠国税率	H

续表

代码	国家（地区）中文名称	国家（地区）英文名称	2字母代码	3字母代码	可适用关税的税率	船舶吨税优/普标记
448	圣皮埃尔和密克隆	St. Pierre and Miquelon	PM	SPM	最惠国税率	H
449	荷属安地列斯群岛	the Netherlands Antilles	AN	ANT	普通税率	H
499	拉丁美洲其他国家（地区）	Oth. L. Amer. nes				
500	北美洲	North America				
501	加拿大	Canada	CA	CAN	最惠国税率	L
502	美国	United States	US	USA	最惠国税率	L
503	格陵兰	Greenland	GL	GRL	最惠国税率	H
504	百慕大	Bermuda	BM	BMU	普通税率	L
599	北美洲其他国家（地区）	Oth. N. Amer. nes				
600	大洋洲	Oceania				
601	澳大利亚	Australia	AU	AUS	最惠国税率	H
602	库克群岛	Cook Is	CK	COK	最惠国税率	H
603	斐济	Fiji	FJ	FJI	最惠国税率	H
604	盖比群岛	Gambier Is.			普通税率	H
605	马克萨斯群岛	Marquesas Is.			普通税率	H
606	瑙鲁	Nauru	NR	NRU	普通税率	H
607	新喀里多尼亚	New Caledonia	NC	NCL	最惠国税率	H
608	瓦努阿图	Vanuatu	VU	VUT	特惠税率或最惠国税率	H
609	新西兰	New Zealand	NZ	NZL	中新税率或最惠国税率	L
610	诺福克岛	Norfolk Is	NF	NFK	普通税率	H
611	巴布亚新几内亚	Papua New Guinea	PG	PNG	最惠国税率	H
612	社会群岛	Society Is	CX	CXR	普通税率	H
613	所罗门群岛	Solomon Is	SB	SLB	最惠国税率	H

续表

代码	国家（地区）中文名称	国家（地区）英文名称	2字母代码	3字母代码	可适用关税的税率	船舶吨税优/普标记
614	汤加	Tonga	TO	TON	最惠国税率	H
615	土阿莫土群岛	Tuamotu Is			普通税率	H
616	土布艾群岛	Tubai Is			普通税率	H
617	萨摩亚	Samoa	WS	WSM	特惠税率或最惠国税率	H
618	基里巴斯	Kiribati	KI	KIR	普通税率	H
619	图瓦卢	Tuvalu	TV	TUV	普通税率	H
620	密克罗尼西亚联邦	Micronesia Fs	FM	FSM	最惠国税率	H
621	马绍尔群岛	Marshall Is Rep	MH	MHL	普通税率	H
622	帕劳共和国	Palau	PW	PLW	普通税率	H
623	法属波利尼西亚	French Polynesia	PF	PYF	最惠国税率	H
625	瓦利斯和浮图纳	Wallis and Futuna	WF	WLF	最惠国税率	H
699	大洋洲其他国家（地区）	Oth. Ocean. nes				
701	国（地）别不详的	Countries (reg.) unknown			普通税率	H
702	联合国及机构和国际组织	UN and other international organizations				
999	中性包装原产国别	Countries of Neutral Package			普通税率	H

附表六　国内地区代码表

代码	国内地区名称	代码	国内地区名称	代码	国内地区名称
11019	东城区	11029	西城区	11039	崇文区
11049	宣武区	11053	北京电子城科技园区	11059	朝阳区
11063	北京丰台科技园区	11069	丰台区	11079	石景山
11083	北京海淀科技园区	11089	海淀区其他	11099	门头沟
11109	房山	11115	北京天竺出口加工区	11119	顺义
11123	北京昌平科技园区	11129	昌平	11132	北京经济技术开发区
11133	北京亦庄科技园区	11139	大兴其他	11149	通县
11159	怀柔	11169	平谷	11179	延庆
11189	密云	11909	北京其他	12019	和平区
12029	河东区	12039	河西区	12043	天津新技术产业园区
12049	南开区其他	12059	河北区	12069	红桥区
12072	天津经济技术开发区	12074	天津港保税区	12075	天津出口加工区
12076	天津东疆保税港区	12077	天津保税物流园	12079	塘沽区其他
12089	汉沽区	12099	大港区	12106	天津滨海新区综合保税区
12109	东丽区	12119	西青区	12129	津南区
12139	北辰区	12149	宁河县	12159	武清县
12169	静海县	12179	宝坻县	12189	蓟县
12909	天津其他	13013	石家庄高新技术产业开发区	13019	石家庄其他
13029	唐山	13032	秦皇岛经济技术开发区	13035	河北秦皇岛出口加工区
13039	秦皇岛其他	13049	邯郸	13059	邢台
13063	保定高新技术产业开发区	13069	保定其他	13079	张家口
13089	承德	13099	沧州	13105	河北廊坊出口加工区
13109	廊坊	13119	衡水	13129	武安
13909	河北其他	14012	山西太原经济技术开发区	14013	太原高新技术产业开发区
14019	太原其他	14029	大同	14039	阳泉
14049	长治	14059	晋城	14069	朔州

续表

代码	国内地区名称	代码	国内地区名称	代码	国内地区名称
14079	雁北	14089	忻州	14099	吕梁
14109	晋中	14119	临汾	14129	运城
14139	古交	14909	山西其他	15015	内蒙古呼和浩特出口加区
15019	呼和浩特	15023	包头高新技术产业开发区	15029	包头其他
15039	乌海	15049	赤峰	15059	二连浩特
15069	满洲里	15079	呼伦贝尔盟	15089	哲里木盟
15099	兴安盟	15109	乌兰察布盟	15119	巴彦淖尔盟
15129	伊克昭盟	15139	阿拉善盟	15149	锡林郭勒盟
15909	内蒙古其他	21012	沈阳经济技术开发区	21013	沈阳南湖科技开发区
21015	辽宁沈阳、张士出口加工区	21019	沈阳其他	21022	大连经济技术开发区
21023	大连高新技术产业园区	21024	大连大窑湾保税区	21025	辽宁大连出口加工区
21026	大窑湾保税港区	21027	大连保税物流园区	21029	大连其他
21033	鞍山高新技术产业开发区	21039	鞍山其他	21049	抚顺
21059	本溪	21069	丹东	21079	锦州
21089	营口	21099	阜新	21109	辽阳
21119	盘锦	21129	铁岭	21139	朝阳
21149	葫芦岛市	21159	瓦房店	21169	海城
21179	兴城	21189	铁法	21199	北票
21209	开源	21909	辽宁其他	22012	长春经济技术开发区
22013	长春南湖－南岭新技术开发区	22019	长春其他	22023	吉林高新技术产业开发区
22029	吉林其他	22039	四平	22049	辽源
22059	通化	22069	白山	22075	吉林珲春出口加工区
22079	珲春	22089	图们	22099	白城
22109	延边	22119	公主岭	22129	梅河口
22139	集安	22149	桦甸	22159	九台

续表

代码	国内地区名称	代码	国内地区名称	代码	国内地区名称
22169	蛟河	22179	松原	22189	延吉市
22909	吉林其他	23012	哈尔滨经济技术开发区	23013	哈尔滨高技术开发区
23019	哈尔滨其他	23029	齐齐哈尔	23039	鸡西
23049	鹤岗	23059	双鸭山	23063	大庆高新技术产业开发区
23069	大庆其他	23079	伊春	23089	佳木斯
23099	七台河	23109	牡丹江	23119	黑河
23129	绥芬河	23139	松花江	23149	绥化
23159	大兴安岭	23169	阿城	23179	同江
23189	富锦	23199	铁力	23209	密山
23909	黑龙江其他	31019	黄浦	31029	南市
31039	卢湾	31043	上海漕河泾新技术开发区	31049	徐汇其他
31052	上海经济技术开发区	31059	长宁	31069	静安
31079	普陀	31089	闸北	31099	虹口
31109	杨浦	31112	上海闵行经济技术开发区	31113	上海浦江高科技园区
31115	上海漕河泾出口加工区	31119	闵行其他	31129	宝山
31145	上海嘉定出口加工区	31149	嘉定	31159	川沙
31162	上海闵行经济技术开发区	31166	洋山保税港区	31169	南汇
31175	上海闵行出口加工区	31179	奉贤	31185	上海松江出口加工区
31189	松江	31199	金山	31205	青浦出口加工区
31209	青浦	31219	崇明	31222	上海浦东新区
31224	上海外高桥保税区	31225	上海金桥出口加工区南	31227	上海保税物流园区
31229	浦东其他	31909	上海其他	32013	南京浦口高新技术外向型开发区
32015	江苏南京出口加工区	32019	南京其他	32023	无锡高新技术产业开发区
32025	江苏无锡出口加工区	32029	无锡其他	32039	徐州

续表

代码	国内地区名称	代码	国内地区名称	代码	国内地区名称
32043	常州高新技术产业开发区	32045	江苏常州出口加工区	32049	常州其他
32052	苏州工业园区	32053	苏州高新技术产业开发区	32055	江苏苏州工业园区加工区
32056	苏州工业园综合保税区	32059	苏州其他	32062	南通经济技术开发区
32065	江苏南通出口加工区	32069	南通其他	32072	连云港经济技术开发区
32075	江苏连云港出口加工区	32079	连云港其他	32085	江苏淮安出口加工区
32089	淮安市	32099	盐城	32105	江苏扬州出口加工区
32109	扬州	32115	江苏镇江出口加工区	32119	镇江
32129	泰州	32139	仪征	32145	江苏常熟出口加工区
32149	常熟	32154	江苏张家港保税区	32157	张家港保税物流园
32159	张家港其他	32169	江阴	32179	宿迁
32189	丹阳	32199	东台	32209	兴化
32229	宜兴	32235	江苏昆山出口加工区	32239	昆山
32249	启东	32255	江苏吴江出口加工区	32259	吴江市
32269	太仓市	32909	江苏其他	33012	杭州经济技术开发区
33013	杭州高新技术产业开发	33015	浙江杭州出口加工区	33019	杭州其他
33022	宁波经济技术开发区	33024	宁波北仑港保税区	33025	浙江宁波出口加工区
33027	宁波保税物流园	33029	宁波其他	33032	温州经济技术开发区
33039	温州其他	33045	浙江嘉兴出口加工区	33049	嘉兴
33059	湖州	33069	绍兴	33079	金华
33089	衢州	33099	舟山	33109	丽水
33119	台州	33129	余姚	33139	海宁
33149	兰溪	33159	瑞安	33169	萧山
33179	江山	33189	义乌	33199	东阳
33205	浙江慈溪出口加工区	33209	慈溪	33219	奉化
33229	诸暨	33239	黄岩	33909	浙江其他
34012	合肥经济技术开发区	34013	合肥科技工业园区	34019	合肥其他

续表

代码	国内地区名称	代码	国内地区名称	代码	国内地区名称
34022	芜湖经济技术开发区	34025	安徽芜湖出口加工区	34029	芜湖其他
34039	蚌埠	34049	淮南	34059	马鞍山
34069	淮北	34079	铜陵	34089	安庆
34099	黄山	34109	阜阳	34119	宿州
34129	滁州	34139	六安	34149	宣城
34159	巢湖	34169	池州	34179	亳州
34909	安徽其他	35012	福州经济技术开发区	35013	福州科技园区
35014	福建马尾保税区	35015	福建福州、福清出口加工区	35017	福州保税物流园区
35019	福州其他	35021	厦门特区	35023	厦门火炬高技术产业开发区
35024	厦门象屿保税区	35025	福建厦门出口加工区	35027	厦门象屿保税物流园区
35029	厦门其他	35039	莆田	35049	三明
35055	福建泉州出口加工区	35059	泉州	35069	漳州
35079	南平	35089	宁德	35099	龙岩
35109	永安	35119	石狮	35909	福建其他
36013	南昌高新技术产业开发区	36015	江西南昌出口加工区	36019	南昌其他
36029	景德镇	36039	萍乡	36045	江西九江出口加工区
36049	九江	36059	新余	36069	鹰潭
36075	赣州出口加工区	36079	赣州	36089	宜春
36099	上饶	36109	吉安	36119	抚州
36129	瑞昌	36909	江西其他	37013	济南高新技术产业开发区
37015	山东济南出口加工区	37019	济南其他	37022	青岛经济技术开发区
37023	青岛高新技术产业开发区	37024	青岛保税区	37025	山东青岛出口加工区
37027	青岛保税物流园	37029	青岛其他	37033	淄博高新技术产业开发区
37039	淄博	37049	枣庄	37059	东营

续表

代码	国内地区名称	代码	国内地区名称	代码	国内地区名称
37062	烟台经济技术开发区	37065	山东烟台出口加工区	37069	烟台其他
37073	潍坊高新技术产业开发区	37075	山东潍坊出口加工区	37079	潍坊其他
37089	济宁	37099	泰安	37103	威海火炬高新技术产业开发区
37105	山东威海出口加工区	37109	威海其他	37119	日照
37129	惠民	37139	德州	37149	聊城
37159	临沂	37169	菏泽	37179	青州
37189	龙口	37199	曲阜	37209	莱芜
37219	新泰	37229	胶州	37239	诸城
37249	莱阳	37259	滕州	37269	文登
37279	荣城	37289	即墨	37299	平度
37909	山东其他	41013	郑州高新技术开发区	41015	河南郑州出口加工区
41019	郑州其他	41029	开封	41033	洛阳高新技术产业开发区
41039	洛阳其他	41049	平顶山	41059	安阳
41069	鹤壁	41079	新乡	41089	焦作
41099	濮阳	41109	许昌	41119	漯河
41129	三门峡	41139	商丘	41149	周口
41159	驻马店	41169	南阳	41179	信阳
41189	义马	41199	汝州	41209	济源
41219	禹州	41229	卫辉	41239	辉县
41249	泌阳	41909	河南其他	42012	武汉经济技术开发区
42013	武汉东湖新技术开发区	42015	湖北武汉出口加工区	42019	武汉其他
42029	黄石	42039	十堰	42049	沙市
42059	宜昌	42063	襄樊高新技术产业开发区	42069	襄樊其他
42079	鄂州	42089	荆门	42099	黄冈
42109	孝感	42119	咸宁	42129	荆州
42139	郧阳	42149	鄂西	42159	随州

续表

代码	国内地区名称	代码	国内地区名称	代码	国内地区名称
42169	老河口	42179	枣阳	42189	神农架
42909	湖北其他	43013	长沙科技开发区	43019	长沙其他
43023	株州高新技术产业开发区	43029	株州其他	43039	湘潭
43049	衡阳	43059	邵阳	43069	岳阳
43079	常德	43089	大庸	43099	益阳
43109	娄底	43115	湖南郴州出口加工区	43119	郴州
43129	零陵	43139	怀化	43149	湘西
43159	醴陵	43169	湘乡	43179	耒阳
43189	汨罗	43199	津市	43909	湖南其他
44012	广州经济技术开发区	44013	广州天河高新技术产业开发区	44014	广州保税区
44015	广东广州出口加工区	44017	广州保税物流园区	44019	广州其他
44029	韶关	44031	深圳特区	44033	深圳科技工业园
44034	福田盐田沙头角保税区	44035	广东深圳出口加工区	44037	深圳盐田保税物流园
44039	深圳其他	44041	珠海特区	44043	珠海高新技术产业开发区
44044	珠海保税区	44045	珠澳跨境工业区珠海园区	44049	珠海其他
44051	汕头特区	44054	汕头保税区	44059	汕头其他
44063	佛山高新技术产业开发区	44069	佛山其他	44079	江门
44082	湛江经济技术开发区	44089	湛江其他	44099	茂名
44129	肇庆	44133	惠州高新技术产业开发区	44139	惠州其他
44149	梅州	44159	汕尾	44169	河源
44179	阳江	44189	清远	44199	东莞
44203	中山火炬高技术产业开发区	44209	中山其他	44219	潮州
44229	顺德	44235	广东南沙出口加工区	44239	番禺
44249	揭阳	44289	南海	44299	云浮市

续表

代码	国内地区名称	代码	国内地区名称	代码	国内地区名称
44909	广东其他	45013	南宁高新技术产业开发区	45019	南宁其他
45029	柳州	45033	桂林高新技术产业开发区	45039	桂林其他
45049	梧州	45055	广西北海出口加工区	45059	北海
45069	玉林	45079	百色	45089	河池
45099	钦州	45109	凭祥	45119	东兴
45129	防城港市	45139	贵港市	45149	南宁地区
45159	柳州地区	45169	贺州地区	45909	广西其他
46011	海口	46013	海南国际科技园区	46014	海南海口保税区
46021	三亚	46901	海南其他	46902	海南洋浦经济技术开发区
46906	海南洋浦保税港区	50019	万州区	50029	涪陵区
50039	渝中区	50049	大渡口区	50059	江北区
50069	沙坪坝区	50073	重庆高新技术产业开发区	50079	九龙坡区
50082	重庆经济技术开发区	50089	南岸区	50099	北碚区
50109	万盛区	50119	双桥区	50125	重庆出口加工区
50129	渝北区	50139	巴南区	50219	长寿县
50229	綦江县	50239	潼南县	50249	铜梁县
50259	大足县	50269	荣昌县	50279	璧山县
50289	梁平县	50299	城口县	50309	丰都县
50319	垫江县	50329	武隆县	50339	忠县
50349	开县	50359	云阳县	50369	奉节县
50379	巫山县	50389	巫溪县	50399	黔江土家族苗族自治县
50409	石柱土家族自治县	50419	秀山土家族苗族自治县	50429	酉阳土家族苗族自治县
50439	彭水苗族土家族自治县	50819	江津市	50829	合川市
50839	永川市	50849	南川市	51012	成都经济技术开发区
51013	成都高新技术产业开发区	51015	四川成都出口加工区	51019	成都其他

续表

代码	国内地区名称	代码	国内地区名称	代码	国内地区名称
51039	自贡	51049	攀枝花	51059	泸州
51069	德阳	51073	绵阳高新技术产业开发区	51075	四川绵阳出口加工区
51079	绵阳其他	51089	广元	51099	遂宁
51109	内江	51119	乐山	51149	宜宾
51159	南充	51169	达县	51179	雅安
51189	阿坝	51199	甘孜	51209	凉山
51229	广汉	51239	江油	51249	都江堰
51259	峨眉山	51269	资阳	51279	眉山
51289	广安	51299	巴中	51909	四川其他
52013	贵阳高新技术产业开发区	52019	贵阳其他	52029	六盘山
52039	遵义	52049	铜仁	52059	黔西南
52069	毕节	52079	安顺	52089	黔东南
52099	黔南	52909	贵州其他	53013	昆明高新技术产业开发区
53015	云南昆明出口加工区	53019	昆明其他	53029	东川
53039	昭通	53049	曲靖	53059	楚雄
53069	玉溪	53079	红河	53089	文山
53099	思茅	53109	西双版纳	53119	大理
53129	保山	53139	德宏	53149	丽江
53159	怒江	53169	迪庆	53179	临沧
53189	畹町	53199	瑞丽	53209	河口
53909	云南其他	54019	拉萨	54029	昌都
54039	山南	54049	日喀则	54059	那曲
54069	阿里	54079	林芝	54909	西藏其他
61013	西安新技术产业开发区	61015	陕西西安出口加工区	61019	西安其他
61029	铜川	61033	宝鸡高新技术产业开发区	61039	宝鸡其他
61049	咸阳	61059	渭南	61069	汉中

续表

代码	国内地区名称	代码	国内地区名称	代码	国内地区名称
61079	安康	61089	商洛	61099	延安
61109	榆林	61909	陕西其他	62013	兰州宁卧庄新技术产业开发区
62019	兰州其他	62029	嘉峪关	62039	金昌
62049	白银	62059	天水	62069	酒泉
62079	张掖	62089	武威	62099	定西
62109	陇南	62119	平凉	62129	庆阳
62139	临夏	62149	甘南	62909	甘肃其他
63012	西宁经济技术开发区	63019	西宁	63029	海东
63039	海北	63049	黄南	63059	海南
63069	果洛	63079	玉树	63089	海西
63909	青海其他	64012	银川经济技术开发区	64019	银川
64029	石嘴山	64039	银南	64049	固原
64059	宁夏回族自治区中卫市	64909	宁夏其他	65012	乌鲁木齐经济技术开发区
65013	乌鲁木齐高新技术产业	65015	新疆乌鲁木齐出口加工区	65019	乌鲁木齐其他
65029	克拉玛依开发区	65039	博乐	65049	巴音
65059	阿克苏	65069	克孜	65079	喀什
65089	和田	65099	伊宁	65109	塔城
65119	阿勒泰	65122	石河子经济技术开发区	65129	石河子
65219	吐鲁番	65229	哈密	65239	昌吉回族自治州
65909	新疆其他				

附表七　成交方式代码表

代码	成交方式名称
1	CIF
2	C&F
3	FOB
4	C&I
5	市场价
6	垫仓

附表八　货币代码表

代码	名称	海关原用代码	代码	名称	海关原用代码
AUD	澳大利亚元	601	KRW	韩国元	133
CAD	加拿大元	501	MOP	澳门元	121
CHF	瑞士法郎	331	NOK	挪威克朗	326
CNY	人民币	142	NZD	新西兰元	609
DKK	丹麦克朗	302	PHP	菲律宾比索	129
EUR	欧元	300	SGD	新加坡元	132
GBP	英镑	303	SEK	瑞典克朗	330
HKD	港币	110	THB	泰国铢	136
JPY	日本元	116	USD	美元	502

附表九　监管证件代码表

代码	监管证件名称
1	进口许可证
2	两用物项和技术进口许可证
3	两用物项和技术出口许可证
4	出口许可证
5	纺织品临时出口许可证
6	旧机电产品禁止进口

续表

代码	监管证件名称
7	自动进口许可证
8	禁止出口商品
9	禁止进口商品
A	入境货物通关单
B	出境货物通关单
D	出/入境货物通关单（毛坯钻石用）
E	濒危物种允许出口证明书
F	濒危物种允许进口证明书
G	两用物项和技术出口许可证（定向）
H	港澳 OPA 纺织品证明
I	精神药物进（出）口准许证
J	黄金及其制品进出口准许证或批件
K	深加工结转申请表
L	药品进出口准许证
M	密码产品和设备进口许可证
O	自动进口许可证（新旧机电产品）
P	固体废物进口许可证
Q	进口药品通关单
R	进口兽药通关单
S	进出口农药登记证明
T	银行调运现钞进出境许可证
U	合法捕捞产品通关证明
W	麻醉药品进出口准许证
X	有毒化学品环境管理放行通知单
Y	原产地证明
Z	音像制品进口批准单或节目提取单

续表

代码	监管证件名称
c	内销征税联系单
e	关税配额外优惠税率进口棉花配额证
q	国别关税配额证明
r	预归类标志
s	适用ITA税率的商品用途认定证明
t	关税配额证明
v	自动进口许可证（加工贸易）
x	出口许可证（加工贸易）
y	出口许可证（边境小额贸易）

附表十　用途代码表

代码	用途名称
01	外贸自营内销
02	特区内销
03	其他内销
04	企业自用
05	加工返销
06	借用
07	收保证金
08	免费提供
09	作价提供
10	货样、广告品
11	其他

问题索引

货物篇

行邮篇

书目介绍

乐 贸 系 列

书名	作者	定价	书号	出版时间

外贸操作实务子系列

1. 出口营销实战(第三版)	黄泰山	45.00元	978-7-80165-932-3	2013年1月第3版
2. 外贸实务疑难解惑220例	张浩清	38.00元	978-7-80165-853-1	2012年1月第1版
3. 外贸高手客户成交技巧	毅 冰	35.00元	978-7-80165-841-8	2012年1月第1版
4. 外贸纠纷处理实务——案例与技巧	熊志坚	35.00元	978-7-80165-789-3	2011年1月第1版
5. 报检七日通	徐荣才 朱瑾瑜	22.00元	978-7-80165-715-2	2010年8月第1版
6. 实用外贸技巧助你轻松拿订单	王陶(波锅涅)	25.00元	978-7-80165-724-4	2010年4月第1版
7. 外贸业务经理人手册(第2版)	陈文培	39.00元	978-7-80165-671-1	2010年1月第1版
8. 外贸实用工具手册	本书编委会	32.00元	978-7-80165-558-5	2009年1月第1版
9. 外贸实务经验分享33例	沱沱网中文站	28.00元	978-7-80165-560-8	2009年1月第1版
10. 外贸实务案例精华80篇	刘德标 吴珊红	29.80元	978-7-80165-561-5	2009年1月第1版
11. 外贸七日通(最新修订版)	黄海涛(深海鱿鱼)	22.00元	978-7-80165-397-0	2008年8月第3版
12. 金牌外贸业务员找客户——17种方法·案例·评析	陈念祥 张思羽	35.00元	978-7-80165-543-1	2008年8月第2版
13. 出口营销策略(《出口营销实战》升级版)	黄泰山 冯斌	35.00元	978-7-80165-459-5	2008年5月第1版

出口风险管理子系列

1. 轻松应对出口法律风险	韩宝庆	39.80元	978-7-80165-822-7	2011年9月第1版
2. 出口风险管理实务(第二版)	冯 斌	48.00元	978-7-80165-725-1	2010年4月第2版
3. 50种出口风险防范	王新华 陈丹凤	35.00元	978-7-80165-647-6	2009年8月第1版

书名	作者	定价	书号	出版时间

外贸单证操作子系列

1. 跟单信用证一本通	何源	35.00元	978-7-80165-849-4	2012年1月第1版
2. 信用证审单有问有答280例	李一平 徐珺	37.00元	978-7-80165-761-9	2010年8月第1版
3. 外贸单证经理的成长日记	曹顺祥	38.00元	978-7-80165-716-9	2010年3月第1版
4. 外贸单证解惑280例	龚玉和 齐朝阳	38.00元	978-7-80165-638-4	2009年7月第1版
5. 跟单高手教你做跟单	汪 德	32.00元	978-7-80165-623-0	2009年4月第1版

福步外贸高手子系列

1. 巧用外贸邮件拿订单	刘 裕	45.00 元	978-7-80165-966-8	2013 年 8 月第 1 版
2. 小小开发信 订单滚滚来——外贸开发信写作技巧及实用案例分析	薄如骢	26.00 元	978-7-80165-551-6	2008 年 8 月第 1 版
3. 外贸技巧与邮件实战	刘 云	28.00 元	978-7-80165-536-3	2008 年 7 月第 1 版

国际物流操作子系列

货代高手教你做货代——优秀货代笔记	何银星	25.00 元	978-7-80165-696-4	2010 年 1 月第 1 版

通关实务子系列

1. 外贸企业轻松应对海关估价	熊 斌 赖 芸 王卫宁	35.00 元	978-7-80165-895-1	2012 年 9 月第 1 版
2. 报关实务一本通(第 2 版)	苏州工业园区海关	35.00 元	978-7-80165-889-0	2012 年 8 月第 2 版

彻底搞懂子系列

1. 彻底搞懂信用证(第二版)	王腾 曹红波	35.00 元	978-7-80165-840-1	2011 年 11 月第 2 版
2. 彻底搞懂中国自由贸易区优惠	刘德标 祖月	34.00 元	978-7-80165-762-6	2010 年 8 月第 1 版
3. 彻底搞懂提单	张敏 赵通	29.80 元	978-7-80165-602-5	2009 年 6 月第 1 版
4. 彻底搞懂关税	孙金彦	29.00 元	978-7-80165-618-6	2009 年 6 月第 1 版

外贸英语实战子系列

1. 十天搞定外贸函电	毅 冰	38.00 元	978-7-80165-898-2	2012 年 10 月第 1 版
2. 外贸高手的口语秘籍	李 凤	35.00 元	978-7-80165-838-8	2012 年 2 月第 1 版
3. 外贸英语函电实战	梁金水	25.00 元	978-7-80165-705-3	2010 年 1 月第 1 版
4. 外贸英语口语一本通	刘新法	29.00 元	978-7-80165-537-0	2008 年 8 月第 1 版

外贸谈判子系列

1. 外贸英语谈判实战	王慧 吴旻 张海军 蒋晓杰 仲颖	32.00 元	978-7-80165-767-1	2010 年 9 月第 1 版
2. 外贸谈判策略与技巧	赵立民	26.00 元	978-7-80165-645-2	2009 年 7 月第 1 版

贸易展会子系列

外贸参展全攻略——如何有效参加 B2B 贸易商展(第二版)	钟景松	33.00 元	978-7-80165-779-4	2010 年 10 月第 2 版

区域市场开发子系列

中东市场开发实战	刘军 沈一强	28.00 元	978-7-80165-650-6	2009 年 9 月第 1 版

加工贸易操作子系列

1. 加工贸易实务操作与技巧	熊　斌	35.00 元	978-7-80165-809-8	2011 年 4 月第 1 版
2. 加工贸易达人速成——操作案例与技巧	陈秋霞	28.00 元	978-7-80165-891-3	2012 年 7 月第 1 版

乐税子系列

1. 外贸会计财务处理实务——经验·技巧分享	徐玉树	38.00 元	978-7-80165-958-3	2013 年 8 月第 1 版
2. 生产企业免抵退税实务——经验·技巧分享(第二版)	徐玉树	42.00 元	978-7-80165-936-1	2013 年 2 月第 2 版
3. 外贸企业出口退(免)税常见错误解析 100 例	周朝勇	49.80 元	978-7-80165-933-0	2013 年 2 月第 1 版
4. 生产企业出口退(免)税常见错误解析 115 例	周朝勇	49.80 元	978-7-80165-901-9	2013 年 1 月第 1 版
5. 外贸企业出口退税操作手册	中国出口退税咨询网	42.00 元	978-7-80165-818-0	2011 年 5 月第 1 版
6. 生产企业免抵退税从入门到精通	中国出口退税咨询网	98.00 元	978-7-80165-695-7	2010 年 1 月第 1 版
7. 出口涉税会计实务精要(《外贸会计实务精要》第 2 版)	龙博客工作室	32.00 元	978-7-80165-660-5	2009 年 9 月第 2 版

外贸企业管理子系列

小企业做大外贸的四项修炼	胡伟锋	26.00 元	978-7-80165-673-5	2010 年 1 月第 1 版

国际贸易金融子系列

1. 国际贸易金融服务全程通(第二版)	郭党怀 张丽君 张贝	43.00 元	978-7-80165-864-7	2012 年 1 月第 2 版
2. 国际结算与贸易融资实务	李华根	42.00 元	978-7-80165-847-0	2011 年 12 月第 1 版

毅冰谈外贸子系列

1. 毅冰私房英语书——七天秀出外贸口语	毅　冰	35.00 元	978-7-80165-965-1	2013 年 9 月第 1 版

“实用型”报关与国际货运专业教材

1. 进出口商品归类实务(2012 修订版)	林　青	45.00 元	978-7-80165-902-6	2013 年 1 月第 2 版
2. 现代关税实务(第 2 版)	李　齐	35.00 元	978-7-80165-862-3	2012 年 1 月第 2 版
3. 国际贸易单证实务(第 2 版)	丁行政	45.00 元	978-7-80165-855-5	2012 年 1 月第 2 版
4. 报关实务(第 3 版)	杨鹏强	45.00 元	978-7-80165-825-8	2011 年 9 月第 3 版
5. 海关概论(第 2 版)	王意家	36.00 元	978-7-80165-805-0	2011 年 4 月第 2 版

6. 电子口岸实务	杨鹏强　林青	30.00 元	978-7-80165-771-8	2010 年 9 月第 1 版
7. 国际集装箱班轮运输实务	林益松　郑海棠	43.00 元	978-7-80165-770-1	2010 年 9 月第 1 版
8. 报检实务	孔德民	30.50 元	978-7-80165-717-6	2010 年 5 月第 1 版
9. 国际货运代理操作实务	杨鹏强	45.00 元	978-7-80165-709-1	2010 年 1 月第 1 版

待出：

供应链管理实务

“精讲型”国际贸易核心课程教材

1. 外贸单证实训精讲	龚玉和　齐朝阳	42.00 元	978-7-80165-937-8	2013 年 4 月第 1 版
2. 外贸英语函电实务精讲	傅龙海	42.00 元	978-7-80165-935-4	2013 年 2 月第 1 版
3. 国际结算实务精讲	庄乐梅　李　菁	49.80 元	978-7-80165-929-3	2013 年 1 月第 1 版
4. 报关实务精讲	孔德民	48.00 元	978-7-80165-886-9	2012 年 6 月第 1 版
5. 国际电子商务实务精讲	冯晓宁	45.00 元	978-7-80165-874-6	2012 年 5 月第 1 版
6. 国际贸易实务精讲（第 5 版）	田运银	45.00 元	978-7-80165-863-0	2012 年 2 月第 5 版
7. 国际贸易单证精讲（第 3 版）	田运银	45.00 元	978-7-80165-852-4	2012 年 1 月第 3 版
8. 国际商务谈判实务精讲	王　慧　唐力忻	26.00 元	978-7-80165-826-5	2011 年 9 月第 1 版
9. 国际贸易操作实训精讲	田运银　胡少甫　史　理　朱东红	49.80 元	978-7-80165-823-4	2011 年 8 月第 1 版
10. 国际会展实务精讲	王重和	38.00 元	978-7-80165-807-4	2011 年 5 月第 1 版
11. 国际货运代理实务精讲	杨占林	39.00 元	978-7-80165-636-0	2009 年 6 月第 1 版
12. 海关法教程（第 2 版）	刘达芳	40.00 元	978-7-80165-605-6	2009 年 3 月第 2 版

“实用型”国际贸易课程教材

1. 外贸跟单实务	罗　艳	48.00 元	978-7-80165-954-5	2013 年 8 月第 1 版
2. 国际贸易实务	丁行政　罗艳	48.00 元	978-7-80165-962-0	2013 年 8 月第 1 版

中小企业财会实务操作系列丛书

1. 小企业会计疑难解惑 300 例	刘华　刘方周	39.80 元	978-7-80165-845-6	2012 年 1 月第 1 版
2. 做顶尖成本会计应知应会 150 问	张　胜	38.00 元	978-7-80165-819-7	2011 年 8 月第 1 版
3. 会计实务操作一本通	吴虹雁	35.00 元	978-7-80165-751-0	2010 年 8 月第 1 版

“关务通”品牌图书

书名	作者	定价	书号	出版时间
关务通·原产地系列				
1.《原产地实务操作与技巧》	“关务通·原地产系列”编委会	70.00 元	978-7-80165-981-1	2013 年 10 月第 1 版
2.《原产地疑难解惑 470 例》	“关务通·原地产系列”编委会	70.00 元	978-7-80165-983-5	2013 年 10 月第 1 版
3.《如何从原产地淘金》	“关务通·原地产系列”编委会	90.00 元	978-7-80165-982-8	2013 年 10 月第 1 版
关务通·监管通关系列				
1.《便捷通关一本通》	“关务通·监管通关系列”编委会	60.00 元	978-7-80165-984-2	2013 年 10 月第 1 版
2.《快速通关自查手册》	“关务通·监管通关系列”编委会	60.00 元	978-7-80165-979-8	2013 年 10 月第 1 版
3.《进出镜物品通关攻略》	“关务通·监管通关系列”编委会	60.00 元	978-7-80165-978-1	2013 年 10 月第 1 版
4.《通关典型案例启示录》	“关务通·监管通关系列”编委会	60.00 元	978-7-80165-980-4	2013 年 10 月第 1 版
5.《监管通关政策实用指导手册》	“关务通·监管通关系列”编委会	78.00 元	978-7-80165-907-1	2012 年 10 月第 1 版
6.《通关实务操作与技巧——货物、运输工具篇》	“关务通·监管通关系列”编委会	48.00 元	978-7-80165-909-5	2012 年 10 月第 1 版
7.《通关实务操作与技巧——进出境物品篇》	“关务通·监管通关系列”编委会	26.00 元	978-7-80165-905-7	2012 年 10 月第 1 版
8.《通关疑难解惑 720 例》	“关务通·监管通关系列”编委会	48.00 元	978-7-80165-903-3	2012 年 10 月第 1 版
关务通·加贸系列				
1.《加工贸易实务操作与技巧》	“关务通·加贸系列”编委会	60.00 元	978-7-80165-927-9	2013 年 3 月第 1 版
2.《海关特殊监管区域和保税监管场所实务操作与技巧》	“关务通·加贸系列”编委会	60.00 元	978-7-80165-926-2	2013 年 3 月第 1 版
3.《加工贸易疑难解惑 280 例》	“关务通·加贸系列”编委会	60.00 元	978-7-80165-928-6	2013 年 3 月第 1 版
关务通·稽查系列				
《小王在海关稽查的日子——企业如何配合海关稽查》	“关务通·稽查系列”编委会	70.00 元	978-7-80165-925-5	2013 年 3 月第 1 版

关务通·双语系列

《国际海关新视野》	上海海关	60.00 元	978-7-80165-918-7	2012 年 12 月第 1 版

关务通·电子口岸系列

1.《电子口岸实用功能》	“关务通·电子口岸系列”编委会	32.00 元	978-7-80165-904-0	2012 年 11 月第 1 版
2.《电子口岸实务操作与技巧——通关篇》	“关务通·电子口岸系列”编委会	55.00 元	978-7-80165-906-4	2012 年 11 月第 1 版
3.《电子口岸实务操作与技巧——加贸篇》	“关务通·电子口岸系列”编委会	55.00 元	978-7-80165-908-8	2012 年 11 月第 1 版
4.《电子口岸疑难解惑 400 例》	“关务通·电子口岸系列”编委会	38.00 元	978-7-80165-910-1	2012 年 11 月第 1 版

待出系列与书目

关务通·加贸系列

1.《< 中华人民共和国审定内销保税货物完税价格办法 > 实用指导手册》	“关务通·加贸系列”编委会
2.《加工贸易政策实用指导手册》	“关务通·加贸系列”编委会
3.《加工贸易典型案例启示录》	“关务通·加贸系列”编委会

以上图书均可在中国海关出版社网上书店（www. hgcbs. com. cn）、当当网、卓越网、京东网及各地新华书店等处购买。若有其他购书意向，请与本社发行部联系，联系电话:(010)65195616/5127/4221/4238/4246。

若想了解更多书讯，可关注中国海关出版社官方微信平台，微信号：hgbook。